职业教育汽车运用与维修专业理实一体化项目课程教材
汽车专业工作过程导向职业核心课程双证系列教材
人力资源和社会保障部职业技能鉴定中心组编

机动车污染控制技术

主　编　李英娟

副主编　管长海　程德宝

顾　问　陶　巍

上海交通大学出版社

内容简介

本书内容主要包括 9 个典型项目,分别为机动车污染源概述、汽车尾气数据的采集、发动机传感器技术状况对排放的影响、执行器技术状况对排放的影响、机械方面原因对排放的影响、柴油机的主要污染物及其机内净化措施、尾气后处理系统、新技术对汽车尾气的影响、其他污染控制技术。

本书可作为职业院校汽车运用与维修专业教材,也可作为汽车维修人员和汽车技术爱好者自学用书。

图书在版编目(CIP)数据

机动车污染控制技术 / 李英娟主编. —上海:上
海交通大学出版社,2014(2016 重印)
ISBN 978 - 7 - 313 - 11861 - 5

Ⅰ.①机… Ⅱ.①李… Ⅲ.①机动车-环境污染-污
染控制-教材 Ⅳ.①U491.9

中国版本图书馆 CIP 数据核字(2014)第 178104 号

机动车污染控制技术

主 编:李英娟
出版发行:上海交通大学出版社   地 址:上海市番禺路 951 号
邮政编码:200030   电 话:021 - 64071208
出 版 人:韩建民
印 制:常熟市大宏印刷有限公司   经 销:全国新华书店
开 本:787 mm×1092 mm   1/16   印 张:12.5
字 数:302 千字
版 次:2014 年 12 月第 1 版   印 次:2016 年 1 月第 2 次印刷
书 号:ISBN 978 - 7 - 313 - 11861 - 5/U
定 价:36.00 元

人力资源和社会保障部职业技能鉴定中心组编
汽车专业工作过程导向职业核心课程双证系列教材编审委员会

■ 顾　问

刘　康　人力资源和社会保障部职业技能鉴定中心主任
王建平　中国人才交流协会汽车人力资源分会常务副会长、秘书长
余卓平　中国汽车工程学会常务理事、同济大学汽车学院院长、教授、博导
王优强　教育部高等学校高职高专汽车类专业教学指导委员会秘书长、教授、博导
陈关龙　上海交通大学汽车工程学院常务副院长、教授、博导
鞠鲁粤　上海大学巴士汽车学院院长、教授
徐国庆　华东师范大学职教研究所副教授、博士
荀逸中　上汽集团华域汽车有限公司副总经理
任　勇　东风日产乘用车公司副总经理
阮少宁　广州元丰汽车销售服务有限公司董事长

■ 名 誉 主 任

谢可滔

■ 编 委 会 主 任

李孟强　杨　敏　叶军峰　乔本新

■ 委　员
(按姓氏笔画为序)

万军海	王长建	王文彪	王会明	王秀贞	王　勇	王　锋	卢宜朗
叶军峰	冯永亮	宁建华	吕惠敏	朱德乾	乔本新	刘炽平	孙乃谦
严安辉	苏小萍	李支道	李孟强	杨　敏	豆红波	沈文江	林月明
罗雷鸣	郑志中	郑喜昭	赵顺灵	胡军钢	钱素娟	徐家顺	谈　诚
黄建文	符　强	梁　刚	梁其续	曾　文	谢兴景	蔡文创	蔡昶文
谭善茂	黎亚洲	潘伟荣	潘向民				

■ 本书编写委员会

主　编　李英娟
副主编　管长海　程德宝
顾　问　陶　巍

序

随着社会经济的高速发展和现代制造业的不断升级,我国对技能人才地位和作用的认识得到了空前的提高,技能人才的价值越来越得到认可。如何培养符合未来中国经济社会发展需要的技能人才也得到社会的广泛关注。

人力资源和社会保障部职业技能鉴定中心、中国就业培训技术指导中心担负着为我国就业和职业技能培训领域提供技术支持和技术服务的重要任务。在新的形势下,为各类技工院校、职业院校和培训机构提供技能人才培训、培养模式及方法等方面的技术指导尤为重要。在党中央国务院就业培训政策方针指引下,中心结合国情,开拓创新思路,探索培训方式,研究扩大就业,提供技术支持,为国家就业服务和职业培训鉴定事业的发展,提供了强有力的支撑。与此同时,中心不断深化理论研究,注重将理论转化为实践,成果也十分明显,由中心组编的"汽车专业工作过程导向职业核心课程双证系列教材"便是这种实践成果之一。

我国作为世界汽车生产和消费大国,汽车产业的快速发展和汽车消费的持续增长,为国民经济的增长产生了巨大拉动作用。近年来,我国汽车专业职业教育事业取得了长足发展,为汽车行业输送了大量的人才。随着汽车产业的迅猛发展,社会对汽车专业人才提出了更高的要求。进一步深化人才培养模式、课程体系和教学内容的改革,不断提高办学质量和教学水平,培养更多的适应新时代需要的具有创新能力的高技能、高素质人才,是汽车专业教育的当务之急。

作为汽车专业教育的重要环节,教材建设肩负着重要使命,新的形势要求教材建设适应新的教学要求。职业教育教材应针对学生自身特点,按照技能人才培养模式和培养目标,以应用性职业岗位需求为中心,以素质教育、创新教育为基础,以学生能力培养、技能实训为本位,使职业资格认证培训内容和教材内容有机衔接,全面构建适应 21 世纪人才培养需求的汽车类专业教材体系。

　　我热切地期待,本系列教材的出版将对职业教育汽车类专业人才的培养和教育教学改革工作起到积极的推动作用。

人力资源和社会保障部职业技能鉴定中心主任

中国就业培训技术指导中心主任

2011 年 5 月

前 言

根据《国家中长期教育改革和发展规划纲要(2010—2020 年)》的精神,推进职业教育课程改革和教材建设进程,将理实一体化课程改革理念变成以项目课程为职业教育课程改革的主导理念,以工作任务为课程设置与内容选择的参照点,以项目为单位组织内容并以项目活动为主要学习方式的课程模式,编写汽车运用与维修专业的系列课程教材。本项目课程教材建议 54 学时,具体安排如下:

项目	一	二	三	四	五	六	七	八	九
学时	3	6	15	13	7	2	2	3	3

本系列课程教材与项目课程教学软件的设计和编制同步进行,是项目课程教学软件的配套教材。

本项目课程教材的主要特色有:① 课程强调以实践为主,理论为辅。② 以能力为本位,以就业为导向,面向最贴近生产实际的教学任务。③ 体现做中学的教学理念。④ 目的在于使学生掌握尾气排放控制技术的相关知识,表现为:一是会做;二是掌握为什么这样做。⑤ 以排气检测线为范例,以车间典型工作任务为教学内容,教会学生完成任务所需的知识与技能,其他车型车系可举一反三。⑥ 课程设计采用文字、图像、动画、视频、虚拟仿真等多媒体教学形式,形成纸质教材、电子教材、虚拟仿真软件相互配套的课程包。

本书是校企合作共同开发的课程,适应各地中等职业学校汽车运用与维修等专业教学,希望各校在选用本项目课程教材实施教学的过程中,及时提出意见和建议,以便在修订时改正和完善。

参加本书编写的人员有：王金丽、莘峰燕、赵永明、曾梅、于冬梅、冯琦(上海精密计量测试研究所)、夏君、孙贵波、李晓明、沈琳；上海巴士学院肖峰云、刘晶、余国秀等。我们特邀了行业专家陶巍、上海理工大学博士生导师韩印教授等汽车领域权威人士审阅了本书，并对本书提出了许多宝贵意见和建议，在此表示由衷的感谢。

目　录

项目一

机动车污染源概述

项目导入

近两年来,动辄数日的雾霾天气让我国多个城市宛如海市蜃楼。根据中科院大气物理研究所的一份研究报告显示,迅猛增长的机动车作为城市主要污染源"功不可没"。今天我们就要来学习有关机动车污染源的知识。

学习目标

知识目标:

◆ 了解汽车污染源种类;

笔记

◆ 了解欧洲、美国、中国现行的汽车尾气主要排放标准；
◆ 能口述汽车尾气主要成分；
◆ 能口述汽车尾气产生机理；
◆ 了解汽车尾气对环境的危害；
◆ 知道机内机外尾气处理措施。

建议学时：___3___课时

本次项目主要任务：

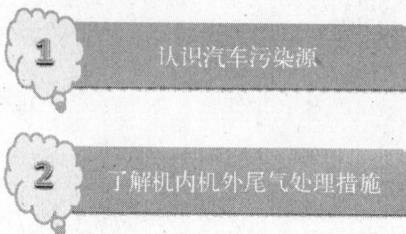

1　认识汽车污染源

2　了解机内机外尾气处理措施

任务一　　认识汽车污染源

任务描述

　　看看你的周围，是否经常见到公共汽车拉着一条长长的"黑尾巴"，并且散发出难闻的气味；新购买的小轿车漂亮、崭新的内饰散发出一股"装修"的味道；马路充斥着"滴滴叭叭"的汽车鸣笛声，让人彻夜难眠……其实，这些都是汽车带来的污染。本任务中我们将一起了解汽车污染源的种类、尾气成分和危害，看看各个国家制定的尾气排放标准有何不同。

知识准备

（一）汽车污染源种类

汽车污染源主要分为三大类别：

图 1-1　汽车尾气

1. 排气对大气的污染

在大气污染中，汽车排放所造成的污染占有相当比重。据有关资料介绍，大气中所含 CO 的 75%、HC 和 NO_x 的 50% 来源于汽车尾气的排放（见图 1-1）。

2. 噪声对环境的污染

统计显示，汽车所产生的噪音甚至已经占到了城市噪音的 85%。汽车行驶在道路上，内燃机、喇叭、轮胎等都会发出大量噪声，造成人们失眠、疲劳无力、记忆力衰退，以致产生神经衰弱症等，严重影响人的身体健康（见图 1-2）。

图 1-2　噪　声

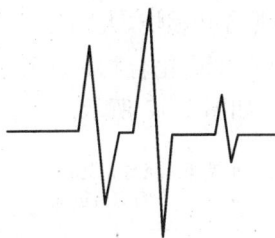

图 1-3　电　波

3. 电气设备对无线电广播及电视的电波干扰

汽车电气设备产生的电波(见图 1-3)可以对无线电通信及广播电视所需接收的信号产生影响,导致性能下降,质量恶化,信息误差或者信息丢失,甚至阻断通信的进行,影响人们收看电视、收听广播等。

此外还有化学材质、添加的耗材等散发的味道对人体和环境造成的威胁。

(二) 汽车排放尾气主要成分、产生原因及危害

1. 主要成分

汽车排放的废气中含有 150~200 种不同的化合物。图 1-4 为汽车排放尾气的成分组成及所占比例,其中氮气(N_2)是废气中含量最多的成分,占 71.5%;水 (H_2O)占 13.1%;CO_2 占 13.7%;剩余的是其他气体。在这些气体中,对人危害最大的有 CO、HC 和 NO_x。

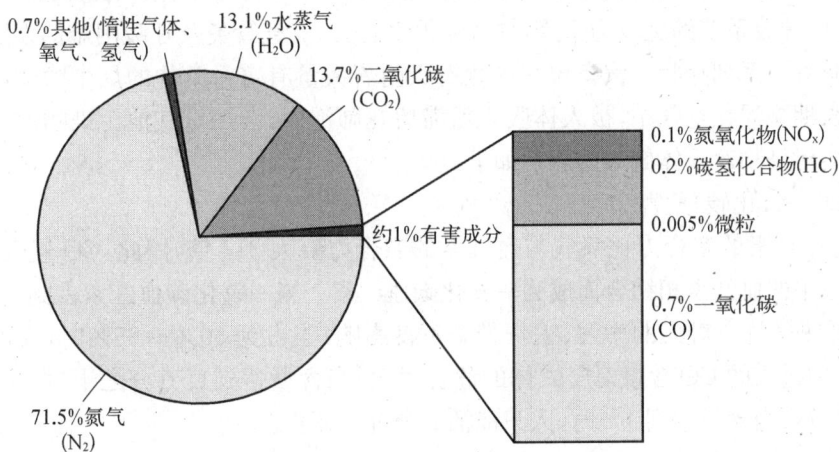

图 1-4　汽车尾气的成分

汽车尾气中的 CO、HC 和 NO_x 主要来源于三方面:

(1) 从排气管排出的废气,成分主要是 CO、HC 和 NO_x,其他还有 SO_2、铅化合物和炭烟等。

(2) 曲轴箱窜气,即从活塞与气缸之间的间隙漏出的,再自曲轴箱经通气管排出的燃烧气体,其主要成分是 HC。

(3) 从油箱盖挥发、油泵接头挥发、油泵与油箱的连接处挥发出的汽油蒸汽,成分是 HC。

2. 产生原因

这些有害化合物是怎么而来的呢? 由于汽油是多种碳氢化合物的混合物,在发动机气

缸内，汽油和空气混合并燃烧，大部分生成 CO_2 和 H_2O，依据燃烧条件，也有一部分由于不完全燃烧而生成 CO 和 HC 化合物。此外，当燃烧温度很高时，空气中的氮与未燃的氧发生化学反应，生成 NO_x，如图 1-5 所示。

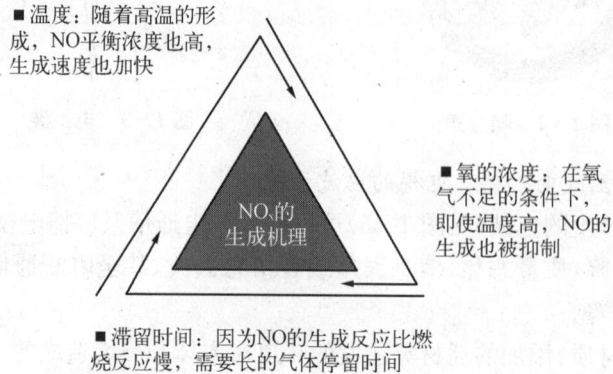

■温度：随着高温的形成，NO平衡浓度也高，生成速度也加快

NOₓ的生成机理

■氧的浓度：在氧气不足的条件下，即使温度高，NO的生成也被抑制

■滞留时间：因为NO的生成反应比燃烧反应慢，需要长的气体停留时间

图 1-5　NO_x 的生成机理

3. 主要危害

汽车尾气成分中的 CO、HC 和 NO_x 等气体对人类和环境都会造成很大危害。

CO_2 的大量排放会导致气候变暖，NO_x 既是导致酸雨产生的主要物质，也会导致湖泊的负营养化，NO_x 与 HC 化合物会产生更大的臭氧污染和微细的二次颗粒物。

汽车排出的污染物距人们的呼吸带很近，主要在 0.3 纳米至 2 纳米之间，能直接被人体吸入，使人体呼吸系统的免疫力下降，导致慢性气管炎、支气管炎及呼吸困难的发病率升高、肺功能下降等一系列症状。汽车尾气中含有吸附着大量有害污染物的烟尘颗粒，这些细小的颗粒会长期飘浮在空气中，被人体吸入后滞留在肺泡中，会加重其他污染物的毒性作用。汽车的主要污染物对人体健康的影响如下：

1) CO(一氧化碳)危害

CO 与血红素的亲合力比氧气与血红素的亲合力要大 210 倍，因此，CO 侵入人体便会很快与血液中的血红素相结合而成为一氧化碳血红素。当一氧化碳血红素占到人体内总血红素的 10% 时，就会对人的学习、工作带来不良影响；当占到 60%～65% 时，人即会死亡。因此，大气中过高的 CO 含量对于人体的危害很大，当含量达到百万分之十时，人长期接触就会慢性中毒；当含量达到 1% 时，人只能活 2 分钟即死亡。

2) HC(碳氢化合物)危害

汽车排放的 HC 化合物中包含 200 多种有机物成分。各种 HC 化合物对于人体健康究竟会产生什么直接影响，目前还不十分清楚。但是，部分有机成分被证明是致癌物质，如苯等多环芳烃类物种。这些致癌物质在人体内具有长期积累效应，因此，控制挥发性有机物排放是重点。

3) NO_x(氮氧化合物)危害

NO_x 是汽车排放尾气中含量较多的 NO 和含量较少的 NO_2 的总称。据医学研究表明，高浓度的 NO 会引起人体中枢神经的瘫痪和痉挛。虽然低浓度的 NO 毒性不大，但 NO_2 则是一种毒性很强的气体。它是红褐色有刺激性气味的气体，当含量达到百万分之五时，就会闻到很强烈的臭味,对人的呼吸系统和免疫功能有很大危害。若 NO_2 浓度超过百万分之一时,人在其中只要生活 0.5～1 小时,就会得肺水肿而死亡。

此外,汽车排放的 HC 化合物与 NO_x 在强烈的日光下会进一步发生光化学反应,形成毒性很大的光化学烟雾。光化学污染的汽车排放废气造成的极为严重的大气污染现象,对人体健康和生态环境带来严重的危害。

小知识

光化学烟雾是大气中的 HC 化合物和 NO_x 在阳光紫外线的作用下,发生一系列链式大气化学反应而生成以臭氧(O_3)为代表的刺激性二次污染物,其中臭氧约 80%,过氧乙酰基硝酸酯(PAN)和醛类等多种复杂化合物。

1946 年光化学烟雾首先在美国洛杉矶被发现。其表征是白色或淡棕色烟雾,大气能见度降低,具有特殊气味,刺激眼睛和喉黏膜,使呼吸困难。此后,光化学烟雾事件先后在美国其他地方、雅典、墨西哥、泰国等发生。仅洛杉矶造成 100 多亿元的经济损失和 1 600 人死亡。雅典则每年造成 1 000 多人死亡。

(三) 各国汽车尾气排放标准

由于汽车排污的危害很大,因此排放控制在世界各国越来越受重视。各国政府都相继制定了汽车排放污染物的限制标准。我国也制定了地方排放标准 DB11/122 - 2010《在用汽油车稳态加载污染物排放限值及测量方法》和 DB11/121 - 2010《在用柴油车加载减速烟度排放限值及测量方法》。我国现行的尾气排放标准采用分段测量尾气,在 2540(即车载 25%,负荷车速 40 km/h)和 5024(即车载 50%,负荷车速 24 km/h)两个状态下测量尾气。表 1 - 1,表 1 - 2,表 1 - 3 分别为欧洲、美国、中国现行的汽车尾气排放标准。

表 1 - 1　欧洲柴油轿车排放标准(g/km^3)

法规名称	CO	HC	NO_x	PM	实施日期
欧Ⅲ	0.64	0.56	0.50	0.05	2001
欧Ⅳ	0.50	0.30	0.25	0.025	2006
欧Ⅴ	0.50	0.23	0.18	0.005	2010

表 1 - 2　美国轻型汽车排放标准(g/km^3)

标准名称	实施年份	保证里程	CO	HC	NO_x	PM
Tier1	1994	80 000 km	2.11	0.16	0.25	0.05
		160 000 km	2.61	0.19	0.37	0.05
Tier2	2004	80 000 km	1.06	0.08	0.124	0.05
		160 000 km	1.06	0.08	0.124	0.05

笔记

表 1-3　我国汽油车排放标准(g/km)

排放标准		欧 3	国 3	欧 4	国 4	欧 5	国 5
排放限值 (g/km)	HC	0.2	0.2	0.1	0.1	0.1	0.1
	CO	2.3	2.3	1.0	1.0	1.0	1
	NO_x	0.15	0.15	0.08	0.08	0.06	0.06
	PM					0.005	0.005

学习小结

（1）汽车污染源主要分为三大类别：排气、噪声、电波干扰。

（2）汽车排放的尾气成分主要有 CO、HC 和 NO_x，对人类和环境危害最大。

（3）光化学烟雾是大气中的 HC 化合物和 NO_x 在阳光紫外线的作用下，发生一系列链式大气化学反应而生成以臭氧（O_3）为代表的刺激性二次污染物，刺激眼睛和喉黏膜，使呼吸困难。

（4）我国现行的尾气排放标准采用分段测量尾气，在 2540（车载 25%，负荷车速 40 km/h）和 5024（车载 50%，负荷车速 24 km/h）两个状态下测量尾气。

课堂练习

一、填空题

1. 汽车污染源主要分为三大类别：＿＿＿＿＿、＿＿＿＿＿、＿＿＿＿＿。

2. 汽车排放的尾气成分中对人类和环境危害最大的是＿＿＿＿＿＿＿＿＿＿＿＿＿＿＿＿＿＿＿＿＿＿＿。

3. 汽车排放的尾气化学成分产生的主要原因是：＿＿＿＿＿＿＿＿＿＿＿＿＿＿＿＿＿＿＿＿＿＿＿＿＿＿＿＿＿。

二、选择题

1. 关于汽车的公害，下列说法错误的是（　　　）。

　　A. 汽车排放的废气对大气有污染

　　B. 噪声对环境有危害

　　C. 汽车电气设备对无线电通讯及电视广播等有电波干扰

　　D. 在所有的危害中，噪声公害对人们的生活环境影响最大

2. 有关汽车尾气对人体的危害说法不正确的是（　　　）。

　　A. CO 被人体大量吸入后会使人感觉恶心、头晕及疲劳，严重时会使人窒息死亡

　　B. HC 化合物对人的眼、鼻和咽喉黏膜有较强的刺激作用，严重时可致癌

　　C. NO_2 是一种刺激性很强的污染物，它能刺激眼、鼻黏膜，麻痹嗅觉

　　D. 汽车尾气中直接排出的 NO_x 基本上是 NO_2

三、判断题

1. NO_x 主要产生的原因是可燃混合气燃烧不均匀。（　　　）

2. HC 化合物与 NO_x 在强烈的日光下会进一步发生光化学反应，形成毒性很大的光化

学烟雾。（　　）

四、简答题

请叙述 CO 造成人体中毒的原因。

任务二　了解机内机外尾气处理措施

任务描述

汽车尾气污染具有严重的危害性,世界上很多国家为控制汽车污染而采取了相应的措施。控制汽车污染物排放的技术很多,从控制方式来分有机内净化技术和机外净化技术两大类。机内与机外净化技术结合起来,就能更好地解决汽车排放污染问题。本任务中我们将一起了解机内机外净化技术。

知识准备

汽车排放污染物的控制技术可以分为 3 类:以改进发动机燃烧过程为核心的机内净化技术;在排气系统中采用化学或物理的方法对已经产生的有害排放物进行净化的排放后处理技术;来自曲轴箱和供油系统的有害排放物进行净化的非排气污染物控制技术。后两类统称机外净化技术。

(一) 机内净化技术

从发动机有害污染物的生成机理及影响因素出发,通过对发动机进行调整或改进,达到控制燃烧、减少和抑制污染物生成的各种技术称为机内净化技术。简单地说就是降低污染物生成量的技术,如改进发动机的燃烧室结构、改进点火系统、改进进气系统、采用电控燃油喷射和电控点火技术、采用废气再循环技术等。这是一种通过改进发动机燃烧过程、减少污染物排放的方式。

1. 电控燃油喷射技术

汽油机降低排气污染和提高热效率的关键问题之一是精确控制空燃比。电子控制汽油喷射系统(EFI)利用各种传感器检测发动机的各种状态,经微机的判断、计算、使发动机在不同的工况下均能获得合适空燃比的空气。它具有以下优点:

(1) 满足发动机各种工况对空燃比和点火提前角的不同要求,从而使排放特性、燃油经济性和动力性达到最佳状态。

(2) 各缸混合气分配均匀性好。

(3) 没有化油器中的狭窄喉管,减少了节流损失,可以不要化油器发动机常用的进气加热装置,因而进气密度增大,提高了充气效率。

(4) 具有良好的瞬态响应特性,改善了汽车的加速性。

(5) 采用闭环反馈控制方式,可以满足三元催化剂对空燃比的严格要求。

（6）由于采用压力喷射，汽油雾化质量比化油器大为改善，有利于快速和完全燃烧。

2. 改进点火系统

点火系统是点燃式内燃机的重要组成部分，通过对点火时间、点火能量的控制，可以控制燃料燃烧的时间、温度以及燃料燃烧的效率，从而对减少尾气污染有很大作用。

改进途径主要有：减小点火提前角、提高点火能量、采用电子点火系统。

1）减小点火提前角

减小点火提前角即延迟点火时刻，一直是最简单易行也是最普遍应用的排放控制技术。点火提前角是指从火花塞电极间跳火开始，到活塞运行至上止点时的这一段时间内曲轴转过的角度。它的大小直接影响到气缸内最高燃烧压力到达的时刻。图 1-6 为延迟点火对燃烧过程的影响。

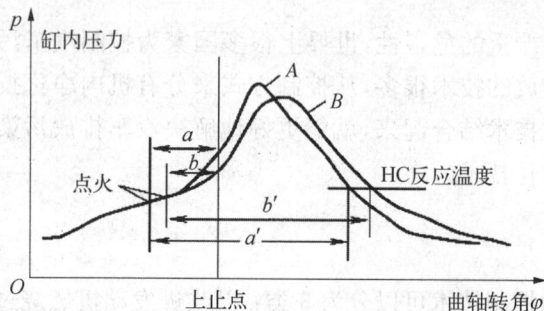

图 1-6　延迟点火对燃烧过程的影响

2）提高点火能量

点火能量是指发动机火花塞电极之间高压放电的能量，是系统次级高压放电时作用在火花塞电极之间随时间的电压与电流的乘积对时间的积分。提高点火能量，可以提高混合气着火的可靠性，扩大混合气的着火界限，是改善燃烧过程、降低油耗和 HC 排放的一项重要措施。

通常，提高点火能量的主要措施有：增大极间电压，极间电压一般为 $10\sim20$ kV；增大火花塞间隙；延长放电时间等。

3）采用电子点火系统

电子控制点火系统可以通过计算机系统对发动机的工况进行判断，调整点火时间和点火能量，在保证发动机的动力性能的前提下，降低油耗，减少排放。

3. 废气再循环技术(Exhaust Gas Recirculation)

废气再循环主要是控制氮氧化合物的一种主要措施。如图 1-7 所示，其主要原理是：由于排气中氧含量很低，主要由惰性气体 N_2 和 CO_2 构成，一部分排气经 EGR 阀流回进气系统，与新鲜混合气混合后，稀释了新鲜混合气中的氧浓度，导致燃烧速度降低；同时还使新鲜混合气的热比容提高。这两个原因都造成了燃烧温度的降低，从而可以有效地抑制 NO_x 的生成。

但是，EGR 是以降低发动机的工作效率、动力性和燃油经济性为代价，来减少 NO_x 排放的。因此，EGR 的量必须控制在一定范围内。对于汽油机而言，当 EGR 率＞10％而＜20％时，燃油消耗量基本不增加；当 EGR 率＝20％时，NO_x 浓度下降 60％～70％，油耗上升只有3％；当 EGR 率＞20％时，发动机燃烧不稳定，工作粗暴，HC 将增加 10％。所以，通常将EGR 率控制在 10％～20％较为合适。

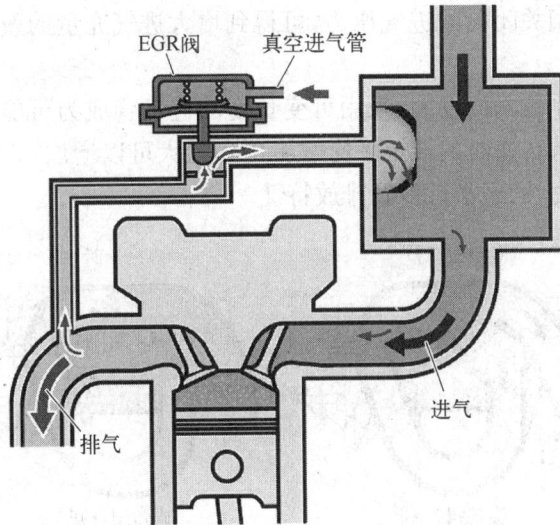

图 1-7 废气再循环系统原理图

4. 优化燃烧系统设计

1) 改进发动机的燃烧室结构

优化设计的燃烧系统可以使汽油机的动力经济性和排放性得到以下改善:

(1) 紧凑的燃烧室可以缩短燃烧时间,实现快速燃烧,提高热力循环的等容度,使热效率提高。

(2) 快速充分的燃烧可以降低 CO 和 HC 的排放。

(3) 紧凑的燃烧室可以有效防止爆燃,或者说提高了机械辛烷值。

(4) 面容比 S/V 小,可以减轻燃烧室壁面对混合气的猝熄效应,减少 HC 排放。

(5) 面容比 S/V 小,可以减少燃烧过程中的散热损失,有利于提高热效率。

总之,紧凑的燃烧室可直接使汽油机的热效率提高;HC 和 CO 排放降低;通过与推迟点火提前角或 EGR 联用,也可同时得到降低 NO_x 排放的效果。

2) 降低压缩比 ε

压缩比是指气缸容积 V_t 与燃烧室容积 V_c 之比,或者指发动机做功时,压缩前气缸中气体的最大容积与压缩后的最小容积之比。

(1) 降低 ε 意味着加大了燃烧室容积,使 S/V 也下降,还使壁面温度和排气温度有所提高,有利于 HC 排放量降低。

(2) 降低 ε,使燃烧室容积 V_c 上升,残余废气增多,降低了最高燃烧温度,从而 NO_x 的排放也有所减少。

(3) 降低 ε 对排气净化有利,但与提高热效率存在矛盾。压缩比越低,热效率越低,其燃料消耗就越高。

5. 改进进气系统

为了提高充气系数,除了采用多气门外,各种可变参数进气系统也开始应用。

1) 可变进气系统

发动机进排气过程是一个周期性脉动过程,进排气系统中存在着强烈的压力波动。利用压力波来提高进气门关闭前的进气压力,可得到增大进气充量的效果,被称为动态效应,也称为惯性增压。

随着汽车电子控制技术的发展,采用可变长度的进气管成为可能,如图1-8所示。可变进气管长度可使所有转速时的转矩平均增加8%,最大可以增加12%～14%,由此可以极大地改善发动机的动力性、经济性以及排放特性。

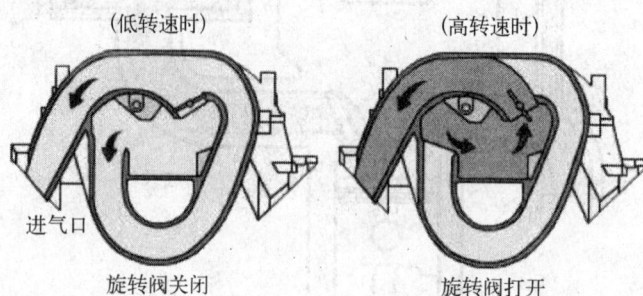

(低转速时)　　　　　　(高转速时)

进气口

旋转阀关闭　　　　　　旋转阀打开

图1-8　可变长度的进气管

2) 可变气门定时

气门定时对发动机的动力性、经济性及排放性能有较大的影响,固定的气门定时很难在较大转速和负荷范围内适应发动机要求,因此,近年来可变气门定时得到较大的发展。改变进气门的定时对发动机性能的影响相对要比改变排气门的定时明显。

(二) 机外净化技术

在汽车发动机燃烧生成的废气排出发动机排气门后,但还未排入到大气环境之前,进一步采取净化措施,以减少最终汽车污染物排放的技术,被称为机外净化技术。简单地说就是对排出发动机排气口的污染物进行进一步处理和净化的技术。可以分为两大类:排气后处理净化技术(如二次空气喷射技术、热反应器技术、氧化催化转化技术、三效催化净化技术)、非排气污染物净化技术(如曲轴箱密闭技术、燃油蒸发排放控制技术等)。目前,应用最多的机外净化技术是在汽油车上所采用的三效催化净化技术。

1. 二次空气喷射技术

二次空气喷射是指将新鲜的空气喷射到排气门附近,使高温废气和空气混合,使没有充分燃烧的 HC、CO 进一步燃烧,降低污染排放的方法。这种技术可以使排气污染下降到50%。如图1-9为二次空气喷射技术原理图。

2. 热反应器技术

热反应器是基于高排气温度、足够的氧气及增加排气停留时间能促使 HC 和 CO 在排气系统中高度氧化的原理设计。是一种降低 HC、CO 排放的后处理装置。由壳体、外筒和内筒三层壁构成。安装在发动机排气管的出口处,一般与二次空气喷射一起使用,净化效率达50%以上,但对 NO_x 无净化效果。

3. 氧化催化转化技术

氧化催化转化装置是一种内部装有氧化催化剂的装置,安装在发动机的排气管中,通过氧化催化剂的作用,将 HC、CO 氧化成 H_2O、CO_2,以减少尾气排放。

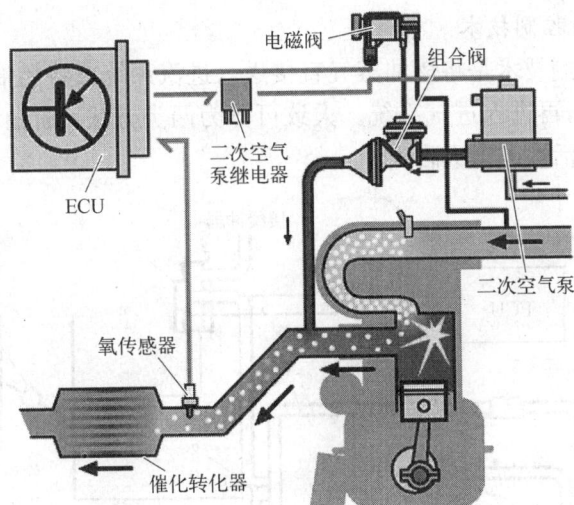

图 1-9　二次空气喷射技术原理图

4. 三效催化净化技术

三效催化转换器一般由催化剂(铂、铑、钯等贵金属)、助催化剂(CeO_2 等稀土氧化物)和载体 γ-Al_2O_3 组成。

净化基本原理：$2CO + 2NO \Rightarrow 2CO_2 + N_2$

$$4HC + 10NO \Rightarrow 4CO + 2H_2O + 5N_2$$

5. 曲轴箱通风装置

采用曲轴箱通风装置可防止曲轴箱窜气。目前比较普遍采用的是闭式曲轴箱通风装置(PVC 装置)，是目前防止曲轴箱内废气溢出的最有效的办法。曲轴箱通风装置的工作原理如图 1-10 所示。

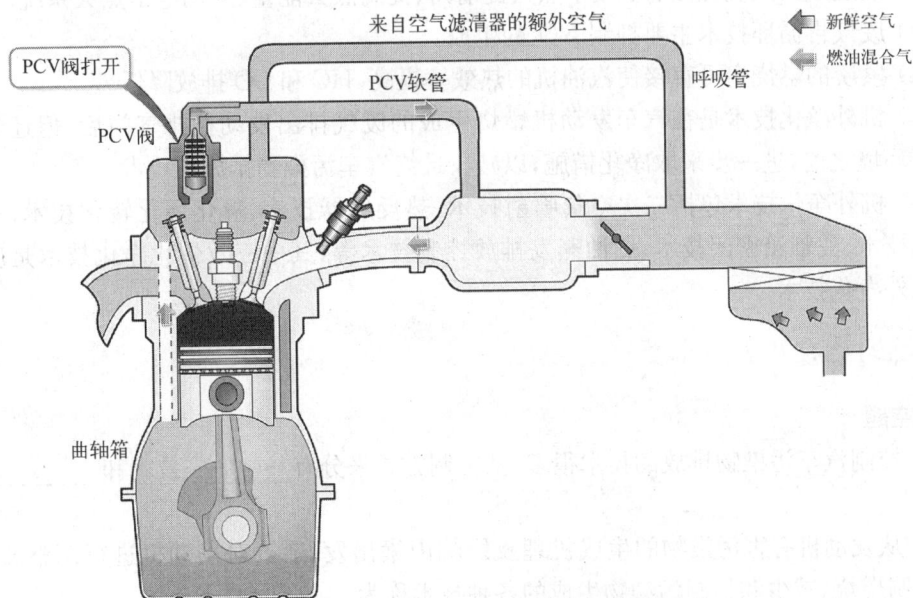

图 1-10　曲轴箱通风装置工作原理图

笔记

6. 燃油蒸发排放控制技术

燃油蒸发排放控制技术是将燃油蒸气直接送入进汽系统或将燃油蒸汽直接贮存起来，等到某种运转工况时，再进入进气系统。大致可分为两类方法：曲轴箱存储式和活性碳罐吸附式。图1-11为活性碳罐吸附式。

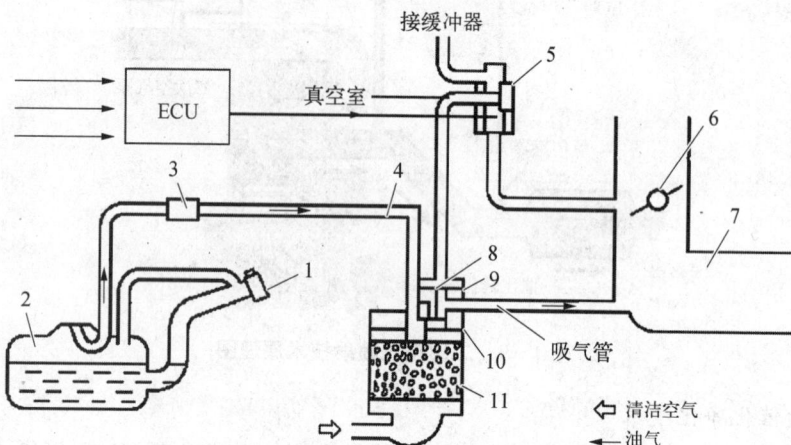

图1-11 活性碳罐吸附式燃油蒸发排放控制原理

1.油箱盖 2.油箱 3.单向阀 4.排气管 5.活性碳罐电磁阀 6.节气门 7.进气管 8.真空阀 9.真空控制阀 10.定量排放孔 11.活性碳罐

学习小结

（1）机内净化技术以改进发动机燃烧过程为核心，包括改进发动机的燃烧室结构、改进点火系统、改进进气系统、采用电控燃油喷射和电控点火技术、采用废气再循环技术等。

（2）改进点火系统方法有：减小点火提前角、提高点火能量、采用电子点火系统。

（3）废气再循环技术主要抑制 NO_x 的生成。

（4）紧凑的燃烧室可直接使汽油机的热效率提高，HC和CO排放降低。

（5）机外净化技术是在汽车发动机燃烧生成的废气排出发动机排气门后，但还未排入到大气环境之前，进一步采取净化措施，以减少最终汽车污染物排放的技术。

（6）机外净化技术包括二次空气喷射技术、热反应器技术、氧化催化转化技术、三效催化净化技术、曲轴箱密闭技术、燃油蒸发排放控制技术等，其中三效催化净化技术是应用最多的机外净化技术。

课堂练习

一、填空题

1. 控制汽车污染物排放的技术很多，从控制方式来分有_____技术和_____技术两大类。

2. 从发动机有害污染物的生成机理及影响因素出发，通过对发动机进行调整或改进，达到控制燃烧、减少和抑制污染物生成的各种技术称为_____技术。

3. 提高点火能量的主要措施有：增大极间电压，极间电压一般为_____～_____kV。

4. 排气中氧含量很低,主要有惰性气体_____和_____构成。

5. 目前,应用最多的机外净化技术是在汽油车上所采用的_____技术。

6. 燃油蒸发排放控制技术是将燃油蒸汽直接送入进气系统或将燃油蒸汽直接贮存起来,等到某种运转工况时,再进入进气系统。大致可分为两类方法:_____和_____。

7. 采用曲轴箱通风装置可防止曲轴箱窜气。目前比较普遍采用的是_____,也是目前防止曲轴箱内废气溢出的最有效的办法。

二、选择题

1. 下面哪项技术属于机外净化技术(　　)。
   A. 二次空气喷射技术　　　　　　B. 电控燃油喷射技术
   C. 废气再循环技术　　　　　　　D. 改进进气系统

2. 下列属于机内净化技术的有(　　)。
   A. 电控燃油喷射技术　　　　　　B. 改进点火系统
   C. 废气再循环技术　　　　　　　D. 优化燃烧系统设计
   E. 二次空气喷射技术　　　　　　F. 三效催化净化技术
   G. 热反应器技术

3. 当EGR率=20%时,NO_x浓度下降(　　)。
   A. 60%~80%　　　　　　　　　　B. 60%~70%
   C. 50%~80%　　　　　　　　　　D. 50%~60%

4. 目前,应用最多的机外净化技术是(　　)。
   A. 二次空气喷射技术　　　　　　B. 热反应器技术
   C. 废气再循环技术　　　　　　　D. 三效催化净化技术

5. 排气后处理净化技术不包括下列哪项(　　)。
   A. 二次空气喷射技术　　　　　　B. 热反应器技术
   C. 废气再循环技术　　　　　　　D. 三效催化净化技术

三、判断题

1. 废气再循环技术主要是为了控制CO的产生。(　　)

2. 压缩比是指气缸容积 V_t 与燃烧室容积 V_c 之比。(　　)

四、简答题

阐述机外净化技术的种类及其工作原理。

汽车尾气数据的采集

项目导入

新年刚过，王先生的车需要更换环保标志，必须到环保局的汽修厂检测尾气，必须到机动车检测站检测尾气。假设你是检测站的检测员，请你使用专用设备采集王先生的汽车尾气数据，并对比机动车尾气排放国五数据标准给出结论。

学习目标

知识与技能目标：

◆ 能口述5种工况下汽车尾气的排放特点；

◆ 了解国五排放标准；

◆ 能正确录入车辆信息；

◆ 会使用尾气分析仪结合底盘测功机进行尾气排放检测；

◆ 会使用废气分析仪进行尾气检测并分析该车辆尾气排放是否合格。

建议学时：___6___ 课时

本次项目主要任务：

| 1 | 发动机各种工况对可燃混合气浓度的要求 |

| 2 | 汽车尾气数据的采集方法 |

任务一 发动机各种工况对可燃混合气浓度的要求

任务描述

车辆在道路上运行,随着车速和载荷的变化,其各种污染物的排放量也在变化。要正确采集汽车污染源数据,必须先了解发动机 5 种工况时的供油特点以及对排放的影响。因此,为了顺利完成后面的尾气检测任务,我们先来了解发动机不同工况下对可燃混合气浓度的要求。

知识准备

(一) 发动机 5 种工况时供油特点

汽车的行驶条件是非常复杂的,不仅包括道路条件、气候条件,而且还包括交通情况。因此发动机的转速及节气门(负荷)开度经常在变化。发动机的工况指的就是发动机转速和负荷两个方面。发动机转速可以从静止状态到额定转速,节气门开度(负荷)可以从零变到最大。因此,可将发动机工况分为起动工况、怠速工况、中小负荷工况、大负荷和全负荷工况、加减速工况五种。这些工况对混合气浓度各有不同的要求。

(1) 起动工况:发动机由起动机拖动,曲轴转速很低,这时发动机的温度低,汽油蒸发很困难,这样会使混合气太稀,不能被火花塞的电火花点燃。为了能使发动机起动,必须供给很浓的混合气,混合气的 α 值为 0.4~0.6。

(2) 怠速工况:发动机起动后,维持自身稳定旋转的最低稳定转速,对外不输出动力,称为怠速。怠速时节气门处于关闭状态,吸入气缸的混合气很少,而残留气缸中的废气较多,对混合气起冲淡作用,燃烧条件极差。因此,为维持发动机稳定运转,需要提供较浓的混合气,混合气的 α 值为 $0.8\sim0.9$。

(3) 中小负荷工况:此时,节气门开度已足够大,可提供较稀的混合气,以获得较大功率和最佳燃油经济性。发动机大部分工作时间都处于此负荷状态。小负荷时,节气门开度小,气缸中残气较多,需要浓一些的混合气。随着节气门开大,气缸内充气量增加,汽油雾化、蒸发和燃烧条件得以改善,所以需使可燃混合气逐渐由浓变稀。通常,混合气的 α 值为 $0.8\sim1.1$。

(4) 大负荷和全负荷工况:车辆爬坡、高速或满载行驶时属于大负荷和全负荷状态,此时节气门开度已超过 75%,此时应随着节气门开度的加大逐渐加浓混合气,满足发动机的功率要求。在全负荷时,节气门已全开,要求发动机发出最大功率。此时发动机的充气量已达到最大,为了充分利用有限的空气,需多加些汽油,即提供多而浓的混合气。一般要求混合气的 α 值为 $0.8\sim0.9$。

(5) 加减速工况:当汽车骤然提高速度时,油门突然加大,发动机转速剧增。由于汽油比空气的惯性大,在开大油门的瞬间,进入化油器的空气量的增量将远远大于汽油的增量。同时,因大量空气涌入进气道,使其温度下降,汽油蒸发条件变差,这将导致混合气过稀。这样不仅不能加速,反而会因混合气过稀而使发动机熄火。所以,应补充额外的供油量,以瞬时加浓混合气。

小知识

混 合 气 浓 度

混合气的浓度代表汽油与空气的混合比例,它用过量空气系数表示。过量空气系数是燃烧 $1\,kg$ 汽油实际供给空气的质量与理论上完全燃烧需空气质量之比,即: α。

理论上,完全燃烧 $1\,kg$ 汽油需要 $15\,kg$ 的空气。若混合气中含有 $1\,kg$ 汽油,而空气是 $15\,kg$,则 $\alpha=1$,这种混合气称为标准混合气。

若含 $1\,kg$ 汽油,空气为 $12\,kg$,其 $\alpha=12/15=0.8$,这种气体称为浓混合气。

若含 $1\,kg$ 汽油,空气为 $18\,kg$,其 $\alpha=18/15=1.2$,这种气体称为稀混合气。

(二) 发动机 5 种工况时尾气排放的特点

了解发动机 5 种工况时的尾气排放特点,对分析实际道路运行中汽车污染物排放问题非常重要。

(1) 起步:起步时很浓的混合气会带来高浓度的一氧化碳和碳氢化合物排放,和低浓度的氮氧物排放。但是,由于进气量小,因此总排放量在五种工况中处于最小值。

(2) 怠速:怠速时由于需要供给较浓的混合气,才能使发动机工作稳定。较浓的混合气空燃比造成了怠速状态下的高浓度的一氧化碳和碳氢化合物排放,和低浓度的氮氧物排放。另外,排放量的变化还和进气量有关,油门越大,进气量越大,污染物排放的总量也越大。怠速工况时虽然一氧化碳、碳氢化合物排放浓度高,但由于这一工况的进气量很小,所以它的总排放量并不大,较等速及加减速工况的总排放量要小得多。

(3) 等速:发动机处于中小负荷状态时,一氧化碳和碳氢化合物的排放浓度都比较低。

相反,这是氮氧化物生成的有利时机,有高浓度的氮氧化物排出,并且随着车速和载荷的增加,直至大负荷和全负荷工况,氮氧化物排放也越高。

(4) 减速:减速是一个排放较恶劣的工况。减速时,急速关闭油门,进气量减到最小。但由于发动机转速在开始减速时仍然较高,造成了进气管内的高真空度,因此从急速油路吸入了大量的燃油,同时附着在进气管壁上的燃料也将被吸入燃烧室,造成了减速瞬间的混合气体过浓,一氧化碳排放浓度骤增。碳氢化合物排放浓度的变化与一氧化碳有着类似之处,所有未参加燃烧的燃料都将从排气管排出,使得碳氢化合物排放浓度在减速时出现了一个最高峰。而与此同时,氮氧化物的排放再次随着空气量的减少和载荷的降低而迅速减少。

(5) 加速:加速时,油门突然加大,进气量和供油量都随之增大,其空燃比较急速时提高,因此一氧化碳排放浓度下降。但这时由于加速过程一味地燃烧不稳定,未来得及参加燃烧的燃料会直接从排气管排出,造成了碳氢化合物排放浓度一定程度的增加;而这时又是对氮氧化物生成的最有利条件,加速过程中大量的燃料参加燃烧,使得燃烧温度迅速提高,并且此时燃烧室内有充足的氧气和氮气来参加反应,因此就造成了高浓度的氮氧化物的生成。

学习小结

(1) 发动机工况分为起动工况、急速工况、中小负荷工况、大负荷和全负荷工况、加减速工况五种。

(2) 起动工况要求供给很浓的混合气,急速工况需要提供较浓的混合气,中小负荷工况可提供较稀的混合气,大负荷和全负荷工况要求提供多而浓的混合气,加减速工况应补充额外的供油量,以瞬时加浓混合气。

(3) 起动工况一氧化碳和碳氢化合物浓度高,氮氧物浓度低,总排放量最小。急速工况一氧化碳和碳氢化合物浓度高,氮氧物浓度低,总排放量较小。中小负荷工况一氧化碳和碳氢化合物浓度低,氮氧物浓度高。减速工况一氧化碳和碳氢化合物浓度最高,氮氧物浓度降低。加速工况一氧化碳浓度降低,碳氢化合物浓度增加,氮氧化物浓度高(见表2-1)。

表 2-1　发动机 5 种工况尾气排放特点

排放物　　　　工况	CO 浓度	HC 浓度	NO_x 浓度	总排放量
起　动	最高	高	低	最小
急　速	高	高	低	小
等速(中小负荷)	低	低	高	小
大负荷和全负荷	低	高	最高	大
加　速	低	高	较高	大
减　速	很高	最高	低	大

课堂练习

一、填空题

1. 车用汽油机工况变化范围很大,根据汽车运行的特点,可将其分为_____、_____、_____、_____、_____ 5种基本工况。

2. 发动机在不同工况下,应供给不同浓度和数量的混合气。起动工况应供给_____的混合气;怠速工况应供给_____的混合气;中等负荷工况时应供给_____的混合气;全负荷和大负荷工况时应供给_____的混合气;加速工况时应供给_____混合气。

3. 氮氧化物的排放浓度与_____和_____有关系。

4. 汽车污染物排放总量与_____和_____有关系。

5. 怠速工况下,CO和HC排放浓度_____,NO_x排放浓度_____。

二、选择题

关于下列描述,哪一项是错误的( )。

A. 怠速时,油门越大,进气量也越大,相应的排放量也越大。

B. 怠速工况时,较理想的混合气 α 值为0.6~0.7。

C. 中小工况时,较理想的混合气 α 值为0.8~0.9。

D. 减速的排放相对其他工况是最好的。

三、判断题

1. 怠速工况需要供给多而浓(α=0.6~0.8)的混合气。( )

2. 混合气浓度越浓,发动机产生的功率越大。( )

3. 车用汽油机在正常运转时,在小负荷和中等负荷工况下,要求能随着负荷的增加供给由浓逐渐变稀的混合气。( )

4. 加速时,碳氢化合物排放浓度增加,氮氧化物浓度降低。( )

四、简答题

请叙述加速工况时的尾气排放特点。

任务二 汽车尾气数据的采集方法

任务描述

车辆年检的时候,车检所做的很重要的一项工作就是测量车辆尾气,看是否超标,以此判断该车辆发动机技术状况是否良好。今天我们要执行的任务就是像车检所一样,使用底盘测功机、废气分析仪,模仿车辆实际运行工况的同时检测尾气成分,让数据来告诉我们当前车辆尾气是否达到排放要求。

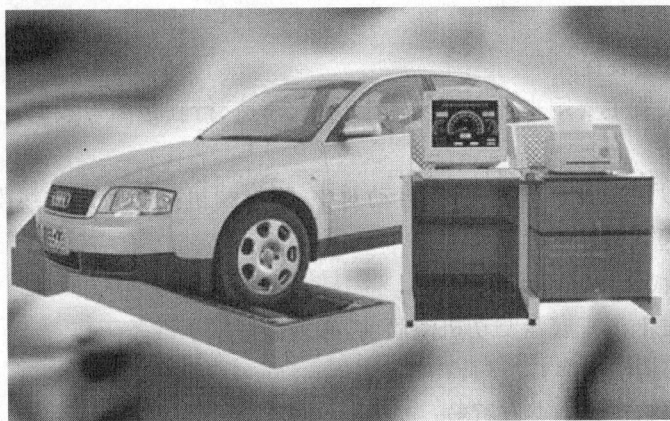

知识准备

汽车尾气排放标准日益严格,为改善发动机燃烧和机后净化对汽车废气进行分析,不仅是检查排放污染物治理效果的途径,而且还是对发动机工作状况及性能进行判定的重要手段。随着我国汽车修理技术的提升,人们开始使用底盘测功机模拟道路行驶工况,并利用废气分析仪进行尾气排放测量。

(一)底盘测功机

1. 底盘测功机的用途

汽车底盘测功机是对汽车动力性能检测的设备,通过用在室内台架上汽车模拟道路行驶工况的办法,来检测汽车的动力性,配合废气分析仪测量出汽车的多工况下的尾气排放指标。

2. 底盘测功机的结构

汽车底盘测功机主要由滚筒装置、控制与测量装置、加载装置(功率吸收装置PAU)和辅助装置组成,如图2-1所示。

(1)滚筒装置。

在进行汽车技术状况检查与故障诊断时,通常使用双滚筒试验台,直径为185~400 mm,其实验精度对车辆的安放要求不高,使用方便且成本低。相对而言,单滚筒试验台多用于制造、科研单位,其滚筒直径虽然更大,试验的精度更高,但制造与安装费用也很高。

(2)加载装置(功率吸收装置PAU)。

加载装置是用于模拟爬坡阻力、空气阻力、惯性阻力的装置,可以模拟出汽车在试验台上的受力情况,并且真实性与车辆行驶

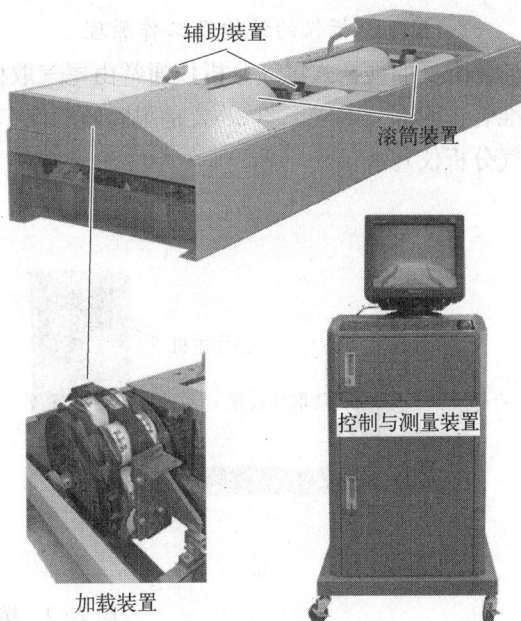

图2-1 底盘测功机

在道路上的情况基本一致。

（3）控制与测量装置。

控制与测量装置主要用来计算车辆输出功率、车速、行驶距离等数据。

（4）辅助装置。

辅助装置可以用来固定车辆、前轮自动对中、指导司机按照特定曲线驾驶等功能，在汽车动力性检测中起到很好的辅助作用。

3. 底盘测功机使用前的注意事项

被测试车辆驶上汽车底盘测功机滚筒前，必须做好以下准备工作：

（1）车辆外部清洗干净；

（2）不容许轮胎花纹中夹有石粒；

（3）轮胎气压符合标准；

（4）发动机底壳机油油面应在允许范围内；

（5）发动机机油压力应在允许范围内；

（6）发动机冷却系统应正常工作；

（7）自动变速器（液力变矩器）的液面应在规定的范围内；

（8）汽车发动机和底盘经过维护，供油系和点火系处于最佳工作状态；

（9）运行走热全车。

（二）废气分析仪

1. 废气分析仪的用途

废气分析仪是用来检测发动机尾气中有害成分的浓度，以鉴定发动机的尾气排放是否超标，同时还可以从一个侧面了解发动机的工作状态是否良好。

2. 废气分析仪的结构及工作原理

常见的便携式尾气分析仪通常由尾气取样装置、尾气分析装置、尾气浓度指示装置和校准装置四部分组成。图 2-2 是国内两款汽车尾气分析仪（本书选用的尾气分析仪为佛山尾气分析仪）。

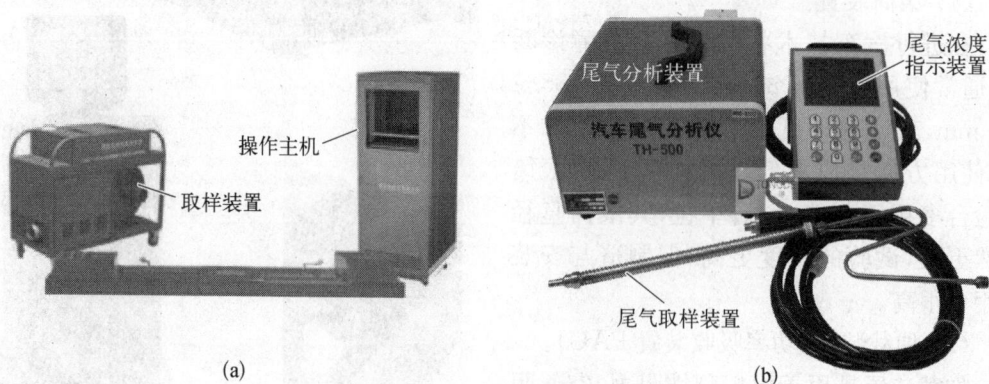

图 2-2　尾气分析仪

（a）佛山尾气分析仪　（b）北京同德尾气分析仪

1) 尾气取样装置

尾气取样装置由取样探头、滤清器、导管、水分离器和泵组成。通过取样探头、导管和泵从汽车排气管中采集尾气,然后用滤清器和水分离器将尾气中的炭渣、灰尘、水分等除去,并将余下的尾气送入分析装置。

2) 尾气分析装置

尾气分析装置是尾气分析仪的核心组成部分。根据所检测的气体不同,其构成和检测原理也不同。

(1) 对于尾气中的 CO、HC、CO_2 等气体,检测原理是不分光红外吸收法原理:一种气体只能吸收特定波长的红外线,且吸收的程度与被测气体的浓度有关。如 CO 能够吸收 $4.5 \sim 5\ \mu m$ 波长的红外线,CH_4 能吸收 $2.3\ \mu m$,$3.4\ \mu m$,$7.6\ \mu m$ 波长的红外线。

检测这些气体浓度的分析装置由红外线光源、气样室、旋转扇轮(又叫截光器)和传感器等构成。该装置按照非扩散型红外线分析法检测出尾气中 CO、CH_4 的浓度,并通过传感器将浓度转变为电信号输送给浓度指示装置。根据传感器的类型不同,尾气分析装置有电容微音器式和半导体式。

(2) 对于尾气中的 O_2、NO_x 等气体,采用电化学原理进行测定。通常 O_2 的浓度测定比较简单,通过在测试通道中设置氧传感器即可测定。氧传感器和发动机闭环控制系统中所用的氧传感器相同。NO_x 浓度测定采用 CLD 法,其原理是:首先通过适当的化学物质(如碳化物、铜化物)将尾气中的 NO_2 全部还原成 NO,然后使 NO 和 O_3 发生化学反应:$NO + O_3 \Rightarrow NO_2 + O_2$ 反应生成的 NO_2 中有 10% 会处于被激励状态。

3) 尾气浓度指示装置

多气体分析仪的尾气浓度指示装置由显示各被测气体浓度的指示部分、零点调整按钮、标准调整旋钮以及读数转换开关等构成。指示方式有指针式和数字显示 2 种,如图 2-2(b)所示。

4) 校准装置

校准装置是为了维持分析仪的指示精度,保证准确地测量而设置的。一般分析仪中都设有用标准气体进行校准和对指示值进行简易的机械校准的两套校准装置。

任务实施

(一) 实施路径

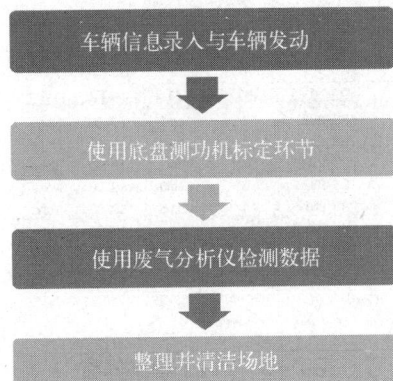

（二）实施方案

1. 组织方式

每2位同学一组，采集汽车尾气数据。每位同学按照教师规定进行操作，了解工具的使用方法，最终完成污染源数据的采集。每组作业时间为__10__分钟。

2. 教师辅导

在学生作业的过程中，教师监督学生操作步骤是否规范，工具使用是否得当，要求必须在教师检查安全的情况下方可进行作业。

3. 安全提示

按企业安全文明生产规范进行操作。

（三）实施步骤

1. 检测前准备工作

（1）通风设施齐备。

（2）场地电力设施安全。

（3）尾气分析仪、底盘测功仪技术性能状况良好。

（4）被检车辆基本性能状况良好。检测步骤：

① 驾驶员进入驾驶室，将点火开关置于 ON 位置，并确保换档杆在空档或驻车档位置、驻车制动器在制动状态，起动车辆。

② 检查油门和刹车是否正常。

③ 打开发动机舱盖。

④ 安装翼子板布和前格栅布。

⑤ 检查蓄电池电压、冷却液液位、制动液液位、发动机机油油位是否正常。

2. 尾气检测步骤

（1）打开操作台主机桌面上的 FVET 程序，进入程序界面，如图 2-3 所示。

查看打钩的设备通信状态是否正常（正常显示 select_successed 说明尾气分析仪、底盘测功仪技术性能状况良好）。

如果打钩的第一项显示 select_unknown，则底盘测功机故障，不可用，需联系厂家进行

FVET佛分机动车排放检测系统

通信设置	检测设置							
设备名称	通信模式	地址	串口号	波特率	校验位	数据位	停止位	选择状态
☑ FCDM-100底盘测功机	RS_232	1	Com1	57600	None	8	:	Select_Successed
□ FGA-4100汽车排气分析仪	RS_232	1	Com2	19200	None	8	:	Select_Unkonwn
□ FASM-5000汽车排气分析仪	RS_232	1	Com3	19200	None	8	:	Select_Unkonwn
☑ FAMS-100汽油车简易瞬态工况排放分…	RS_232	1	Com8	19200	None	8	:	Select_Successed
□ FTY-100不透光烟度计	RS_232	1	Com5	19200	None	8	:	Select_Unkonwn
□ FBY-200全自动滤纸式烟度计	RS_232	1	Com6	19200	None	8	:	Select_Unkonwn
□ FBY-201全自动滤纸式烟度计	RS_232	1	Com7	19200	None	8	:	Select_Unkonwn
□ FLED-100点阵屏	RS_232	1	Com8	19200	None	8	:	Select_Unkonwn

图 2-3　FVET 程序界面

维修,如果第四项显示 select_unknown,有可能是尾气分析仪上的开关没有打开,如果属于这种情况,只需打开开关,在屏幕下方点重新选择,等待第四项显示 select_successed 即可。

(2) 打开桌面 FGT 程序,输入用户名和密码,进入界面,如图 2-4 所示。

图 2-4　FGT 程序界面

(3) 选择车辆登录,把车辆信息输入界面打开,如图 2-5 所示。

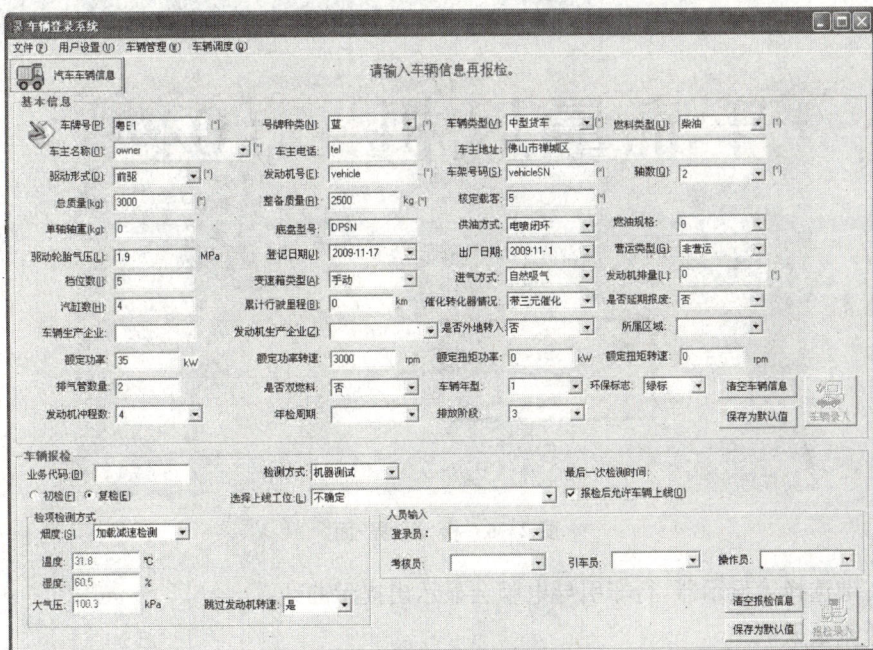

图 2-5　车辆信息输入界面

笔 记

注意：

车辆信息中所有标注红色星号的是必填项，必须按车辆信息如实填写，测出的尾气才是合格的，有说服力的。

（4）车辆信息输入完整后，在屏幕右下方点击"报检录入"。

（5）车辆开上检测线后，降下举升机，安装好限位器、车轮挡块、轴流风机、转速测量钳、油温表。在确保换档杆在空档或 P 档位置、驻车制动器在制动状态，起动发动机。

（6）开始检测：

① 在显示界面中找到前面输入的车辆信息，双击车牌号，车辆上线，如图 2-6 所示。

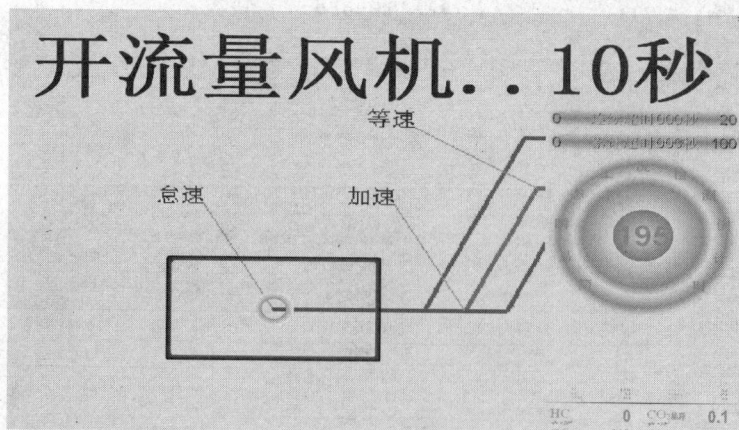

图 2-6 检 测 界 面

② 右键选择辅显示器，行车引导电脑会显示出提示曲线。

③ 开流量风机。

④ 探头调零。

⑤ 将尾气分析仪的取样管插入排气管,同时风机的管子也插入尾气管。

⑥ 引车员开始按照辅助显示器的提示速度进行跑动,直到检测结束。

⑦ 将车辆撤出检测区。

(7) 读取数据:

① 尾气取样结束,记录测量数值(见表 2-2)。

表 2-2　尾气检测数值

时间序号	速度 [km/h]	功率 [kW]	HC[10^{-6}]	CO[%]	NO[10^{-6}]	O₂[%]	转速 [r/min]
1	24.89	11.42	99	4.42	0	0.3	4 523
2	25.36	11.66	99	4.19	0	0.26	3 914
3	25.44	11.69	99	4.09	0	0.21	4 458
4	25.06	11.49	98	3.98	6	0.17	4 218
5	25.06	11.55	98	3.96	4	0.17	4 445
6	25.01	11.46	97	3.88	9	0.15	4 396
7	25.12	11.53	96	2.1	9	0.13	4 396
8	25.22	11.61	94	1.58	8	0.12	4 416
9	25.22	11.56	65	1.28	12	0.12	4 401
10	25.26	11.6	60	1	14	0.11	4 416
11	25.26	11.6	58	0.81	16	0.1	4 406
12	25.28	11.61	56	0.65	17	0.09	4 403
13	25.24	11.61	43	0.29	20	0.09	4 409
14	25.2	11.56	39	0.19	22	0.08	4 414
15	25.24	11.59	37	0.12	23	0.08	4 406
16	25.22	11.53	35	0.1	24	0.08	4 406
17	25.34	11.64	33	0.08	26	0.07	4 393
18	25.34	11.65	33	0.07	25	0.07	4 403
	HC[10^{-6}]	CO[%]	NO[10^{-6}]				
5025 测量值	41	0.22	21				
5025 限值	160	0.9	1 200				
5025 结果判定	合格	合格	合格				

② 查阅维修手册和国家标准,对测量的数据进行分析比较。

上海计划于 2014 年 4 月 30 日实行国五排放标准(见表 2-3)。

笔记

表 2-3　欧洲与中国排放标准对照表

排放标准		欧3	国3	欧4	国4	欧5	国5
排放限值 （g/km）	HC	0.2	0.2	0.1	0.1	0.1	0.1
	CO	2.3	2.3	1.0	1.0	1.0	1
	NOx	0.15	0.15	0.08	0.08	0.06	0.06
	PM					0.005	0.005

3. 整理并清洁场地

（1）拆下废气抽气管，放回原先位置。

（2）将取样探头从排气管拔出，放回到原先位置。

（3）关闭点火钥匙，使发动机熄火。

（4）拆下翼子板布及前格栅布，并叠放整齐。

（5）关闭发动机舱盖。

（6）清洁场地，工具归位。

学习小结

（1）汽车底盘测功机是对汽车动力性能检测的设备，通过用在室内台架上汽车模拟道路行驶工况的办法，来检测汽车的动力性，配合废气分析仪测量出汽车的多工况尾气排放指标。

（2）废气分析仪采用不分光红外吸收法原理，测量机动车废气中的一氧化碳（CO）、碳氢化合物（HC）和二氧化碳（CO_2）成分，用电化学原理测量排气中的氮氧化合物（NO_x）和氧气（O_2）的成分，并可根据测得的 CO、CO_2、HC 和 O_2 的成分计算出过量空气系数。

（3）尾气检测前做好发动机起动前的机油液位、冷却液位的检查工作，是为了避免发动机起动后没有足够的机油和冷却液，造成机件损坏；如果机油液位和冷却液位在下刻度线以下，则必须加注机油和冷却液。

课堂练习

一、填空题

1. 汽车底盘测功机主要由＿＿＿＿、＿＿＿＿、＿＿＿＿和辅助装置组成。

2. 在进行汽车技术状况检查与故障诊断时，通常使用＿＿＿＿试验台。

3. 氧传感器用来测定尾气中的＿＿＿＿成分。

4. 尾气中的 CO、HC、CO_2 等气体检测原理是＿＿＿＿。

5. 在检测前需要对废气分析仪进行预热、调零和＿＿＿＿。

二、选择题

下列哪一项不是尾气分析仪的组成之一（　　）。

A. 尾气取样装置　　　　　　　　　B. 尾气分析装置

C. 尾气校准装置　　　　　　　　　D. 尾气控制装置

三、判断题

1. 对于尾气中的 CO、HC、CO_2 等气体,采用的检测原理是不分光红外吸收法原理。(　　)

2. 尾气分析仪仅能检测尾气中有害成分的浓度,不能以此作为判断发动机状况好坏的因素。(　　)

四、简答题

如果某辆车检测出尾气排放不合格,应该采取怎样的流程进行处理?

项目三

发动机传感器技术状况对排放的影响

项目导入

维修车间接待一辆 2005 年产 Corolla1.6AT 故障车,行驶里程 8.5 万 km。用户反映车辆行驶时,发动机排气管冒黑烟。经过 4S 店维修技师运用诊断仪初步诊断,发现是发动机传感器技术状况异常造成的。请根据故障现象检查并维修该车。

学习目标

知识与技能目标:

+ 了解空气流量计的分类和组成;
+ 认知空气流量计和进气温度传感器的功用;
+ 理解空气流量计和进气温度传感器的工作原理;
+ 理解氧传感器、爆震传感器、节气门位置传感器、冷却液温度传感器、凸轮轴位置传感器的功用;
+ 认知氧传感器、爆震传感器、节气门位置传感器、冷却液温度传感器、凸轮轴位置传感器的结构;
+ 认知氧传感器、爆震传感器、节气门位置传感器、冷却液温度传感器、凸轮轴位置传感器的工作原理;
+ 使用检测仪器对空气流量计、进气温度传感器、氧传感器、爆震传感器、节气门位置传感器、冷却液温度传感器、凸轮轴位置传感器进行检测。

职业素养目标:

+ 养成耐心细致的工作作风和严谨务实、严肃认真的工作态度;
+ 通过体验团队协作的力量,培养团队合作的意识;
+ 树立安全操作意识;
+ 培养动手能力、工艺分析能力和创新能力。

建议学时: __15__ 课时

项目分析

为了应对越来越严苛的环保要求,现代汽车发动机一般都装有专门的排放控制系统(见图 3-1)以达到尽可能地改善排放性能的目的。电控发动机上面,有各种各样的传感器可以直接或间接地影响到汽车尾气的排放。

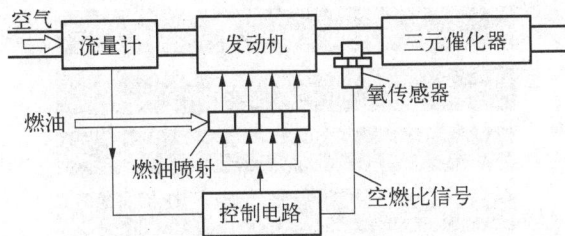

图 3-1 电控发动机排放控制系统

(1) 当空气流量计信号停留在某一固定数值时,发动机怠速时 HC 和 CO 的排放量会有所增加;随着发动机转速的升高,HC 的排放量会先减少后增加,而 CO 的排放量会一直减少。当空气流量计信号发生偏移时,对 HC 的排放量影响较大。

(2) 进气温度传感器搭铁线接触不良,数据流会显示异常低温,低温空气密度高,会加大喷油脉宽,造成混合汽过浓。传感器短路,数据流会显示异常高温,高温空气密度低,会减少喷油脉宽,造成混合汽过稀。进气温度传感器温度越高混合汽越浓,传感器断路或搭铁不良会造成混合汽过稀。上述三种情况都会对排放造成影响。

(3) 氧传感器对排放的影响主要是结合三元催化器一起来实现的,当氧传感器正常工作时,空燃比控制系统进行闭环控制如图 3-2 所示,ECU 按具体工况提供合适的空燃比并按氧传感器反馈信号随时进行修正,此时三元催化器净化效率较高;当氧传感器出现故障时,CO 和 HC 的排放量较正常时有较大提高,排放明显恶化,此时三元催化器的净化效率明显降低。

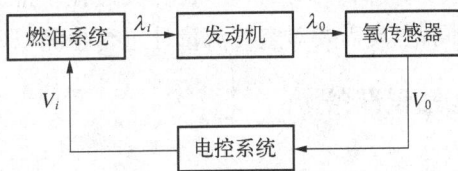

图 3-2 空燃比控制系统

(4) 爆震传感器损坏后,电脑没办法对爆燃程度进行监控,于是电脑将点火提前角锁定在一个固定的点火角度,这样将对排放产生很大影响。

(5) 节气门位置传感器的主要作用是检测发动机处于怠速工况还是负荷工况,是加速工况还是减速工况,然后将这些工况信息传给电脑。电脑根据所获取的工况信息来修正喷油量或者进行断油控制。如果节气门位置传感器损坏,则将出现喷油故障,进而对排放造成影响。例如当节气门位置传感器全负荷信号断开时,因发动机满负荷没有加浓,使得混合气变稀,功率下降,CO、HC 排放降低,NO_x 排放升高。

(6) 冷却液温度传感器主要用来检测循环冷却液温度并将检测结果传送给电脑,电脑根据这些信息修正喷油量和点火时刻。如果冷却液温度传感器损坏,电脑就无法准确地修正喷油量和确定点火时刻,这必将对发动机的排放性能造成影响。

(7) 凸轮轴位置传感器在失效时,无法计算点火时刻和喷油量,发动机将不能起动或发动机需要多次打火才能起动,导致没有点火高压电或喷油器不喷油,影响发动机正常工作,当发动机转速上升时,油耗迅速增大,排气管冒黑烟,污染严重。

本次项目主要任务:

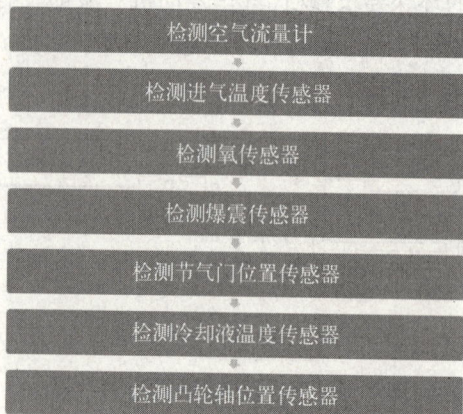

检测空气流量计

检测进气温度传感器

检测氧传感器

检测爆震传感器

检测节气门位置传感器

检测冷却液温度传感器

检测凸轮轴位置传感器

任务一　检测空气流量计

任务描述

一辆卡罗拉轿车,在行驶过程中排放黑烟严重,送 4S 店检修,怀疑是空气流量计出现了问题,现需要对空气流量计进行检测以确定故障所在,请你对该车的空气流量计进行检测。

知识准备

(一) 空气流量计功用

空气流量计简称 MAF 计,是进气系统的一部分,进气系统组成如图 3-3 所示。驾驶员

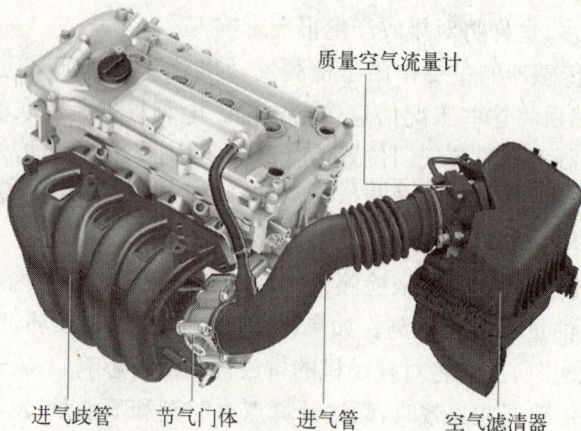

进气歧管　　节气门体　　进气管　　空气滤清器

图 3-3　进气系统组成

根据发动机的不同负荷控制节气门开度,空气经空气滤清器、空气流量计、节气门、进气总管、进气歧管进入气缸。

空气流量计是计算发动机进气量的电子测量装置,用于测量流经节气门的空气流量,将空气流量信号转换为电压信号传到 ECU。ECU 根据进气量信号、发动机转速信号等计算出最佳喷油量,以获得与发动机运转工况相适应的最佳浓度的可燃混合气。

空气流量计通常与进气温度传感器合为一个整体,进气温度传感器的作用就是检测进气温度。图 3-4 是卡罗拉空气流量计各针脚传输信号含义:

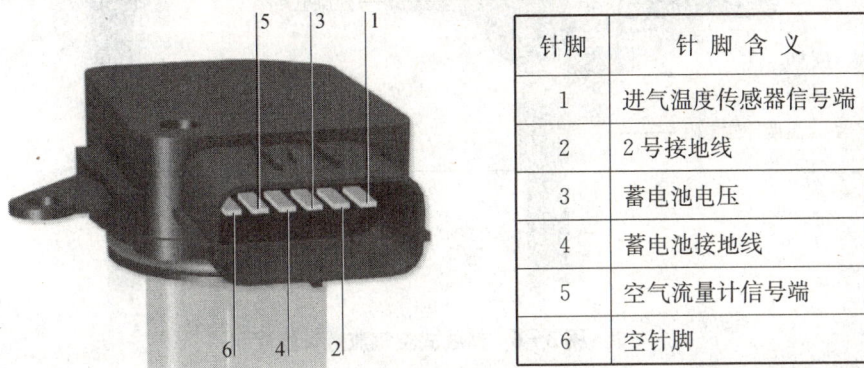

针脚	针 脚 含 义
1	进气温度传感器信号端
2	2 号接地线
3	蓄电池电压
4	蓄电池接地线
5	空气流量计信号端
6	空针脚

图 3-4　空气流量计连接器针脚含义

空气流量计各针脚对应电路中的具体位置如图 3-5。

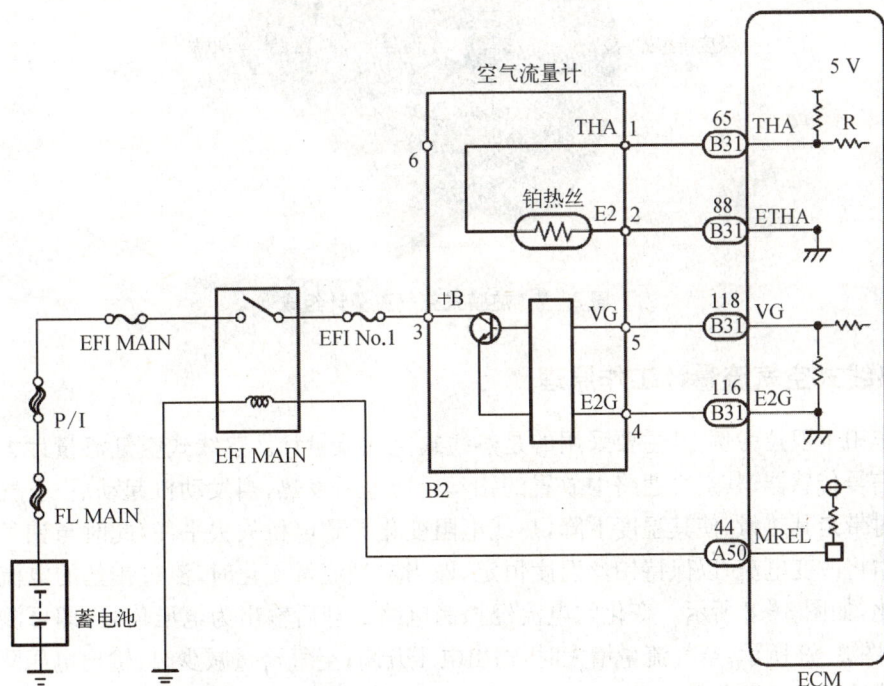

图 3-5　空气流量计工作电路图

（二）空气流量计分类及组成

常见的空气流量计有热线式空气流量计和热膜式空气流量计。

热线式空气流量计主要由铂热丝、温度补偿电阻、控制电路板、连接器针脚等组成，如图3-6所示。

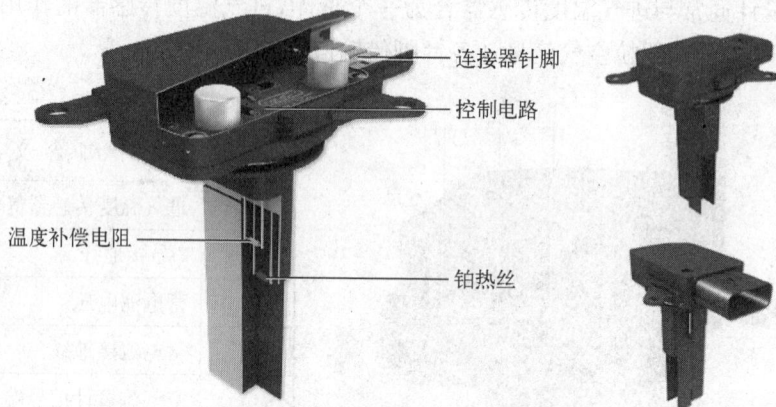

图3-6　热线式空气流量计组成

热膜式空气流量计主要由热膜、温度传感器、控制电路、护网等组成，如图3-7所示。

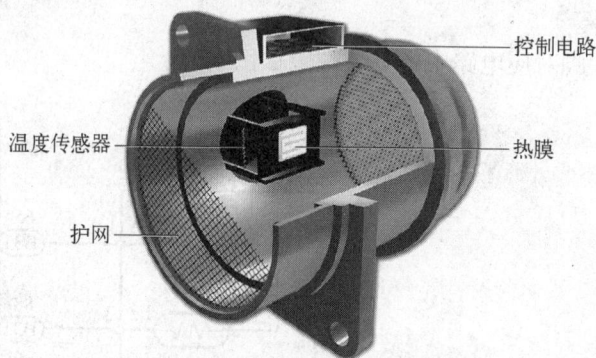

图3-7　热膜式空气流量计组成

（三）热线式空气流量计工作原理

以丰田卡罗拉为例，其主要采用的是热线式空气流量计。热线式空气流量计大多是模拟电压信号传感器，其空气通路中放置的铂丝经通电后发热，当发动机起动后，空气流经铂丝周围时带走其热量，使其温度下降，热线电阻变化导致电桥失去平衡，此时与铂丝相连的桥式电路将改变电流，以保持铂丝温度恒定，即当空气流量变化时，流过铂丝的电流也随之发生变化，如图3-8所示。变化的电流经控制电路处理后输出为电压信号，即可测得空气流量，如图3-9所示，空气流量增大时，输出电压升高；空气流量减少时，输出电压降低。由控制电路输出的电压信号被送到ECU，ECU根据此电压信号计算发动机负荷、判断燃油供给量和点火正时等。

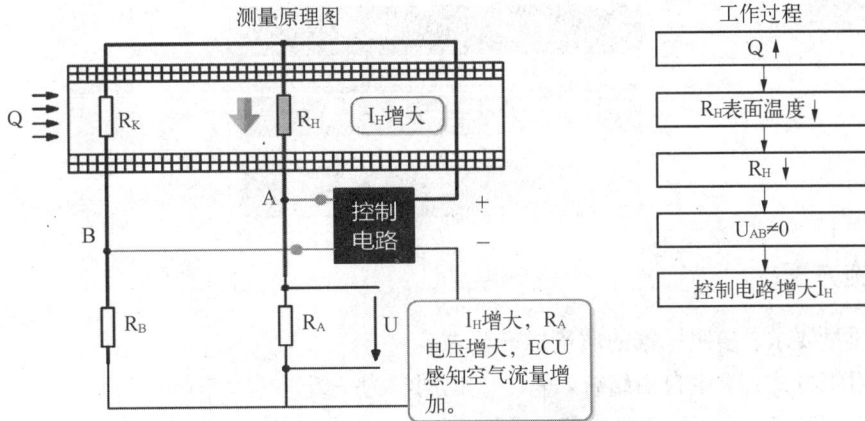

图 3 - 8 热线式空气流量传感器测量原理

R_K是温度补偿电阻;R_H是热线电阻;R_B是桥电阻;R_A是精密测量电阻

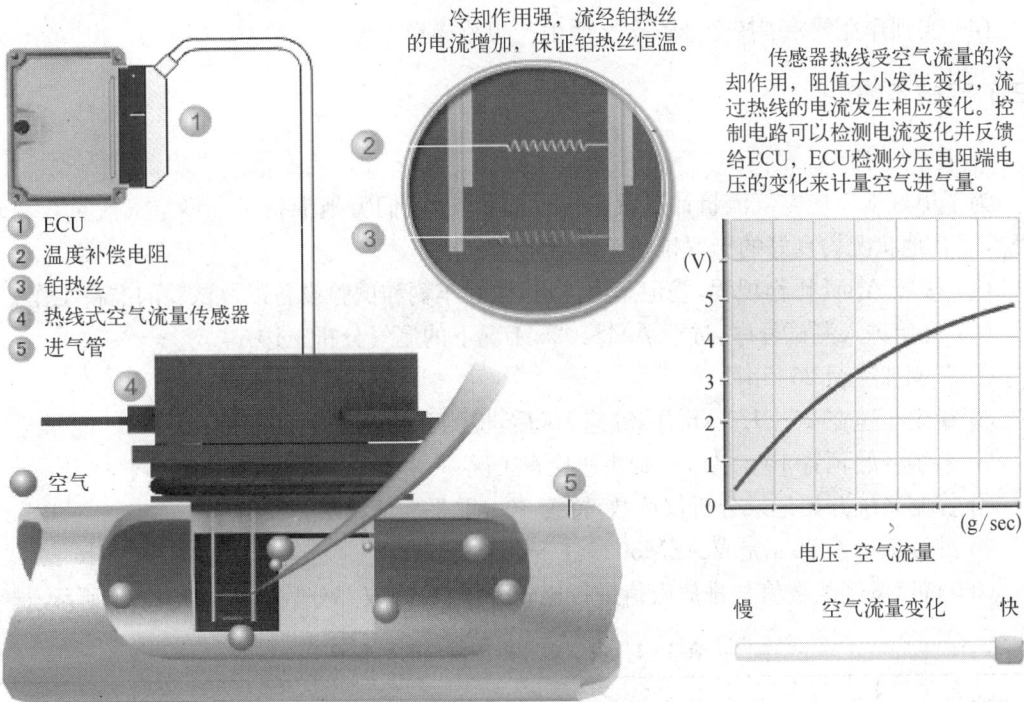

图 3 - 9 热线式空气流量计中空气流量与输出电压的关系

任务实施

(一) 实施路径

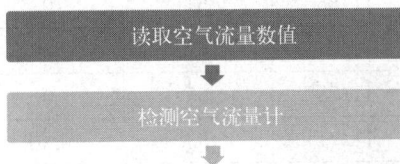

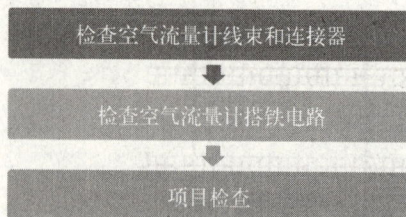

检查空气流量计线束和连接器

↓

检查空气流量计搭铁电路

↓

项目检查

（二）实施方案

（1）质量要求：参照厂家的质量标准要求。

（2）组织方式：学生自由组合，每 4～6 位同学为一组。

（3）生产准备，每组配备的工具及设备：

① 场地，装有废气抽排系统和消防设施的实训维修车间；

② 卡罗拉轿车、尾气分析仪、底盘测功机、万用表、诊断仪、常用工具等。

（4）实训作业要求：按企业安全文明生产规范操作。

（三）实施步骤

1. 尾气分析

为了更好地反应空气流量计对汽车排放的影响，我们特地准备了一辆空气流量计出现故障，而其他状况均良好的卡罗拉轿车进行尾气分析。

（1）按照 ASM 操作规程，登记车辆信息，做好车辆和试验设备以及试验的准备工作。

（2）开始进入测试程序，进行 AMS5025 工况下的尾气分析工作：

① 车辆加速至 25 km/h；

② 稳定车速在 25±1.5 km/h，等速 5 s 后，检测开始；

③ 系统开始预置 10 s 之后开始快速检查工况；

④ 控制系统开始记录分析仪读数，持续 10 s 取平均值；

⑤ 继续运行至 90 s 完成 ASM5025 工况。

（3）将读取到的数值与排放限值进行比较分析（只摘取部分数据），如表 3－1 所示。

表 3－1　测试值与排放限值的比较表

时间序号	速度[km/h]	功率[kW]	HC[10^{-6}]	CO[%]	NO[10^{-6}]	转速[r/min]
1	23.83	11.12	127	0	43	4 496
2	24.97	11.65	71	0	188	4 635
3	24.65	11.53	67	0	347	4 623
4	24.63	11.51	65	0	558	4 315
5	25.4	11.86	64	0	859	4 416
6	25.83	12.04	62	0	1 118	4 584
7	25.12	11.75	55	0	1 049	4 464
8	25.1	11.71	53	0.01	552	4 472

（续表）

时间序号	速度[km/h]	功率[kW]	HC[10^{-6}]	CO[%]	NO[10^{-6}]	转速[r/min]
9	24.93	11.63	31	0.01	431	4 448
10	24.91	11.66	27	0.01	360	4 440
11	24.85	11.61	26	0.01	289	4 445
12	24.85	11.62	23	0.01	149	4 445
13	24.77	11.57	22	0.01	107	4 443
14	24.75	11.56	21	0.01	80	4 427
15	24.75	11.58	21	0.01	65	4 435

	HC[10^{-6}]	CO[%]	NO[10^{-6}]
5025 测量值	28	0.05	244
5025 限值	160	0.90	1 200
5025 结果判定	合格	合格	合格

将表 3-1 与表 2-2 进行对比,可知当质量空气流量计出现故障时,NO 的排放量较正常时的排放量偏差大。由此证明,空气流量计对排放是有影响的。

2. 检测空气流量计

1) 检测空气流量计电源电压

(1) 断开空气流量计线束连接器。

(2) 将点火开关置于 ON 位置。

(3) 将万用表置于直流电压(V)档,测量 B2-3(+B)和车身搭铁之间的电压(见图 3-10)。

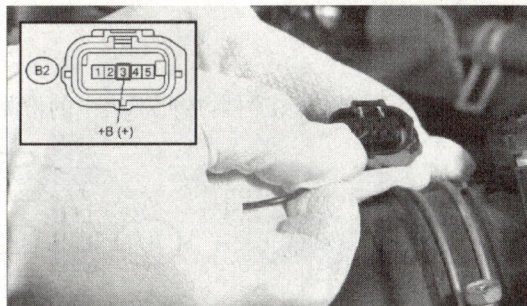

图 3-10　用万用表测量 B2-3(+B)和车身搭铁间电压

标准电压:

检测仪连接	点火开关状态	规定状态
B2-3(+B)-车身搭铁	置于 ON 位置	9～14 V

如果所测电压值不在规定范围内,表示电源电压异常,需要检查 EFI No.1 保险丝。

如果保险丝正常,则需维修或更换线束连接器。

如果所测电压在规定范围内,则继续检测空气流量传感器 VG 电压。

2) 检测空气流量计 VG 端电压

(1) 断开空气流量计连接器。

(2) 向端子+B 和 E2G 之间施加蓄电池电压。

(3) 将万用表置于直流电压(V)档,将检测仪正极(+)探针连接至端子 VG,检测仪负极(-)探针连接至端子 E2G(见图 3-11)。

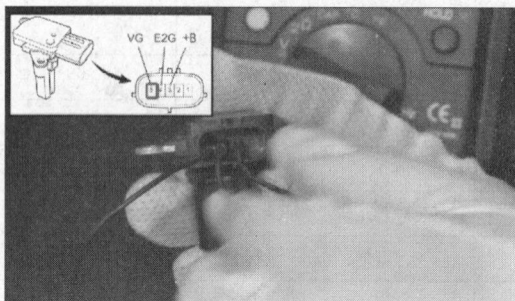

图 3-11　检测空气流量计 VG 端电压

标准电压:

检测仪连接	条件	规定状态
5(VG)-4(E2G)	向端子+B 和 E2G 之间施加蓄电池电压	0.2～4.9 V

如果检测结果在规定范围内,则检查线束和连接器(空气流量计- ECU)。

如果检测结果不符合规定状态,则更换空气流量传感器。

3. 检查空气流量计线束和连接器(空气流量计- ECU)

(1) 断开蓄电池负极电缆。

(2) 分离 ECM_B31 线束连接器。

(3) 断开空气流量计连接器。

(4) 如图 3-12 所示,将万用表置于欧姆(Ω)档,按照下表中的检测仪连接方式测量电阻。

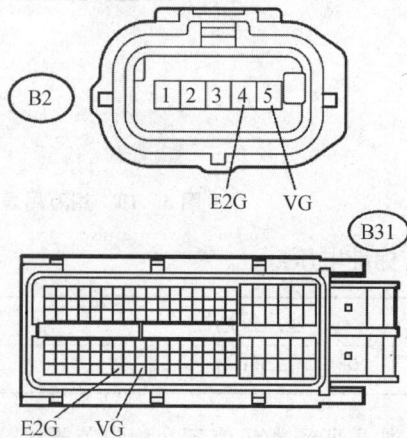

图 3-12　检测空气流量计线束和连接器

标准电阻(断路检查):

检测仪连接	条　件	规　定　状　态
B2-5(VG)-B31-118(VG)	始终	小于1Ω
B2-4(E2G)-B31-118(E2G)	始终	小于1Ω

标准电阻(短路检查):

检测仪连接	条　件	规　定　状　态
B2-5(VG)或B31-118(VG)-车身搭铁	始终	10 kΩ或更大
B2-4(E2G)或B31-118(E2G)-车身搭铁	始终	10 kΩ或更大

(5)连接ECM_B31线束连接器。

如果线束和连接器检查结果正常,则更换ECU。如果检测结果异常,则更换线束或连接空气流量计与ECU的连接器。

4. 检查空气流量计搭铁电路

(1)如图3-13所示,将万用表置于欧姆(Ω)档,按照下表中的检测仪连接方式测量电阻。

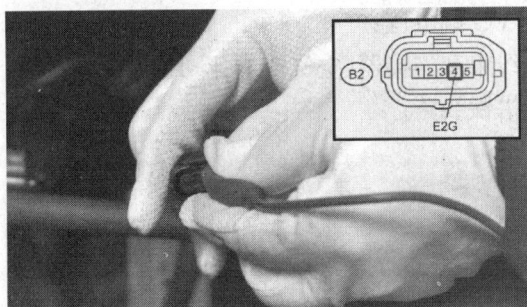

图3-13 检测空气流量计搭铁电路

标准电阻(传感器搭铁检查):

检测仪连接	条　件	规　定　状　态
B2-4-车身搭铁	始终	小于1Ω

(2)重新连接空气流量计连接器。

(3)连接蓄电池负极电缆。

如果线束和连接器检查结果正常,则更换ECU。如果检测结果异常,则更换线束或连接器(空气流量计-ECU)。

5. 项目检查

使用故障诊断仪对轿车进行检查,检查是否有故障码输出、查看空气流量数值是否在规定范围内。

路试检查发动机是否正常运转、车辆驾驶是否正常。

笔记

学习小结

（1）空气流量计是计算发动机进气量的电子测量装置，用于测量流经节气门的空气流量，将空气流量信号转换为电压信号传到 ECU。进气温度传感器通常与空气流量计合为一个整体，进气温度的变化会引起空气密度的变化，在计算喷油量时根据进气温度进行修正。

（2）热线式空气流量计主要由铂热丝、温度补偿电阻、控制电路板、连接器针脚等组成。

（3）热线式空气流量计工作原理：热线式空气流量计工作时铂丝经通电后发热，当发动机起动后，空气流经铂丝周围时带走其热量，使其温度下降，热线电阻变化导致电桥失去平衡，此时与铂丝相连的桥式电路将改变电流，以保持铂丝温度恒定。即当空气流量变化时，流过铂丝的电流也随之发生变化。这种变化的信号输入 ECU，ECU 根据此电压信号计算发动机负荷、判断燃油供给量和点火正时等。

（4）在故障车辆经故障诊断仪检测显示空气流量计故障后，应首先对进气道、节气门、气缸和气门进行免拆清洁，然后确认是否是空气流量计故障。

（5）当使用故障诊断仪读取空气流量数值为 0.0 g/s 时，空气流量计检测项目包括：
① 使用故障诊断仪读取空气流量数值；
② 检查空气流量计电源电压；
③ 检查空气流量计 VG 端电压；
④ 检查空气流量计线束和连接器（空气流量计-ECU）；
⑤ 检查空气流量计搭铁线路；
⑥ 项目检查。

课堂练习

一、填空题

1. 空气流量计装在＿＿＿＿和＿＿＿＿之间。
2. 常见的空气流量计有＿＿＿＿、＿＿＿＿两种。

二、选择题

下面关于空气流量计的描述，正确的是（　　）。
A. 当空气流量计信号停留在某一固定数值时，发动机怠速时 HC 和 CO 的排放量会不会增加
B. 随着发动机转速的升高，HC 的排放量会先减少后增加
C. 随着发动机转速的升高，CO 的排放量会一直增加
D. 当空气流量计信号发生偏移时，对 HC 的排放量影响不大

三、判断题

1. 空气流量计将空气流量信号转换为电流信号传给 ECU。（　　）
2. 氧传感器正常工作时，空燃比控制系统进行开环控制。（　　）
3. 氧传感器结合三元催化器一起来影响汽车的尾气排放。（　　）
4. 常见的空气流量计有热线式空气流量计和热膜式空气流量计。（　　）

四、简答题

请简述空气流量计技术状况对排放产生影响的机理。

任务二　检测进气温度传感器

任务描述

一辆卡罗拉轿车,在行驶过程中排放黑烟严重,送 4S 店检修,怀疑是进气温度传感器出现了问题,现需要对进气温度传感器进行检测以确定故障所在,请你对该车的进气温度传感器进行检测。

知识准备

(一) 进气温度传感器功用

进气温度传感器的作用是检测发动机的进气温度,并将进气温度转变为电压信号输入给 ECU 做为喷油修正的信号,以便获得最佳空燃比。

进气温度传感器通常安装在进气总管上或空气流量计内,如图 3 - 14 所示。目前 D 型 EFI 系统中的进气温度传感器大多安装在进气总管上。进气温度传感器是一个负温度系数热敏电阻,根据电阻变化而产生不同的信号电压。

进气温度传感器是双线的传感器,一根是由发动机 ECU 供应的 5 V 电压 THA,另一根为 E2 与发动机 ECU 内部搭铁,如图 3 - 15 所示。

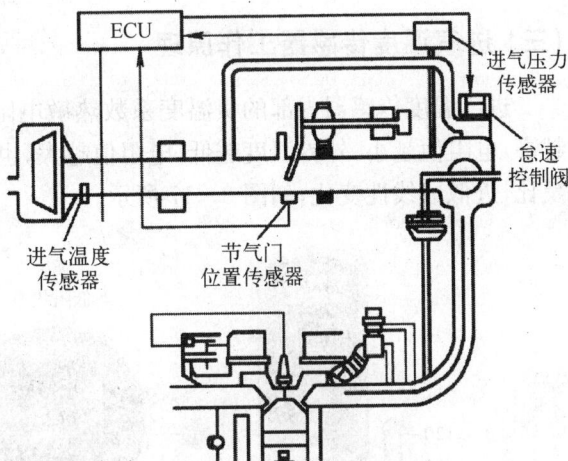

图 3 - 14　进气温度传感器的安装位置

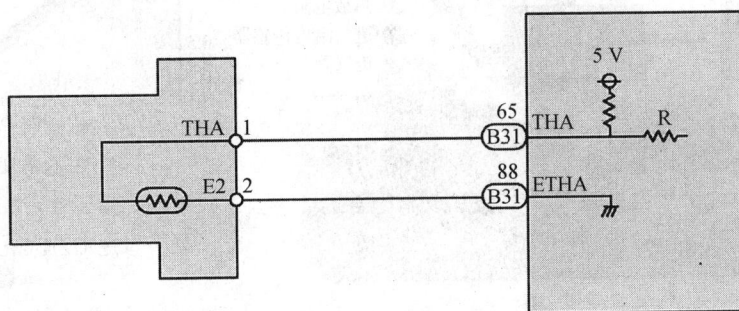

图 3 - 15　进气温度传感器控制电路

(二) 进气温度传感器结构

进气温度传感器主要由热敏电阻、控制电路、连接器针脚等组成,如图 3-16 所示。

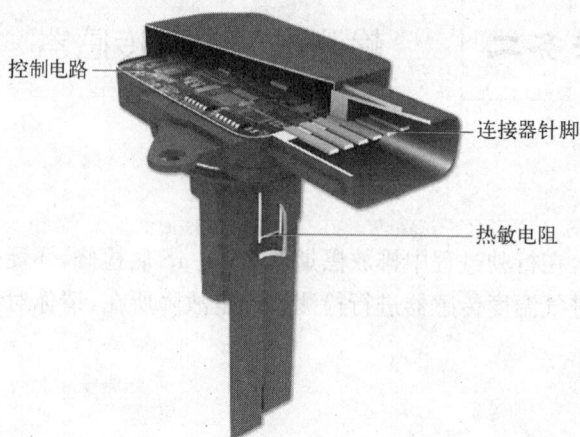

图 3-16　进气温度传感器结构

(三) 进气温度传感器工作原理

进气温度传感器内部的负温度系数热敏电阻会随着外界温度的变换而变化;外界温度越高,电阻值越小;外界温度越低,电阻值越大,也就是负温度系数热敏电阻的阻值跟温度成反比,近似成线性变化,如图 3-17 所示。

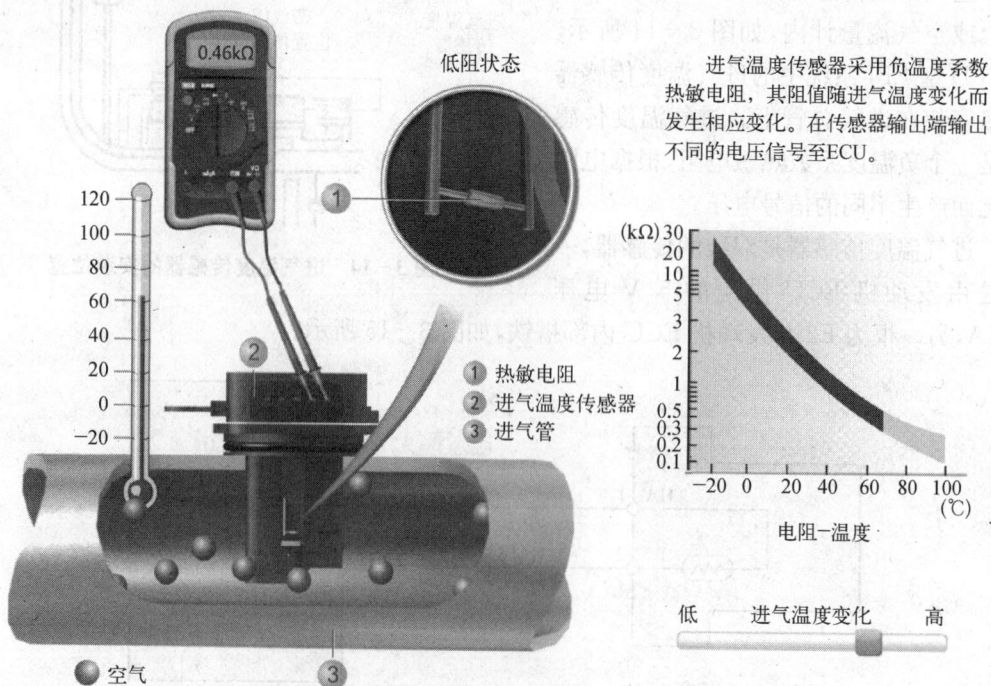

图 3-17　进气温度传感器中进气温度与电阻的关系

在 ECU 中有一个标准电阻与传感器热敏电阻串联,并由 ECU 提供 5 V 的标准电压,E2 端子通过 ECU 的内部搭铁。当热敏电阻随进气温度变化而变化时,ECU 通过 THA 测得的分压电位值也随之变化,ECU 根据此分压值判断进气的温度。

任务实施

(一) 实施路径

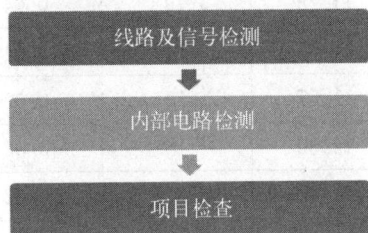

(二) 实施方案

(1) 质量要求:参照厂家的质量标准要求。

(2) 组织方式:学生自由组合,每 4～6 位同学为一组。

(3) 生产准备,每组配备的工具及设备:

① 场地,装有废气抽排系统和消防设施的实训维修车间;

② 卡罗拉轿车、尾气分析仪、底盘测功机、万用表、诊断仪、常用工具等。

(4) 实训作业要求:按企业安全文明生产规范操作。

(三) 实施步骤

1. 尾气分析

为了更好地反应进气温度传感器对汽车尾气排放的影响,我们特地准备了一辆进气温度传感器出现故障,而其他状况均良好的卡罗拉轿车进行尾气分析。

(1) 按照 ASM 操作规程,登记车辆信息,做好车辆和试验设备以及试验的准备工作。

(2) 开始进入测试程序,进行 AMS5025 工况下的尾气分析工作:

① 车辆加速至 25 km/h;

② 稳定车速在 25±1.5 km/h,等速 5 s 后,检测开始;

③ 系统开始预置 10 s 之后开始快速检查工况;

④ 控制系统开始记录分析仪读数,持续 10 s 取平均值;

⑤ 继续运行至 90 s 完成 ASM5025 工况。

(3) 将读取到的数值与排放限值进行比较分析(只摘取了其中部分数据),如表 3-2 所示。

将表 3-2 与表 2-2 进行对比,当进气温度传感器出现故障时,HC 和 CO 的排放量与正常时的排放量有较大的出入。由此可以证明,进气温度传感器对排放是有影响的。

笔记

表 3-2　测试值与排放限值的比较表

时间序号	速度[km/h]	功率[kW]	HC[10^{-6}]	CO[%]	NO[10^{-6}]	转速[r/min]
1	23.63	10.86	19	0.05	6	4 401
2	24.30	11.16	19	0.05	12	4 466
3	24.83	11.40	19	0.05	16	4 480
4	25.28	11.60	19	0.04	20	4 512
5	25.56	11.75	19	0.04	21	4 509
6	25.65	11.80	18	0.04	22	4 501
7	25.20	11.57	18	0.03	24	4 466
13	26.09	12.00	18	0.02	20	4 491
22	26.20	12.05	17	0.02	23	4 474
23	26.22	12.03	17	0.01	25	4 491
25	26.20	12.02	16	0.01	24	4 493

	HC[10^{-6}]	CO[%]	NO[10^{-6}]
5025 测量值	18	0.02	22
5025 限值	160	0.90	1 200
5025 结果判定	合格	合格	合格

2. 检测进气温度传感器

1) 线路检测

(1) 断开进气温度传感器线束连接器。

(2) 将点火开关置于 ON 位置。

(3) 将万用表置于直流电压(V)档,测量 THA 和 E2 之间的电压。

标准电压:

检 测 仪 连 接	点火开关状态	规 定 状 态
传感器连接器 THA-E2	置于 ON 位置	5 V

如果无电压,则应检查 ECU 连接器上 THA 端子与 E2 之间的电压。

标准电压:

检 测 仪 连 接	点火开关状态	规 定 状 态
ECU 连接器 THA-E2	置于 ON 位置	5 V

如果测得电压值为 5 V,则说明 ECU 与传感器之间的线路发生故障,否则为 ECU 故障。

2) 信号检测

(1) 重新接好进气温度传感器连接器。

(2) 起动发动机。

(3) 将万用表置于直流电压(V)档,将检测仪正极(+)探针连接至传感器端子 THA,检测仪负极(-)探针连接至传感器端子 E2。

标准电压:

检 测 仪 连 接	条 件	规 定 状 态
THA - E2	起动发动机	0.5~4 V

检测结果应符合规定:温度越低电压越高,温度越高电压越低,否则应更换进气温度传感器。

3) 传感器内部电路检测

(1) 断开蓄电池负极电缆。

(2) 断开进气温度传感器连接器,拆下进气温度传感器。

(3) 测量传感器 THA 端子与 E2 端子之间的电阻值。

在不同温度下的电阻值,应符合其特性曲线相对应温度下的电阻值,否则应更换进气温度传感器。

4) 项目检查

使用故障诊断仪对轿车进行检查,检查是否有故障码输出、查看进气温度数值是否在规定范围内。

路试检查发动机是否正常运转、车辆驾驶是否正常。

学习小结

(1) 进气温度传感器的作用是检测发动机的进气温度,并将进气温度转变为电压信号输入给 ECU 做为喷油修正的信号。

(2) 进气温度传感器工作原理:在 ECU 中有一个标准电阻与传感器热敏电阻串联,并由 ECU 提供 5 V 的标准电压,E2 端子通过 ECU 的内部搭铁。当热敏电阻随进气温度变化而变化时,ECU 通过 THA 测得的分压电位值也随之变化,ECU 根据此分压值判断进气的温度。

(3) 检测进气温度传感器的步骤:

① 传感器线路及信号检测。

② 传感器内部电路检测。

课堂练习

一、填空题

1. 进气温度传感器通常安装在_____。

2. 进气温度传感器将温度信号转变成_____信号传给 ECU。

笔记

二、选择题

下面关于进气温度传感器的描述，错误的是(　　　)。

A. 进气温度传感器是双线传感器

B. 进气温度传感器里面是一个负温度系数热敏电阻

C. 进气温度越高，传感器输出的电压越高

D. 进气温度传感器有时和空气流量计合为一体

三、判断题

1. 进气温度传感器接收的电源电压在 12 V 左右。(　　　)

2. 进气温度传感器的输出电压信号在 0.5～4 V 之间。(　　　)

3. 如果传感器 THA 端子与 E2 之间电压为 0 V，ECU 端子 THA 与 E2 之间电压为 5 V，则说明传感器与 ECU 之间线路有故障。(　　　)

四、简答题

请简要阐述进气温度传感器的工作原理。

任务三　检测氧传感器

任务描述

有一辆卡罗拉轿车，行驶过程中故障指示灯亮起。送 4S 店检修，使用故障诊断仪读取故障码为 P0136，即氧传感器电路故障(B1 S2)。请你根据维修手册对该车氧传感器进行检修。

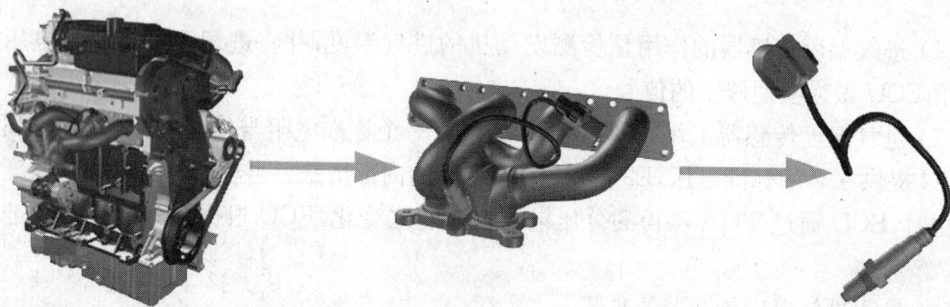

知识准备

(一) 氧传感器功用

轿车上一般安装有前氧传感器(S1)和后氧传感器(S2)。前氧传感器安装在发动机排气管和三元催化器之间，主要用于修正喷油量；后氧传感器也称为空燃比传感器，安装在三元催化器之后，用于监视三元催化器的工作状况。

氧传感器用来检测废气中氧的浓度并转换为电信号，将此信号反馈给 ECU，ECU 据此判断可燃混合气的浓度，调节喷油量。可燃混合气的浓度偏稀时增加喷油量，偏浓时减少喷油量，使可燃混合气浓度接近理论值（空燃比 14.7：1）。

（二）常见氧传感器结构

常见的氧传感器有加热型氧化锆式氧传感器和加热型氧化钛式氧传感器。

氧化锆式氧传感器主要由锆管、内电极、外电极、加热元件、陶瓷管、连接器等组成（见图 3-18）。其中加热元件采用热敏电阻，其上绕有钨丝并引出两个电极直接与汽车电源（12～14 V）相通，用于对锆管进行加热，使氧化锆式氧传感器迅速到达工作温度而投入工作。

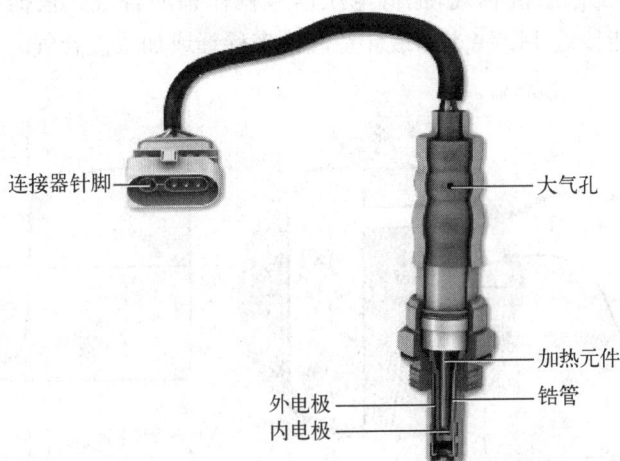

图 3-18 氧化锆式氧传感器结构组成

氧化钛式氧传感器主要由二氧化钛元件、加热元件、通气孔、陶瓷管、连接器等组成（见图 3-19）。其中加热元件同样采用热敏电阻，其上绕有钨丝并引出两个电极直接与汽车电源（12～14 V）相通，用于对二氧化钛进行加热，使氧化钛式氧传感器迅速到达工作温度而投入工作。

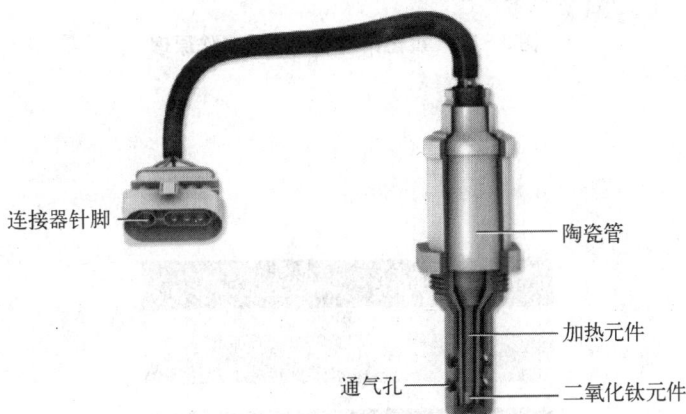

图 3-19 氧化钛式氧传感器结构组成

（三）氧传感器工作原理

以氧化锆式氧传感器为例，二氧化锆为一种固体电解质，在高温下，氧离子在其内部能够扩散和渗透。当氧化锆管的内外侧表面分别接触到不同密度的氧时，氧化锆物质中的氧离子便从内向外扩散，产生电动势，管内外侧的铂电极便产生电压。

在高温及铂的催化下，废气中带负电的氧离子吸附在氧化锆套管的内外表面上，由于大气中的氧气比废气中的氧气多，套管上与大气相通一侧比废气一侧吸附更多的负离子，两侧离子的浓度差产生电动势，使铂电极产生电压信号（见图3-20）。此电压信号在输入回路的比较器中与基准电压对比，以0.45 V以上为1，以0.45 V以下为0输入汽车ECU中处理，ECU把高电压信号视作浓混合气，把低电压信号视作稀混合气。根据氧传感器的电压信号，ECU按照尽可能接近14.7∶1的最佳空燃比来稀释或加浓混合气。

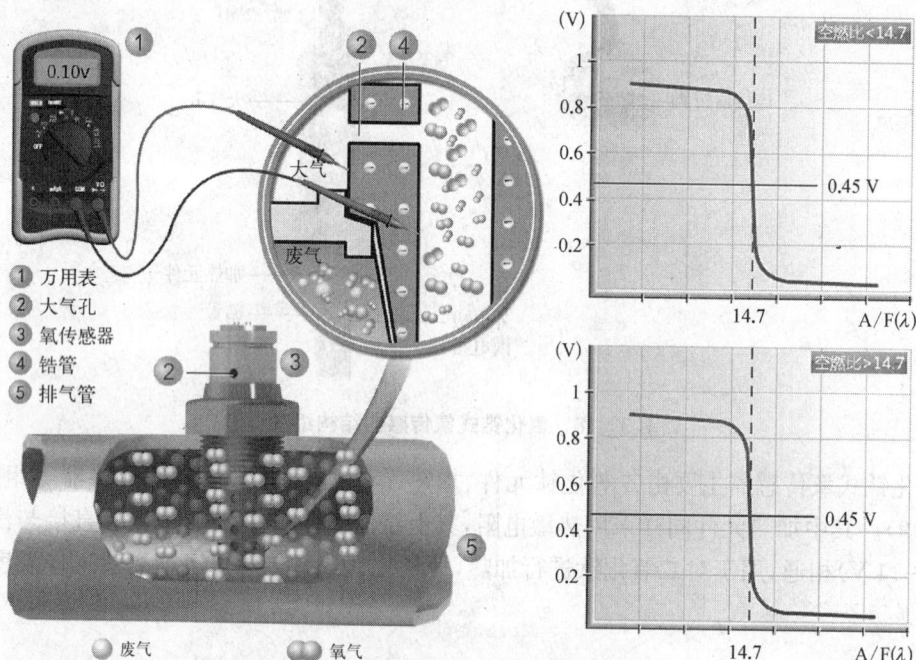

图3-20 氧化锆式氧传感器工作原理

任务实施

（一）实施路径

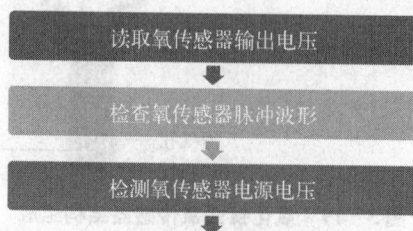

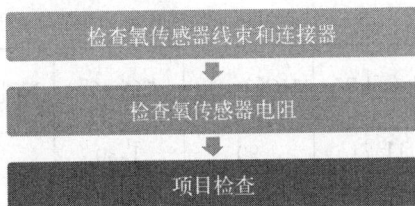

```
┌─────────────────────────┐
│   检查氧传感器线束和连接器    │
└─────────────────────────┘
            ↓
┌─────────────────────────┐
│     检查氧传感器电阻         │
└─────────────────────────┘
            ↓
┌─────────────────────────┐
│       项目检查             │
└─────────────────────────┘
```

（二）实施方案

（1）质量要求：参照厂家的质量标准要求。

（2）组织方式：学生自由组合，每4～6位同学为一组。

（3）生产准备，每组配备的工具及设备：

① 场地，装有废气抽排系统和消防设施的实训维修车间；

② 卡罗拉轿车、尾气分析仪、底盘测功机、万用表、诊断仪、常用工具等。

（4）实训作业要求：按照企业安全文明生产规范进行操作。

（三）实施步骤

1. 尾气分析

为了更好地反应氧传感器对汽车排放的影响，我们特地准备了一辆氧传感器出现故障，而其他状况均良好的卡罗拉轿车进行尾气分析。

（1）按照 ASM 操作规程，登记车辆信息，做好车辆和试验设备以及试验的准备工作。

（2）开始进入测试程序，进行 AMS5025 工况下的尾气分析工作：

① 车辆加速至 25 km/h；

② 稳定车速在 25 ± 1.5 km/h，等速 5 s 后，检测开始；

③ 系统开始预置 10 s 之后开始快速检查工况；

④ 控制系统开始记录分析仪读数，持续 10 s 取平均值；

⑤ 继续运行至 90 s 完成 ASM5025 工况。

（3）将读取到的数值与排放限值进行比较分析，如表 3 - 3 所示。

表 3 - 3　测试值与排放限值的比较表

时间序号	速度 [km/h]	功率[kW]	HC[10^{-6}]	CO[%]	NO[10^{-6}]	O$_2$[%]	转速 [r/min]
1	24.00	11.03	74	0.53	34	0.44	4 424
2	23.85	10.94	76	0.83	30	0.33	4 288
3	24.16	11.08	77	0.86	35	0.30	4 388
4	24.44	11.23	77	0.86	35	0.30	4 427
5	24.67	11.33	82	1.00	49	0.24	4 427
6	25.01	11.48	85	1.28	59	0.19	4 419
7	25.06	11.50	86	1.31	59	0.17	4 419
8	25.38	11.66	88	1.29	56	0.11	4 432

笔 记

时间序号	速度 [km/h]	功率[kW]	HC[10⁻⁶]	CO[%]	NO[10⁻⁶]	O₂[%]	转速 [r/min]
9	25.46	11.71	90	1.30	57	0.08	4 432
10	25.44	11.66	90	1.29	59	0.07	4 424
11	25.71	11.80	79	1.27	45	0.05	4 443
12	25.75	11.82	79	1.27	45	0.05	4 451
13	25.38	11.63	73	1.33	47	0.03	4 419
14	25.46	11.70	74	1.35	46	0.02	4 416
15	25.50	11.74	75	1.35	49	0.03	4 419
16	25.52	11.72	76	1.47	44	0.02	4 427

	HC[10⁻⁶]	CO[%]	NO[10⁻⁶]
5025 测量值	91	1.30	52
5025 限值	160	0.90	1 200
5025 结果判定	合格	不合格	合格

将表 3-3 与表 2-2 进行对比得知,当氧传感器出现故障时,HC 和 CO 的排放较正常时的排放量大很多。由此可以证明,氧传感器出现故障对排放是有影响的。

2. 检测氧传感器

1)读取氧传感器输出电压

(1)将故障诊断仪连接到汽车的 DLC3 诊断接口。

(2)将点火开关置于 ON 位置,起动发动机,并打开故障检测仪。

(3)选择以下菜单项:

Powertrain/Engine and ECT/Data List/A/F Control System/O2S B1 S2。

(4)暖机之后,使发动机以 2 500 r/min 的转速怠速运转三分钟。

(5)踩油门踏板,使发动机转速快速提高至 4 000 r/min,反复操作三次,读取氧传感器的输出电压。正常情况下,输出电压值在 0.4 V 或更低与 0.55 V 或更高范围内波动,否则,氧传感器存在故障。

2)检查氧传感器脉冲波形

(1)起动发动机 20～30 秒,使发动机以 2 500 r/min 的转速怠速运转三分钟。

(2)打开示波器电源开关,调整示波器量程为 0.2 V/格、200 ms/格。如图 3-21 所示,检测以下两端子间的脉冲波形:B31-64(OX1B)与 B31-87(EX1B)之间。

(3)对比正常波形,分析检测波形。

3)检测氧传感器电源电压

(1)举升车辆至操作的合适位置,分离氧传感器线束

输出电压:
高于0.55 V

低于0.4 V
正常

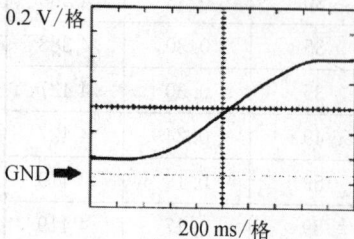
0.2 V/格

GND

200 ms/格

图 3-21 检查氧传感器脉冲波形

<<<< -

连接器。

(2) 如图 3 - 22 所示,将万用表置于直流电压(V)档,按下表中检测仪连接方式检测两端子之间的电压,记录检测数据并与标准数据进行比对:

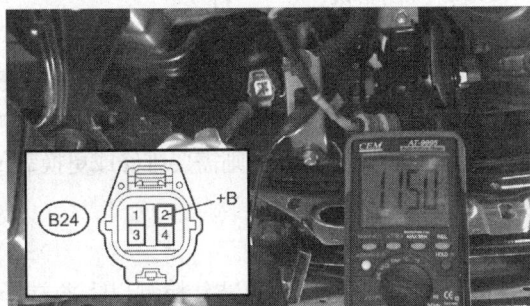

图 3 - 22 检测氧传感器电源电压

标准电压:

检 测 仪 连 接	开 关 状 态	规 定 状 态
B24 - 2(+B)-车身搭铁	点火开关置于 ON 位置	9~14 V

如果检测数据不在规定范围内,则维修或更换线束连接器。

4) 检查氧传感器线束和连接器

(1) 断开蓄电池负极电缆。

(2) 分离 ECM(B31)线束连接器。

(3) 如图 3 - 23 所示,将万用表置于欧姆(Ω)档,按下表中检测仪连接方式检测两端子之间的电阻,记录检测数据并与标准数据进行比对:

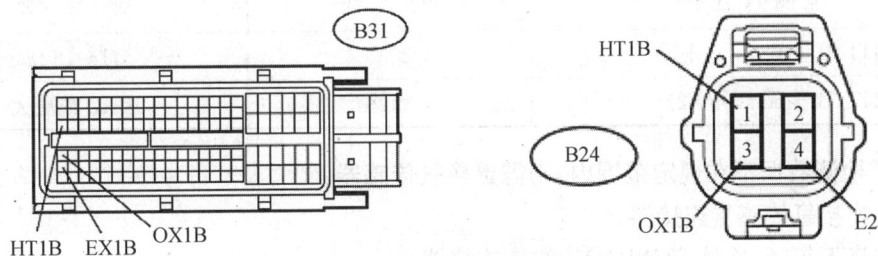

图 3 - 23 检查氧传感器线束和连接器

标准电阻(断路检查):

检 测 仪 连 接	条 件	规 定 值
B24 - 1(HT1B)～B31 - 47(HT1B)	始终	小于 1 Ω
B24 - 3(OX1B)～B31 - 64(OX1B)	始终	小于 1 Ω
B24 - 4(E2)～B31 - 87(EX1B)	始终	小于 1 Ω

笔 记

标准电阻(短路检查):

检 测 仪 连 接	条 件	规 定 值
B24-1(HT1B)或 B31~47(HT1B)-车身搭铁		
B24-3(OX1B)或 B31~64(OX1B)-车身搭铁	始终	10 kΩ 或更大
B24-4(E2)或 B31~87(EX1B)-车身搭铁		

如果任何两端子间检测数据不在规定范围内,则需要维修或更换氧传感器线束和连接器。

5) 检测氧传感器电阻

(1) 断开蓄电池负极电缆。

(2) 如图 3-24 所示,将万用表置于欧姆(Ω)档,检测以下两端子之间的电阻,记录检测数据并与标准数据进行比对:

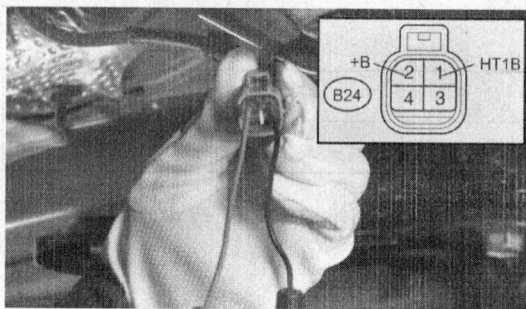

图 3-24　检测氧传感器电阻

标准电阻:

检 测 仪 连 接	条 件	规 定 值
B24-1(HT1B)~B24-2(+B)	20℃	11~16 Ω
B24-1(HT1B)~B24-4(E2)	始终	10 kΩ 或更大

如果检测数据不在规定范围内,则需更换氧传感器。

(3) 连接氧传感器连接器。

(4) 降下车辆,连接 ECM(B31)线束连接器。

(5) 连接蓄电池负极端子。

6) 项目检查

使用故障诊断仪对轿车进行检查,检查是否有故障码输出、检查节气门开度百分比对应数值是否在规定范围内。

路试检查发动机是否正常运转、车辆驾驶是否正常。

学习小结

(1) 氧传感器用来检测废气中氧的浓度并转换为电信号,其信号可供 ECU 作为调节可燃混合气浓度、调节喷油量的依据,使可燃混合气空燃比接近理论值 14.7∶1。

（2）氧化锆式氧传感器主要由锆管、内电极、外电极、加热元件、陶瓷管、连接器等组成。

（3）氧化钛式氧传感器主要由二氧化钛元件、加热元件、通气孔、陶瓷管、连接器等组成。

（4）氧化锆套管在高温及铂的催化下,废气中带负电的氧离子吸附在氧化锆套管的内外表面上,由于大气中的氧气比废气中的氧气多,套管上与大气相通一侧比废气一侧吸附更多的负离子,两侧离子的浓度差产生电动势,使铂电极产生电压信号,此电压信号在输入回路的比较器中与基准电压对比,以 0.45 V 以上为 1,以 0.45 V 以下为 0 输入汽车 ECU 中处理,ECU 把高电压信号视作浓混合气,把低电压信号视作稀混合气。根据氧传感器的电压信号,ECU 按照尽可能接近 14.7∶1 的最佳空燃比来稀释或加浓混合气。

（5）检测氧传感器的主要步骤如下:

① 使用故障诊断仪读取氧传感器的输出电压;

② 检测加热型氧传感器脉冲波形;

③ 检测氧传感器电源电压;

④ 检查氧传感器线束和连接器;

⑤ 检测氧传感器加热器电阻;

⑥ 项目检查。

课堂练习

一、填空题

前氧传感器用于＿＿＿＿＿＿＿＿＿＿＿,后氧传感器用于＿＿＿＿＿＿＿＿＿＿＿。

二、选择题

1. 氧传感器最有利的工作温度是（　　）。

    A. 100℃～200℃　　　　　　　　B. 200℃～300℃

    C. 200℃～500℃　　　　　　　　D. 300℃～600℃

2. 在 20℃下,检测氧传感器的正常电阻范围为（　　）。

    A. 1～6 Ω　　　　　　　　　　　B. 2～8 Ω

    C. 8～10 Ω　　　　　　　　　　　D. 11～16 Ω

三、判断题

1. 氧传感器安装在进气总管处。（　　）

2. 卡罗拉轿车所采用的氧传感器为二氧化锆式氧传感器。（　　）

3. 氧化锆式氧传感器的工作状态与工作温度没有密切关系。（　　）

四、简答题

请简要阐述氧化锆式氧传感器的工作原理。

任务四　检测爆震传感器

任务描述

　　一辆满载的卡罗拉轿车在爬又长又陡的坡道时发动机发生持续爆震。持续爆震时,发动机动力迅速下降、爬坡无力,且冒黑烟严重。送 4S 店检修,维修技师查出故障码为 P0327,即爆震传感器 1 电路低输入。请你根据维修手册对该车爆震传感器进行检修。

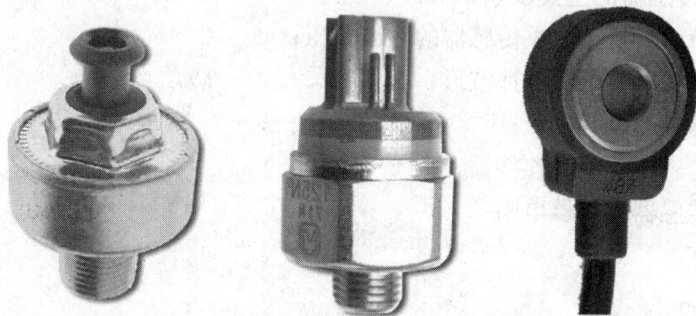

知识准备

(一) 爆震传感器功用

　　发动机的爆震是指气缸内的可燃混合气在火焰前锋尚未到达之前自行燃烧,导致压力急剧上升而引起缸体振动的现象。在发动机工作的临界点或有轻微爆震时,发动机热效率最高,动力性和经济性最好,但剧烈的爆震会使发动机的动力性和经济性严重恶化。

　　爆震传感器安装在发动机缸体上,其作用是通过检测发动机缸体的振动,判断有无爆震发生及爆震强度,并将发动机爆震信号转换为电信号输入发动机 ECU,以便 ECU 修正点火提前角,其目的是为了提高发动机动力性能的同时不产生爆震。

(二) 爆震传感器结构和分类

　　爆震传感器主要有磁致伸缩式爆震传感器和压电式爆震传感器两种,而压电式爆震传感器又分为共振型爆震传感器和非共振型爆震传感器(见图 3-25)。

　　磁致伸缩式爆震传感器是一种电感式传感器,利用电磁感应把被测的物理量如振动、压力、位移等转换成线圈的自感系数和互感系数的变化。再由电路转换为电压或电流的变化量输出,实现非电量到电量的转换。磁致伸缩式爆震传感器主要由铁芯、永久磁铁、感应线圈及外壳等组成。

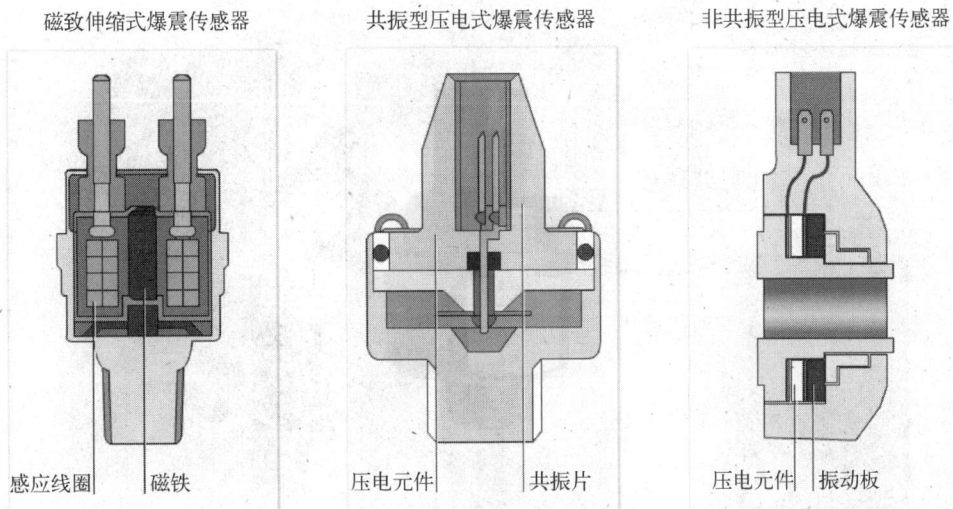

磁致伸缩式爆震传感器　　共振型压电式爆震传感器　　非共振型压电式爆震传感器

感应线圈　磁铁　　　压电元件　　共振片　　　压电元件　振动板

图 3-25　爆震传感器分类

　　压电式爆震传感器利用压电效应原理制成。凡是能变换为力的动态物理量,如压力、加速度等,均可用其进行检测。

　　共振型压电式爆震传感器由压电元件、共振片、基座、连接器、外壳等组成。压电元件紧贴在共振片上,共振片固定在基座上。选择共振片的固有频率与被测发动机爆震时的振动频率一致,则当爆震发生时两者共振,压电元件有最大谐振输出。

　　非共振型压电式爆震传感器由压电陶瓷、振动板、压板、基座、连接器、外壳等组成(见图3-26),它实际是一种加速度传感器,以接受加速度信号的形式来检测爆震。

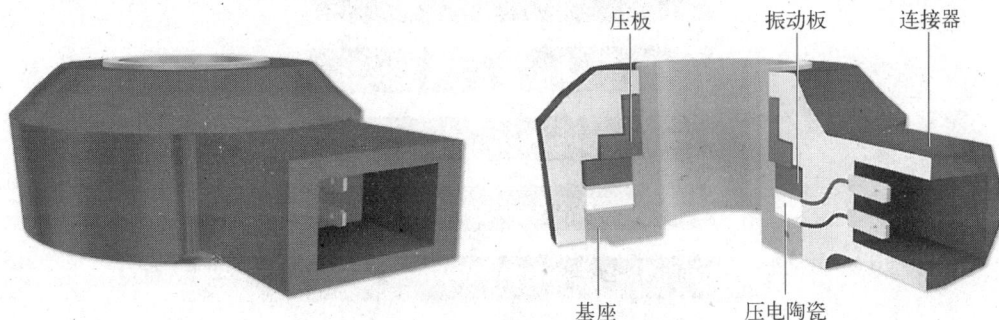

压板　　　　　振动板　　　　连接器

基座　　　压电陶瓷

图 3-26　非共振型压电式爆震传感器结构

(三) 非共振型压电式爆震传感器工作原理

　　非共振型压电式爆震传感器工作原理如图 3-27 所示。当发动机产生爆震时,发动机缸体出现振动,爆震传感器的壳体与振动板之间产生相对运动,夹在壳体与振动板之间的压电陶瓷所受的压力发生变化,利用压电陶瓷的压电效应将振动转化为电压信号输入 ECU,ECU 根据输入信号判断发动机有无爆震及爆震的强度。通过控制点火时刻防止爆震,有爆震则推迟点火时刻,无爆震则提前点火时刻,使点火时刻在任何工况都保持最佳值,即实现爆震控制。

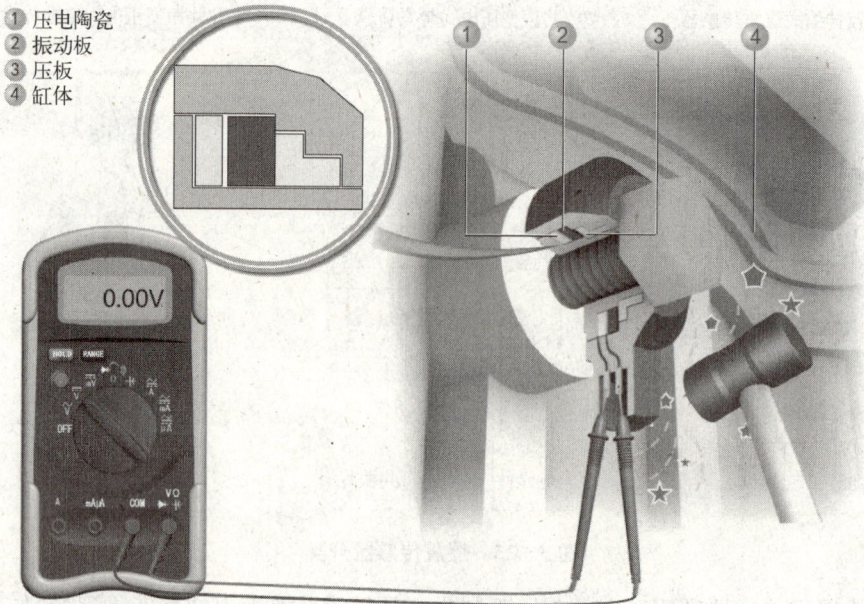

① 压电陶瓷
② 振动板
③ 压板
④ 缸体

0.00V

图 3-27 非共振型压电式爆震传感器工作原理

任务实施

(一) 实施路径

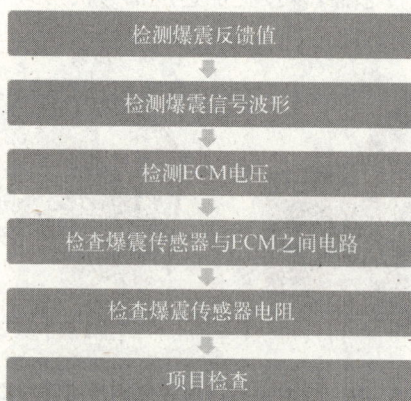

检测爆震反馈值

检测爆震信号波形

检测ECM电压

检查爆震传感器与ECM之间电路

检查爆震传感器电阻

项目检查

(二) 实施方案

(1) 质量要求：参照厂家的质量标准要求。

(2) 组织方式：学生自由组合，每 4～6 位同学为一组。

(3) 生产准备，每组配备的工具及设备：

① 场地，装有废气抽排系统和消防设施的实训维修车间；

② 卡罗拉轿车、尾气分析仪、底盘测功机、万用表、诊断仪、常用工具等。

(4) 实训作业要求：按照企业安全文明生产规范进行操作。

（三）实施步骤

1. 尾气分析

为了更好地反应爆震传感器对汽车排放的影响,我们特地准备了一辆爆震传感器出现故障,而其他状况均良好的卡罗拉轿车进行尾气分析。

(1) 按照 ASM 操作规程,登记车辆信息,做好车辆和试验设备以及试验的准备工作。

(2) 开始进入测试程序,进行 AMS5025 工况下的尾气分析工作:

① 车辆加速至 25 km/h;

② 稳定车速在 25±1.5 km/h,等速 5 s 后,检测开始;

③ 系统开始预置 10 s 之后开始快速检查工况;

④ 控制系统开始记录分析仪读数,持续 10 s 取平均值;

⑤ 继续运行至 90 s 完成 ASM5025 工况。

(3) 将读取到的数值与排放限值进行比较分析(只摘取了部分检测数据),如表 3-4 所示。

表 3-4 测试值与排放限值的比较表

时间序号	速度[km/h]	功率[kW]	HC[10^{-6}]	CO[%]	NO[10^{-6}]	转速[r/min]
1	23.79	11.12	120	0.1	1 374	4 458
2	24.55	11.48	116	0.09	1 472	4 488
3	25.14	11.76	95	0.48	330	4 474
4	25.34	11.85	56	0.08	96	4 482
5	25.79	12.06	52	0.06	36	4 488
6	25.81	12.05	45	0.05	27	4 501
7	24.85	11.6	39	0.05	22	4 427
8	25.06	11.72	35	0.04	19	4 451
9	24.75	11.55	31	0.03	16	4 427
10	25.63	11.98	29	0.02	17	4 469
11	40.89	9.55	34	0.02	7	5 084
12	39.55	9.22	39	0.01	6	4 947
13	39.73	9.28	40	0.01	5	4 943
	HC[10^{-6}]	CO[%]	NO[10^{-6}]			
5025 测量值	30	0.08	17			
5025 限值	160	0.90	1 200			
5025 结果判定	合格	合格	合格			

将表3-4与表2-2进行对比得出,当爆震传感器出现故障时,CO的排放量较正常时有很大出入。由此可以证明,爆震传感器出现故障对排放是有影响的。

2. 检测爆震传感器

1) 检测爆震反馈值

(1) 将诊断仪连接到DLC3,点火开关置于ON位置,打开诊断仪。

(2) 起动发动机暖机。

(3) 选择以下菜单：Function/Data List/Knock Feedback Value。

(4) 驾驶车辆时,读取诊断仪上的数据。

查看爆震反馈值是否出现变化,若爆震反馈数据无变化,则说明爆震传感器或爆震传感器电路出现故障。

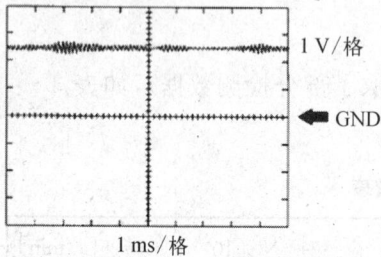

1 V/格

GND

1 ms/格

图3-28 示波器量程示意图

2) 检测爆震信号波形

(1) 起动发动机,发动机暖机后使发动机转速保持在4 000 r/min运转。

(2) 打开示波器电源开关,调整示波器量程为1 V/格、1 ms/格(见图3-28)。检测以下两端子间的脉冲波形：

B31-110(KNK)与B31-111(EKNK)。

(3) 比对正常波形,分析检测波形。

若波形显示不正确,则检查爆震传感器线路。

3) 检测ECM电压

(1) 分离ECM(B31)线束连接器。

(2) 举升车辆到合适操作位置,断开爆震传感器连接器。

(3) 如图3-29所示,将万用表旋转开关置于电压V档,检测端子D1-2与端子D1-1之间的电压,记录检测数据并与标准数据进行比对：

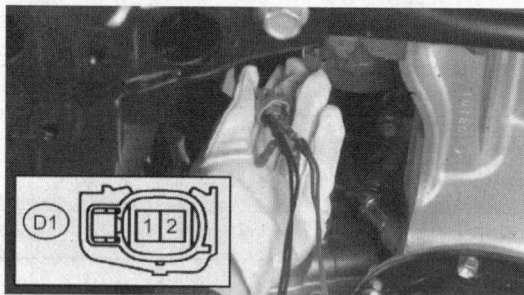

图3-29 检测ECM电压

标准电压：

检测仪连接	开关状态	规定状态
D1-2-D1-1	点火开关置于ON位置	4.5~5.5 V

<<<< ------------------------------------

　　若检测值不在规定范围内,则说明爆震传感器电路出现故障,则需检修爆震传感器
电路。

　　4) 检查爆震传感器与 ECM 之间电路

　　如图 3-30 所示,将万用表置于欧姆(Ω)档,按下表中检测仪连接方式检测两端子之间
的电阻,记录检测数据并与标准数据进行比对:

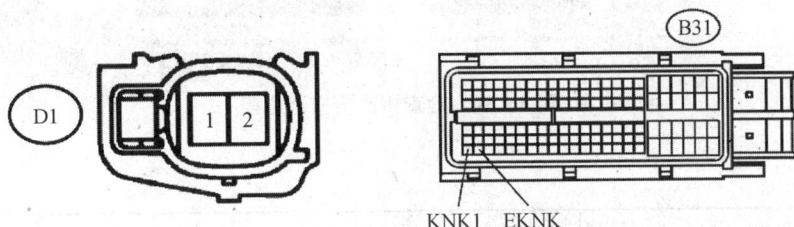

图 3-30　检查爆震传感器与 ECM 之间的电路

标准电阻(断路检查):

检 测 仪 连 接	条　件	规 定 值
D1-2 与 B31-110(KNK1)	始终	小于 1 Ω
D1-1 与 B31-111(EKNK)		

标准电阻(短路检查):

检 测 仪 连 接	条　件	规 定 值
D1-2 或 B31-110(KNK1)-车身搭铁	始终	10 kΩ 或更大
D1-1 或 B31-111(EKNK)-车身搭铁		
B24-4(E2)或 B31-87(EX1B)-车身搭铁		

　　如果任何两端子间检测数据不在规定范围内,则需要维修或更换氧传感器线束和连
接器。

　　5) 检查爆震传感器电阻(见图 3-31)

　　(1) 排净发动机冷却液。

　　(2) 拆卸气缸盖罩。

　　(3) 拆卸空气滤清器盖。

　　(4) 拆卸节气门体。

　　(5) 拆卸进气歧管。

　　(6) 拆卸爆震传感器。

　　(7) 如图 3-31 所示,将万用表置于欧姆(Ω)档,检测爆震传感器连接器针脚 1、2 之间
的电阻,记录检测数据并与标准数据进行比对:

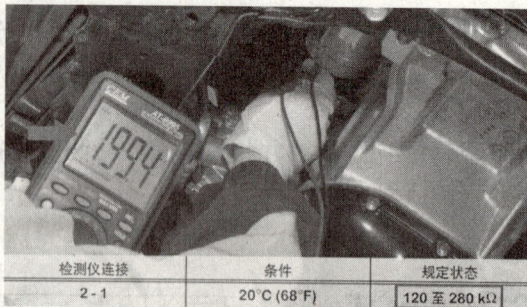

图 3-31　检查爆震传感器电阻

标准电阻：

检 测 仪 连 接	检 测 条 件	规 定 状 态
连接器针脚 1-2	20℃	120～280 kΩ

若检测值不在规定范围内,则说明爆震传感器自身存在故障,需要更换爆震传感器。

(8) 用螺栓安装爆震传感器,按维修手册规定扭矩紧固爆震传感器的紧固螺栓,并连接爆震传感器连接器。

(9) 安装进气歧管。

(10) 安装节气门体。

(11) 安装空气滤清器盖。

(12) 安装气缸盖罩。

(13) 添加发动机冷却液。

(14) 检查冷却液是否泄漏。

(15) 连接 ECM(B31)线束连接器。

(16) 连接蓄电池负极电缆。

6) 项目检查

使用故障诊断仪对轿车进行检查,检查是否有故障码输出、查看爆震反馈值是否出现变化。路试检查发动机是否正常运转、车辆驾驶是否正常。

学习小结

(1) 发动机的爆震是指气缸内的可燃混合气在火焰前锋尚未到达之前自行燃烧导致压力急剧上升而引起缸体振动的现象。

(2) 爆震传感器安装在发动机缸体上,其作用是通过检测发动机缸体的振动判断有无爆震发生及爆震强度,目的是为了在提高发动机动力性能的同时不产生爆震。

(3) 爆震传感器主要有磁致伸缩式爆震传感器和压电式爆震传感器两种,而压电式爆震传感器又分为共振型爆震传感器和非共振型爆震传感器。

① 磁致伸缩式爆震传感器是一种电感式传感器,主要由铁芯、永久磁铁、感应线圈及外壳等组成。

② 共振型压电式爆震传感器由压电元件、共振片、基座、连接器、外壳等组成。压电元件紧贴在共振片上,共振片固定在基座上。

③ 非共振型压电式爆震传感器由压电陶瓷、振动板、压板、基座、连接器、外壳等组成。

(4) 当发动机产生爆震时,发动机缸体出现振动,爆震传感器的壳体与振动板之间产生相对运动,夹在壳体与振动板之间的压电陶瓷所受的压力发生变化,利用压电陶瓷的压电效应将振动转化为电压信号输入 ECU,ECU 根据输入信号判断发动机有无爆震及爆震的强度。

(5) 检测爆震传感器的主要步骤如下:

① 使用故障诊断仪检测爆震反馈值;

② 检测爆震信号波形;

③ 检测爆震传感器的 ECM 电压;

④ 检查爆震传感器与 ECM 之间的线束和连接器;

⑤ 检测爆震传感器电阻;

⑥ 项目检查。

课堂练习

一、填空题

1. 爆震传感器分为:_____、_____两种。

2. 压电式爆震传感器分为_____、_____两种。

3. 在发动机工作的临界点或有轻微爆震时,发动机热效率最高,_____和_____最好。

二、选择题

下列说法中,正确的是( )。

A. 爆震传感器安装在排气管上

B. 发动机的爆震是正常现象

C. 发动机工作时发生轻微爆震,此时的发动机热效率最高

D. 爆震传感器产生的是电流信号

三、判断题

1. 非共振型爆震传感器实际上是一种加速度传感器。( )

2. ECU 在检测到有爆震时,控制点火提前角提前。( )

四、简答题

请简要分析爆震传感器的工作原理。

任务五　检测节气门位置传感器

任务描述

一辆卡罗拉轿车,在行驶过程中排放黑烟严重,送 4S 店检修,怀疑是节气门位置传感器

笔记

出现了问题,现需要对节气门位置传感器进行检测以确定故障所在,请你对该车的节气门位置传感器进行检测。

知识准备

(一) 节气门位置传感器功用

节气门位置传感器安装在节气门体总成上,由节气门电机驱动,用于检测节气门的开度大小和开关的快慢,并将其转换为电信号传给 ECU,作为 ECU 判定发动机运转工况、调整喷油量和喷油正时的依据。

(二) 节气门位置传感器分类及组成

常见的节气门位置传感器有可变电阻式节气门位置传感器和霍尔式节气门位置传感器。可变电阻式节气门位置传感器实际是一个可变电阻。

霍尔式节气门位置传感器使用霍尔效应元件,安装在霍尔式节气门体总成上。霍尔式节气门体主要由霍尔 IC、连接器、磁铁、节气门电机、节气门轴、节气门减速齿轮等组成,如图 3-32 所示。

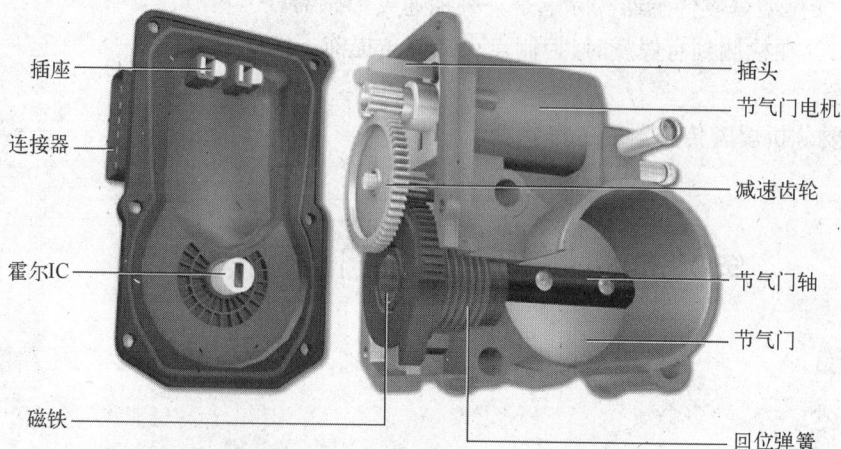

图 3-32　霍尔式节气门体结构

笔记

(三) 霍尔式节气门位置传感器电路及工作原理

霍尔式节气门位置传感器有两个传感器电路 VTA 和 VTA2,电路如图 3-33 所示。

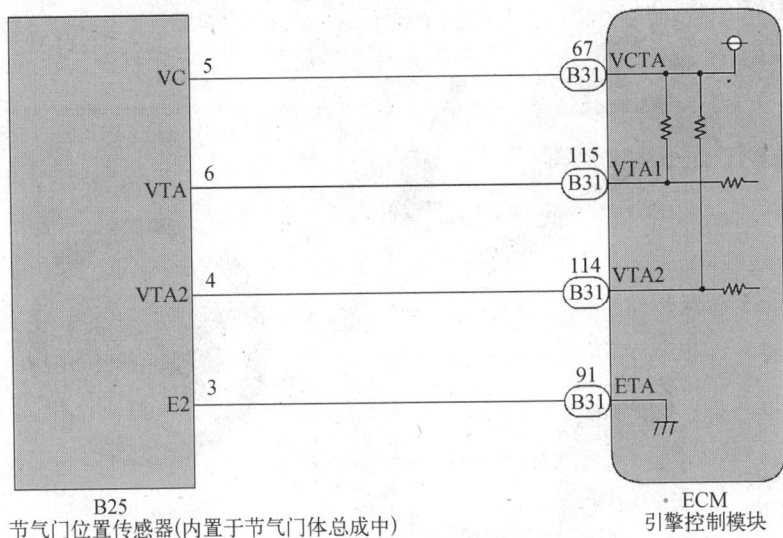

图 3-33　霍尔式节气门位置传感器电路图

VTA 用于检测节气门开度,VTA2 用于检测 VTA 的故障,传感器信号电压与节气门开度成比例,在 0 V 和 5 V 之间变化。电路中,VTA 为电子节气门传感器 1 号信号端,VTA2 为电子节气门传感器 2 号信号端,VC 为工作电压,E2 为接地线,其连接端口中各针脚的含义如图 3-34 所示。

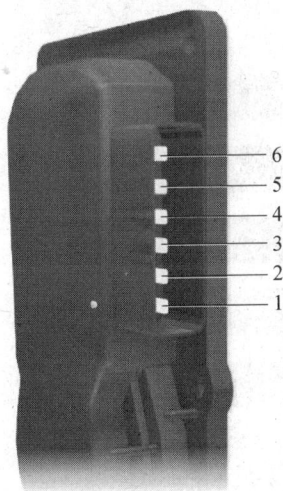

针脚	针脚含义
1	空针脚
2	空针脚
3	搭铁线
4	电子节气门传感器 2 号信号端
5	工作电压端
6	电子节气门传感器 1 号信号端

图 3-34　霍尔式节气门位置传感器端口各针脚含义

霍尔式节气门传感器的工作原理是当节气门关闭时,霍尔 IC 之间的磁通量最小,传感器输出电压最小,当节气门开启时,霍尔 IC 之间的磁通量增大,传感器输出电压升高。如图 3-35 所示,ECU 根据这些信号来计算节气门开度并响应驾驶员输入来控制节气门执行器。

笔记

这些信号同时也用来计算空燃比修正值、功率提高修正值和燃油切断控制。

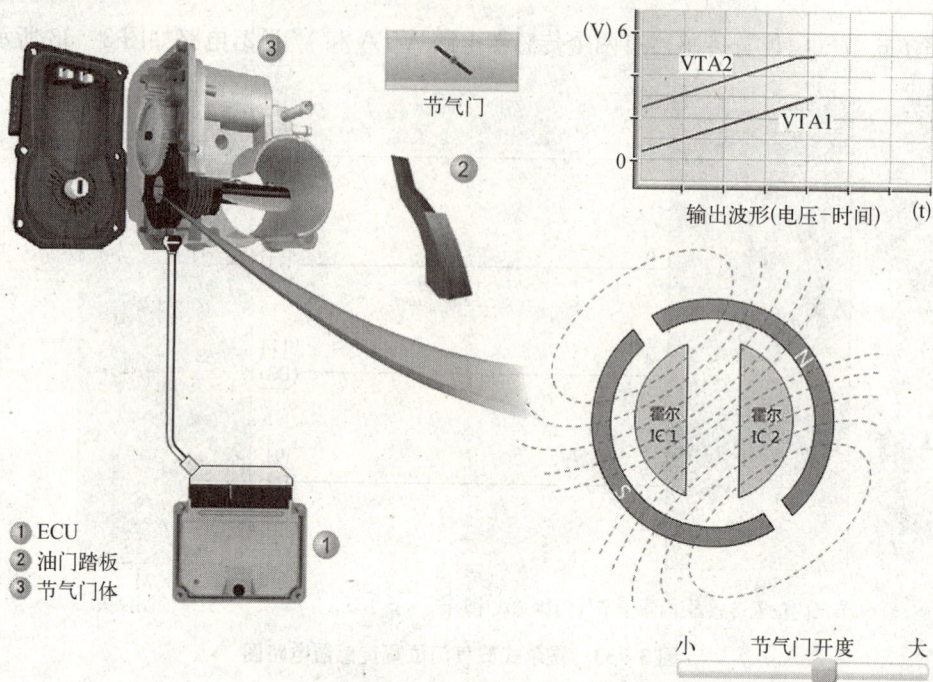

图 3-35 霍尔式节气门位置传感器工作原理

任务实施

(一) 实施路径

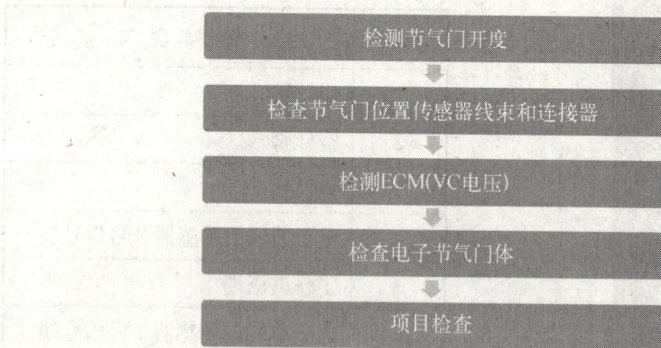

(二) 实施方案

(1) 质量要求：参照厂家的质量标准要求。

(2) 组织方式：学生自由组合，每 4~6 位同学为一组。

(3) 生产准备，每组配备的工具及设备：

① 场地，装有废气抽排系统和消防设施的实训维修车间；

② 卡罗拉轿车、尾气分析仪、底盘测功机、万用表、诊断仪、常用工具等。

（4）实训作业要求：按企业安全文明生产规范进行操作。

（三）实施步骤

1. 尾气分析

为了更好地反应节气门位置传感器对汽车排放的影响，我们特地准备了一辆节气门位置传感器出现故障，而其他状况均良好的卡罗拉轿车进行尾气分析。

（1）按照 ASM 操作规程，登记车辆信息，做好车辆和试验设备以及试验的准备工作。

（2）开始进入测试程序，进行 AMS5025 工况下的尾气分析工作：

① 车辆加速至 25 km/h；

② 稳定车速在 25±1.5 km/h，等速 5 s 后，检测开始；

③ 系统开始预置 10 s 之后开始快速检查工况；

④ 控制系统开始记录分析仪读数，持续 10 s 取平均值；

⑤ 继续运行至 90 s 完成 ASM5025 工况。

（3）将读取到的数值与排放限值进行比较分析（只摘取了部分检测数据），如表 3-5 所示。

表 3-5 测试值与排放限值的比较表

时间序号	速度[km/h]	功率[kW]	HC[10^{-6}]	CO[%]	NO[10^{-6}]	O_2[%]	转速[r/min]
1	23.51	10.80	126	1.75	38	0.32	5 300
2	24.75	11.37	128	1.99	39	0.21	5 609
3	25.03	11.50	129	1.93	40	0.16	5 664
4	24.97	11.46	126	0.61	43	0.13	5 622
5	25.01	11.50	84	0.37	42	0.13	5 634
6	25.36	11.65	67	0.17	24	0.10	5 686
7	25.06	11.49	58	0.11	19	0.08	5 626
8	25.10	11.51	55	0.09	16	0.06	5 639
	HC[10^{-6}]	CO[%]	NO[10^{-6}]				
5025 测量值	63	0.13	20				
5025 限值	160	0.90	1 200				
5025 结果判定	合格	合格	合格				

将表 3-5 与表 2-2 进行对比得知，当节气门位置传感器出现故障时，HC 化合物的排放量较正常时有较大的出入。由此可以证明，节气门位置传感器出现故障对排放是有影响的。

2. 检测节气门位置传感器

1) 检测节气门开度

(1) 将诊断仪连接到 DLC3,点火开关置于 ON 位置(不起动发动机),打开诊断仪。

(2) 选择以下菜单项:

Function/Data List/Throttle Position Sensor Output(见图 3-36)。

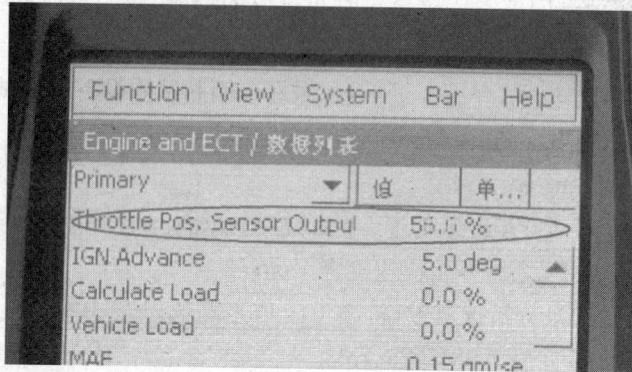

图 3-36　检测节气门诊断仪的界面

(3) 等待 30 秒后,读取诊断仪上的检测值,记录检测值。

标准节气门开度百分比在 60% 及以上,若检测数据不在正常范围内,则说明节气门位置传感器存在故障。

2) 检查节气门位置传感器线束和连接器

(1) 断开蓄电池负极端子。

(2) 松开进气软管与节气门体固定箍带后,分离进气软管与节气门的连接,使用干净的薄膜密封节气门体进气端,断开节气门位置传感器连接器,如图 3-37 所示。

(3) 分离 ECM(B31)线束连接器。

图 3-37　断开节气门位置传感器连接器

(4) 检查节气门位置传感器与 ECM 之间线路。

如图 3-38 所示,将万用表置于欧姆(Ω)档,按下表中检测仪连接方式检测两端子之间的电阻,记录检测数据并与标准数据进行比对。

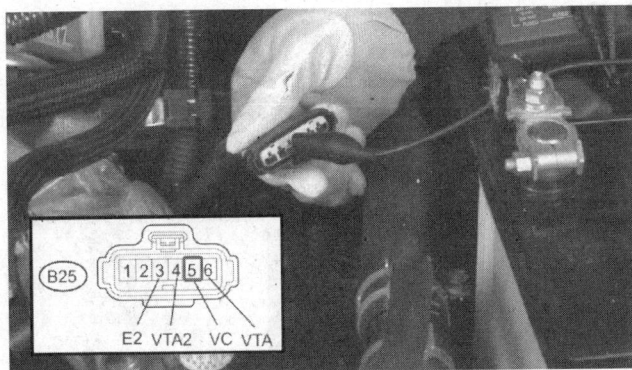

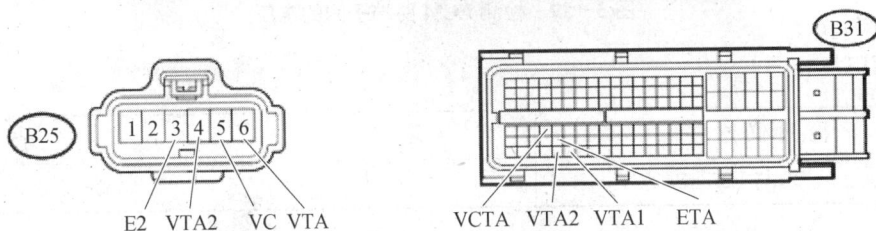

图 3 - 38　检查节气门位置传感器线路

标准电阻(断路检查):

检 测 仪 连 接	条　件	规 定 值
B25 - 5(VC) - B31～67(VCTA)	始终	小于 1 Ω
B25 - 6(VTA) - B31～115(VTA1)	始终	小于 1 Ω
B25 - 4(VTA2) - B31～114(VTA2)	始终	小于 1 Ω
B25 - 3(E2) - B31～91(ETA)	始终	小于 1 Ω

标准电阻(短路检查):

检 测 仪 连 接	条　件	规 定 值
B25 - 5(VC)或 B31～67(VCTA) - 车身搭铁	始终	10 kΩ 或更大
B25 - 6(VTA)或 B31～115(VTA1) - 车身搭铁	始终	10 kΩ 或更大
B25 - 4(VTA2)或 B31～114(VTA2) - 车身搭铁	始终	10 kΩ 或更大

　　如果任何两端子之间检测数据不在规定范围内,则更换节气门位置传感器至 ECU 段线束和连接器。

　　3) 检测 ECM(VC 电压)

　　(1) 将点火开关置于 ON 位置。

　　(2) 如图 3 - 39 所示,将万用表置于直流电压(V)档,检测以下两端子之间的电压,记录检测数据并与标准数据进行比对:

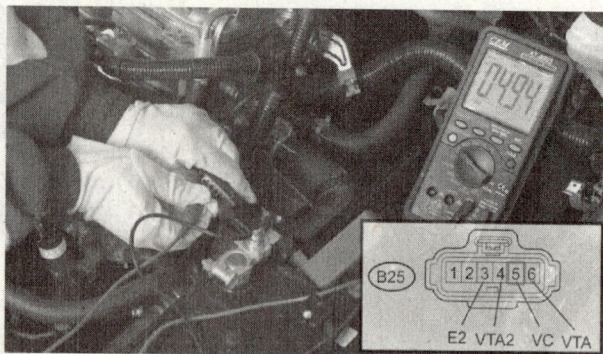

图 3-39 检测 ECM 两端子间的电压

标准电压：

检 测 仪 连 接	条 件	规 定 值
B25-3(E2)与 B25-5(VC)	始终	4.5～5.5 V

如果检测数据不在规定范围内,则需更换 ECM。

4) 检查电子节气门体

(1) 断开蓄电池负极端子。

(2) 断开 ECM(B31)线束连接器。

(3) 断开节气门位置传感器连接器。

(4) 如图 3-40 所示,将万用表置于欧姆(Ω)档,检测以下两端子之间的电阻,记录检测数据并与标准数据进行比对：

图 3-40 检查电子节气门体

标准电阻：

检 测 仪 连 接	条 件	规 定 值
B25-1(M-)～B25-2(M+)	20℃	0.3～100 Ω

如果检测数据不在规定范围内,则需更换节气门体总成。

(5) 连接节气门位置传感器连接器。

(6) 连接 ECM(B31)线束连接器。

(7) 连接蓄电池负极端子。

5) 项目检查

使用故障诊断仪对轿车进行检查,检查是否有故障码输出、检查节气门开度百分比对应数值是否在规定范围内。

路试检查发动机是否正常运转、车辆驾驶是否正常。

学习小结

(1) 节气门位置传感器安装在节气门总成上,用于检测节气门的开度大小和开关的快慢,采集信号作为 ECU 判定发动机运转工况、调整喷油量和喷油正时的依据。

(2) 霍尔式节气门主要由霍尔 IC、连接器、磁铁、节气门电机、节气门轴、节气门减速齿轮等组成。

(3) 霍尔式节气门的工作原理是当节气门关闭时,霍尔 IC 之间的磁通量最小,传感器输出电压最小,当节气门开启时,霍尔 IC 之间的磁通量增大,传感器输出电压升高。ECU 根据电压信号来计算节气门开度并响应驾驶员输入来控制节气门执行器。

(4) 检测电子节气门位置传感器:

① 检测节气门开度;

② 检查节气门位置传感器线束和连接器;

③ 检测 ECM(VC 电压);

④ 检测电子节气门体;

⑤ 项目检查。

课堂练习

一、填空题

1. 常见的节气门位置传感器有_____和_____节气门位置传感器。

2. 霍尔式节气门位置传感器当节气门关闭时,霍尔 IC 之间的磁通量_____,传感器输出电压_____,当节气门开启时,霍尔 IC 之间的磁通量_____,传感器输出电压_____。

二、选择题

关于霍尔式节气门位置传感器的工作原理,描述正确的是(   )。

A. 节气门关闭时,霍尔 IC 之间的磁通量最大

B. 节气门关闭时,传感器输出电压最小

C. 当节气门开启时,霍尔 IC 之间的磁通量减小

D. 当节气门开启时,传感器输出电压降低

三、判断题

1. 节气门位置传感器电路中,VTA 为电子节气门传感器 1 号信号端。(   )

2. 节气门位置传感器电路中,VTA2 为电子节气门传感器 2 号信号端。(   )

四、简答题

请简述节气门位置传感器负荷信号断开对排放的影响。

任务六　检测冷却液温度传感器

任务描述

有一辆卡罗拉轿车,汽车运行中出现动力不足、怠速不稳,冒黑烟。送去 4S 店检修,维修人员使用故障诊断仪读取故障码,发现是冷却液温度传感器故障。请你根据维修手册检测冷却液温度传感器。

知识准备

(一) 冷却液温度传感器结构

冷却液温度传感器安装在发动机缸体的水套上,与冷却液接触。冷却液温度传感器主要由热敏元件、连接器、接线护管、壳体等组成,如图 3-41 所示。

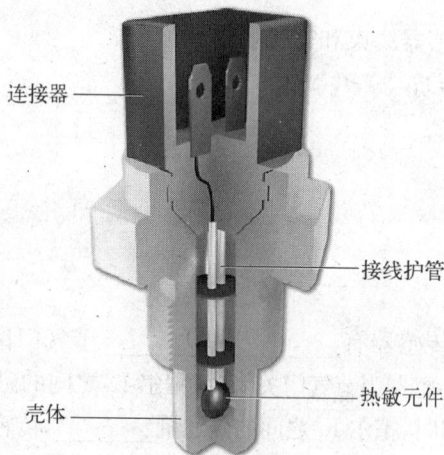

连接器

接线护管

热敏元件

壳体

图 3-41　冷却液温度传感器结构

(二) 冷却液温度传感器功用

冷却液温度传感器是用来检测冷却液温度并向 ECU 输送对应的电信号,ECU 根据发动机温度信号的变化,对基本喷油量、点火提前角、怠速、尾气排放等控制进行修正。

(三) 冷却液温度传感器工作原理

冷却液温度传感器用于检测发动机冷却液温度,其内部有一个热敏电阻。热敏电阻具有负的温度电阻系数,冷却液温度越高,电阻越低,电控单元根据这一信号,减少喷油量,使可燃混合气浓度减小,如图 3-42 所示。

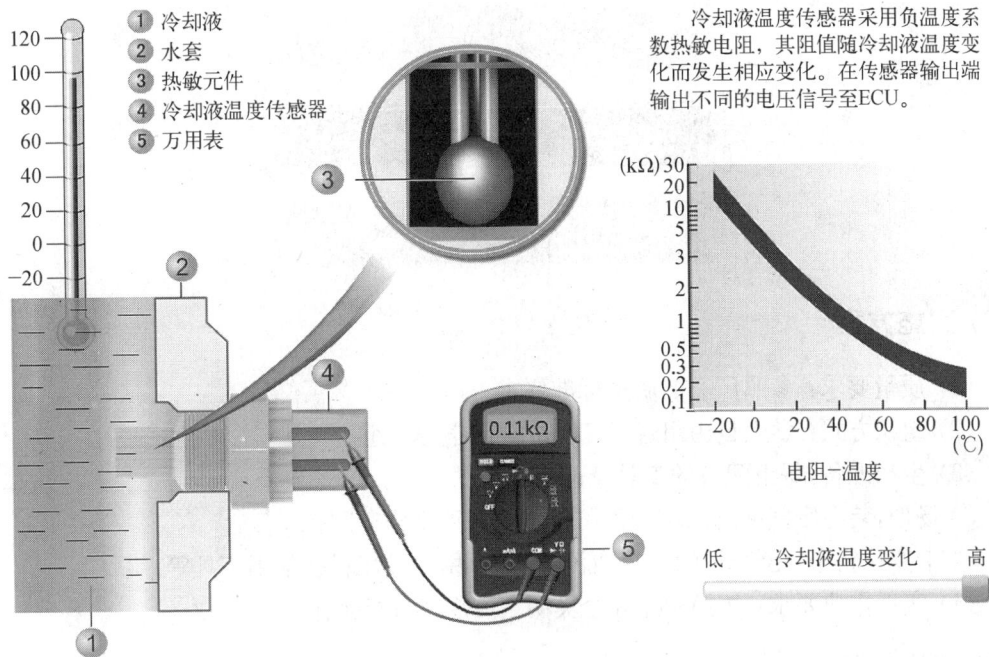

冷却液温度传感器采用负温度系数热敏电阻，其阻值随冷却液温度变化而发生相应变化。在传感器输出端输出不同的电压信号至ECU。

① 冷却液
② 水套
③ 热敏元件
④ 冷却液温度传感器
⑤ 万用表

电阻−温度

低　　冷却液温度变化　　高

图 3−42　冷却液温度传感器工作原理

（四）冷却液温度传感器控制电路

冷却液温度传感器的两根导线都和控制单元相连接，其中一根为接地线，另一根的对地电压随热敏电阻阻值的变化而变化，如图 3−43 所示。

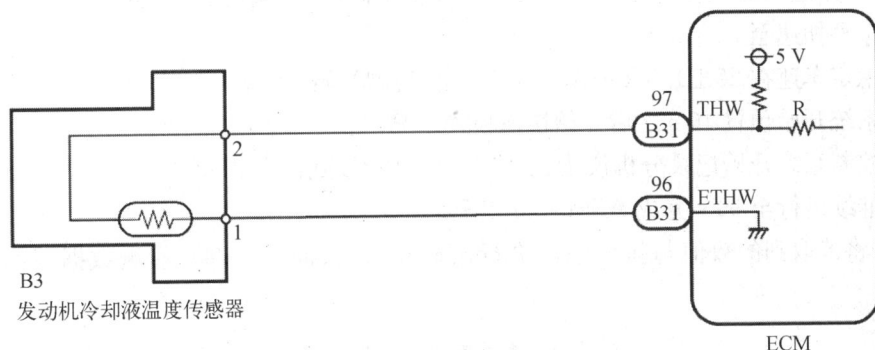

图 3−43　冷却液温度传感器控制电路

任务实施

（一）实施路径

读取数据流

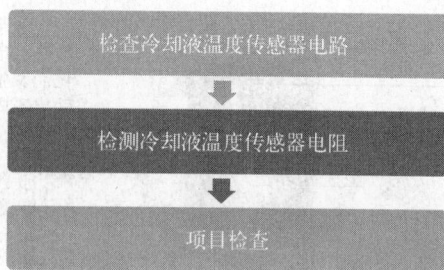

検査冷却液温度传感器电路

↓

检测冷却液温度传感器电阻

↓

项目检查

（二）实施方案

（1）质量要求：参照厂家的质量标准要求。

（2）组织方式：学生自由组合，每 4～6 位同学为一组。

（3）生产准备，每组配备的工具及设备：

① 场地，装有废气抽排系统和消防设施的实训维修车间；

② 卡罗拉轿车、尾气分析仪、底盘测功机、万用表、诊断仪、常用工具等。

（4）实训作业要求：按照企业安全文明生产规范进行操作。

（三）实施步骤

1. 尾气分析

为了更好地反应冷却液温度传感器对汽车排放的影响，我们特地准备了一辆冷却液温度传感器出现故障，而其他状况均良好的卡罗拉轿车进行尾气分析。

（1）按照 ASM 操作规程，登记车辆信息，做好车辆和试验设备以及试验的准备工作。

（2）开始进入测试程序，进行 AMS5025 工况下的尾气分析工作：

① 车辆加速至 25 km/h；

② 稳定车速在 25 ± 1.5 km/h，等速 5 s 后，检测开始；

③ 系统开始预置 10 s 之后开始快速检查工况；

④ 控制系统开始记录分析仪读数，持续 10 s 取平均值；

⑤ 继续运行至 90 s 完成 ASM5025 工况。

（3）将读取到的数值与排放限值进行比较分析（只摘取了部分检测数据），如表 3 - 6 所示。

表 3 - 6　测试值与排放值的比较表

时间序号	速度[km/h]	功率[kW]	HC[10^{-6}]	CO[%]	NO[10^{-6}]	转速[r/min]
1	24.89	11.42	99	4.42	0	4 523
2	24.73	11.34	98	4.05	4	4 242
3	25.06	11.49	98	3.98	6	4 218
4	25.22	11.61	94	1.58	8	4 416
5	25.22	11.56	65	1.28	12	4 401
6	25.26	11.60	60	1.00	14	4 416

（续表）

时间序号	速度[km/h]	功率[kW]	HC[10^{-6}]	CO[%]	NO[10^{-6}]	转速[r/min]
7	25.24	11.61	43	0.29	20	4 409
8	25.30	11.62	34	0.08	25	4 396
9	25.34	11.64	33	0.08	26	4 393
10	25.34	11.65	33	0.07	25	4 403
	HC[10^{-6}]	CO[%]	NO[10^{-6}]			
5025 测量值	41	0.22	21			
5025 限值	160	0.90	1 200			
5025 结果判定	合格	合格	合格			

由表 3-6 可以看出,当冷却液温度传感器出现故障时,HC 化合物的排放量接近限值。由此可以证明,冷却液温度传感器出现故障对排放是有影响的。

2. 检测冷却液温度传感器

1）读取数据流

（1）打开故障诊断接口盖,将汽车故障诊断仪连接到诊断接口 DLC3 上,选择诊断仪的功能菜单选项。如图 3-44 所示。

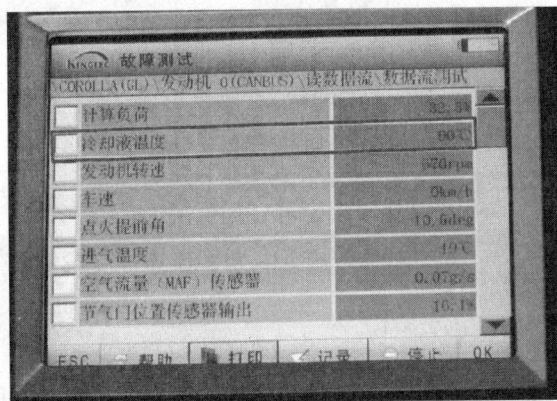

图 3-44　诊断仪功能菜单界面

（2）发动机运转时,读取检测仪上显示的值。

读取诊断仪上的检测值,记录检测值并与标准数据进行比对:

检 查 内 容	检 测 值	状 态
发动机冷却液温度	80℃～100℃	正常
	-40℃	电路短路
	140℃或更高	电路断路

2）检查冷却液温度传感器电路

（1）确认发动机冷却液温度传感器连接良好，按下冷却液温度传感器连接器锁舌，分离冷却液温度传感器连接器。

（2）如图 3 - 45 所示，连接线束侧发动机冷却液温度传感器连接器的端子 1 和 2。

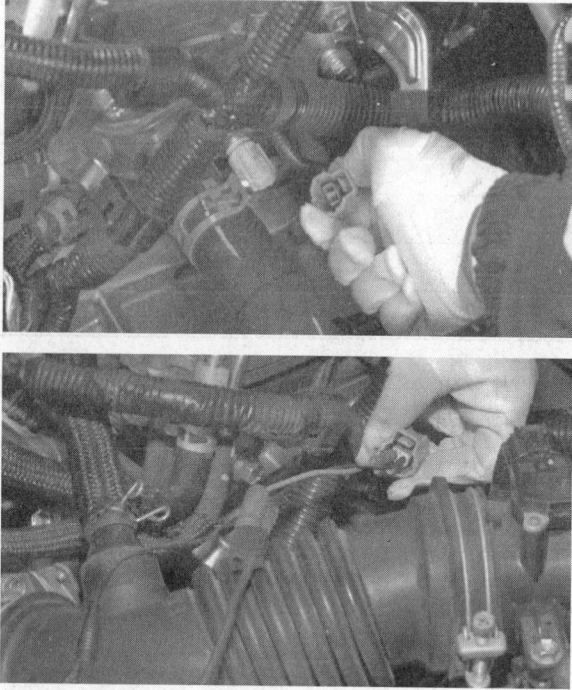

图 3 - 45 传感器连接器的端子 1 和 2

（3）使用诊断仪读取冷却液温度传感器（Coolant Temp）数据流。如图 3 - 46 所示，记录检测数据，并与下表数据进行比对：

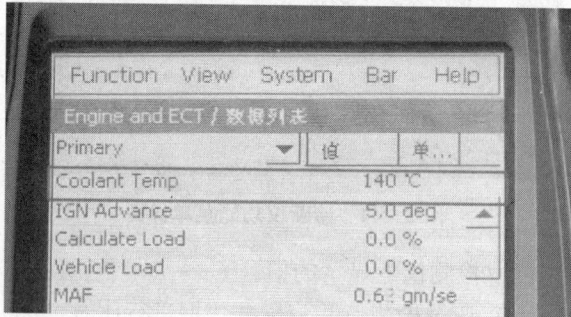

图 3 - 46 读取冷却液温度的界面

检 查 内 容	标 准 状 态
发动机冷却液温度（断路检测）	140℃或更高

若检测数据不在规定范围内，则需用万用表对电路进行断路检查。

（4）断开蓄电池负极电缆。

（5）分离 ECM 线束连接器。

（6）选用数字万用表，将数字万用表旋转开关置于电阻（Ω）档（见图 3-47）。

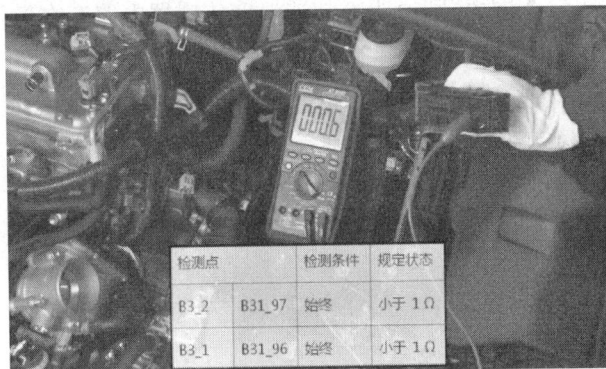

图 3-47　测试冷却液温度传感器电路电阻

检 查 内 容	检 测 端 子	标 准 状 态
B3-2 与 B31-97	始终	小于 1 Ω
B3-1 与 B31-96		

若检测数据不在规定范围内，则说明冷却液温度传感器电路存在断路故障。

（7）断开发动机冷却液温度传感器连接器。

（8）使用诊断仪读取冷却液温度传感器数据流。

检 查 内 容	标 准 状 态
发动机冷却液温度（短路检测）	-40℃

若检测数据不在规定范围内，则需用万用表对电路进行短路检查。

（9）断开 ECM 连接器。

（10）选用数字万用表，将数字万用表旋转开关置于电阻（Ω）档（见图 3-48）。

图 3-48　测试 B3-2 与车身搭铁电阻

检查内容	检测端子	标准状态
B3-2 与车身搭铁	始终	10 kΩ 或更大

若检测数据不在规定范围内,则说明冷却液温度传感器电路存在短路故障。

(11) 重新连接发动机冷却液温度传感器连接器。

(12) 重新连接 ECM 连接器。

3) 检测冷却液温度传感器电阻

(1) 排净发动机冷却液。

(2) 拆卸 2 号气缸盖罩。

(3) 拆卸空气滤清器盖。

(4) 拆卸空气滤清器壳。

(5) 拆卸发动机冷却液温度传感器:

① 断开发动机冷却液温度传感器连接器。

② 使用 SST 拆下发动机冷却液温度传感器和衬垫(SST　09817-33190)。

(6) 将拆下的冷却液温度传感器放入加热的水中。

注意事项

◇ 在水中检查发动机冷却液温度传感器时,不要让水进入端子。

检查端子	检测条件	标准状态
1~2	20℃	2.32~2.59 kΩ
	80℃	0.310~0.326 kΩ

记录检测数据并与表中数据进行比对,若检测数据不在规定范围内,则需更换传感器。

(7) 安装发动机冷却液温度传感器:

① 使用 SST 安装发动机冷却液温度传感器(SST　09817-33190)。

② 连接发动机冷却液温度传感器连接器。

(8) 安装空气滤清器壳。

(9) 安装空气滤清器盖。

(10) 安装 2 号气缸盖罩。

(11) 添加发动机冷却液。

(12) 检查冷却液是否泄漏。维修完成后,检验维修质量,并进行车辆最终检查,清洁、整理工量具,清洁、整理场地。

学习小结

(1) 冷却液温度传感器将冷却液温度信号输送给 ECU;

（2）ECU 根据温度信号，对基本喷油量、点火提前角、怠速、尾气排放等控制进行修正；

（3）冷却液温度传感器里面有一个负温度系数热敏电阻，其电阻值随着温度的升高而降低。

（4）根据冷却液温度可判断以下三种冷却液温度传感器控制电路情况：

检 查 内 容	检 测 端 子	标 准 状 态
发动机冷却液温度	80℃～100℃	正常
	−40℃	电路短路
	140℃或更高	电路断路

课堂练习

一、填空题

1. 冷却液温度传感器主要由_____等组成。

2. 拉罗拉轿车的冷却液温度传感器的电阻在 20℃时，电阻应为：_____。

二、选择题

用诊断仪检测发动机冷却液温度数据流，下列情况描述正确的是（　　）。

A. 若温度在 80℃～100℃之间，表示传感器正常

B. 若温度在−40℃，表示传感器电路短路

C. 若温度在 140℃或以上，表示传感器电路断路

三、判断题

1. 冷却液温度传感器安装在发动机缸体的水套上，但不与冷却液接触。（　　）

2. 负温度系数热敏电阻的特点是：温度越高，电阻越低。（　　）

四、简答题

请简述冷却液温度传感器的工作原理。

任务七　检测凸轮轴位置传感器

任务描述

一辆卡罗拉轿车，在行驶过程中排放黑烟严重，送 4S 店检修，怀疑是凸轮轴位置传感器出现了问题，现需要对凸轮轴位置传感器进行检测以确定故障所在，请你对该车的凸轮轴位置传感器进行检测。

知识准备

（一）凸轮轴位置传感器结构

凸轮轴位置传感器一般安装在凸轮轴罩盖前端对着进排气凸轮轴前端的位置。它主要

由霍尔 IC、连接针脚、壳体、密封圈等组成,如图3-49所示。

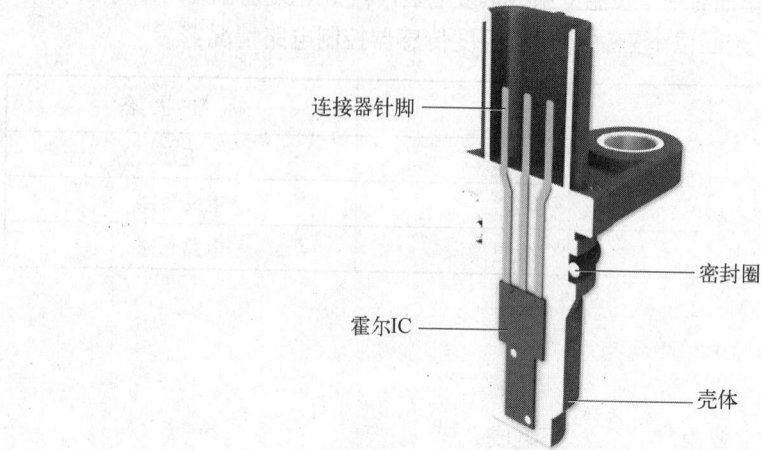

图3-49 凸轮轴位置传感器结构

(二)凸轮轴位置传感器功用

凸轮轴位置传感器的输出信号是发动机 ECU 的判缸信号,用来确定哪个气缸处于压缩状态,与曲轴位置传感器配合工作,使发动机 ECU 能准确判定活塞上止点位置,从而精确地进行喷油控制、点火正时控制等,如图3-50所示。

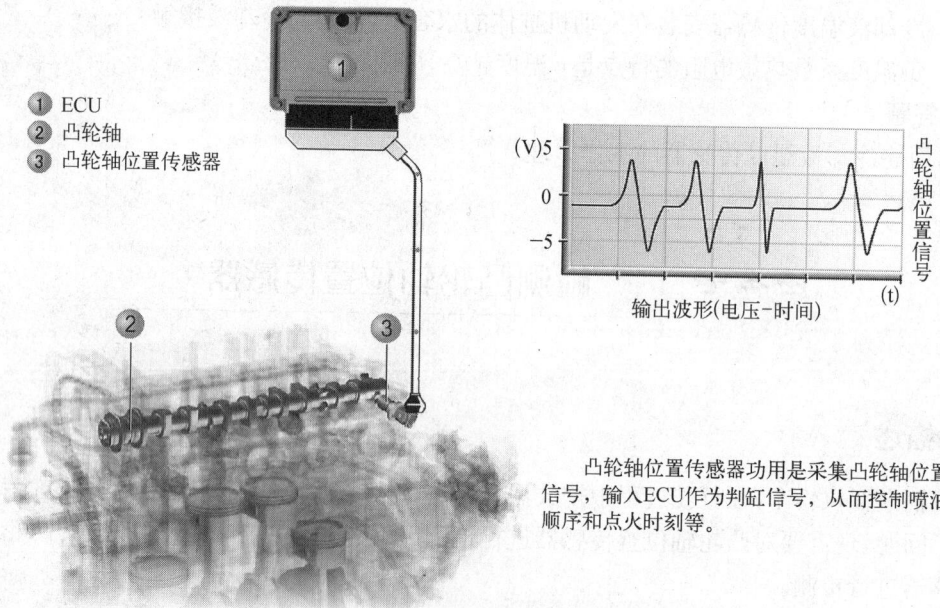

① ECU
② 凸轮轴
③ 凸轮轴位置传感器

凸轮轴位置传感器功用是采集凸轮轴位置信号,输入ECU作为判缸信号,从而控制喷油顺序和点火时刻等。

图3-50 凸轮轴位置传感器功用

(三)凸轮轴位置传感器工作原理

霍尔式凸轮轴位置传感器是利用叶片改变通过霍尔元件的磁场强度,从而使霍尔元件

<<<< --------------

产生脉冲的霍尔电压信号,经过放大整形后即为凸轮轴位置传感器的磁场信号,如图3-51所示。

① 叶片
② 磁铁
③ 软铁
④ 霍尔元件

叶片不在永久磁铁和霍尔元件之间,磁场穿过霍尔元件,产生霍尔电压。

霍尔效应波形(电压-时间)(t)

输出波形(电压-时间)(t)

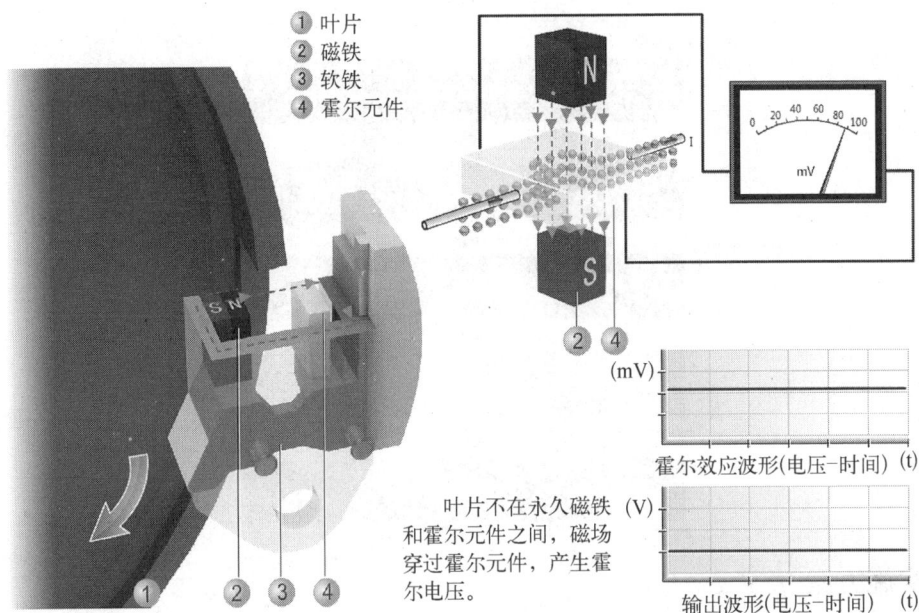

图3-51 凸轮轴位置传感器的工作原理

(四)凸轮轴位置传感器控制电路

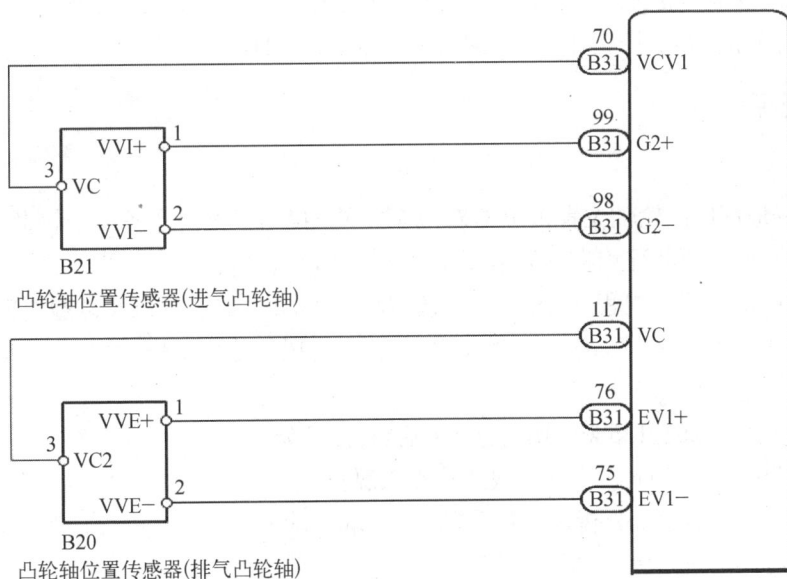

图3-52 凸轮轴位置传感器控制电路

任务实施

（一）实施路径

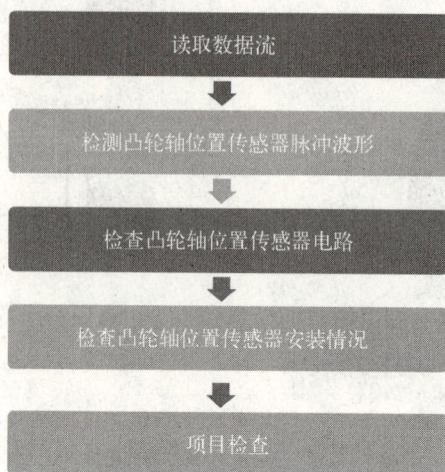

读取数据流

↓

检测凸轮轴位置传感器脉冲波形

↓

检查凸轮轴位置传感器电路

↓

检查凸轮轴位置传感器安装情况

↓

项目检查

（二）实施方案

（1）质量要求：参照厂家的质量标准要求。

（2）组织方式：学生自由组合，每 4～6 位同学为一组。

（3）生产准备，每组配备的工具及设备：

① 场地，装有废气抽排系统和消防设施的实训维修车间；

② 卡罗拉轿车、尾气分析仪、底盘测功机、万用表、诊断仪、常用工具等。

（4）实训作业要求：按企业安全文明生产规范进行操作。

（三）实施步骤

1. 尾气分析

为了更好地反应凸轮轴位置传感器对汽车排放的影响，我们准备了一辆凸轮轴位置传感器出现故障，而其他状况均良好的卡罗拉轿车进行尾气分析。

（1）按照 ASM 操作规程，登记车辆信息，做好车辆和试验设备以及试验的准备工作。

（2）开始进入测试程序，进行 AMS5025 工况下的尾气分析工作：

① 车辆加速至 25 km/h；

② 稳定车速在 25 ± 1.5 km/h，等速 5 s 后，检测开始；

③ 系统开始预置 10 s 之后开始快速检查工况；

④ 控制系统开始记录分析仪读数，持续 10 s 取平均值；

⑤ 继续运行至 90 s 完成 ASM5025 工况。

（3）将读取到的数值与排放限值进行比较分析（只摘取了部分检测数据），如表 3 - 7 所示。

表 3-7 测试值与排放值的比较表

时间序号	速度[km/h]	功率[kW]	HC[10^{-6}]	CO[%]	NO[10^{-6}]	转速[r/min]
1	24.18	11.11	36	0.31	0	4 440
2	24.67	11.32	35	0.32	4	4 485
3	24.97	11.48	34	0.31	8	4 451
4	25.10	11.53	33	0.17	15	4 445
5	25.24	11.59	32	0.09	23	4 448
6	25.28	11.60	32	0.08	42	4 427
7	25.34	11.64	31	0.06	65	4 448
8	25.24	11.59	30	0.03	87	4 427
9	25.30	11.64	29	0.02	98	4 419
10	25.30	11.62	29	0.02	91	4 401
11	25.30	11.62	28	0.02	77	4 414
12	25.32	11.60	27	0.02	59	4 409
13	25.42	11.67	26	0.02	43	4 448
14	25.42	11.67	26	0.02	36	4 448
15	25.42	11.68	25	0.02	29	4 445
16	25.56	11.72	23	0.01	17	4 422
17	25.58	11.76	21	0.01	16	4 432
	HC[10^{-6}]	CO[%]	NO[10^{-6}]			
5025 测量值	24	0.02	19			
5025 限值	160	0.90	1 200			
5025 结果判定	合格	合格	合格			

将表 3-7 与表 2-2 进行对比得知,当凸轮轴位置传感器出现故障时,CO 化合物的排放量较正常时有很大出入。由此可以证明,凸轮轴位置传感器出现故障对排放是有影响的。

2. **检测凸轮轴位置传感器**

1)读取数据流

(1)打开故障诊断接口盖,将汽车故障诊断仪连接到诊断接口 DLC3 上,选择诊断仪的功能菜单选项,如图 3-53 所示。

(2)发动机运转时,读取检测仪上显示的值。

2)检测凸轮轴位置传感器脉冲波形

(1)起动发动机,使发动机暖机。

(2)发动机处于怠速运转状态时,打开示波器电源开关,调整示波器量程为 5 V/格、

笔记

20 ms/格(见图3-54)。检测以下两端子间的脉冲波形：B21-1~B21-2与B20-1~B20-2。

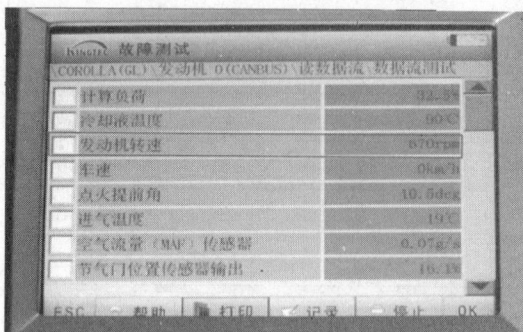

图3-53　故障诊断界面

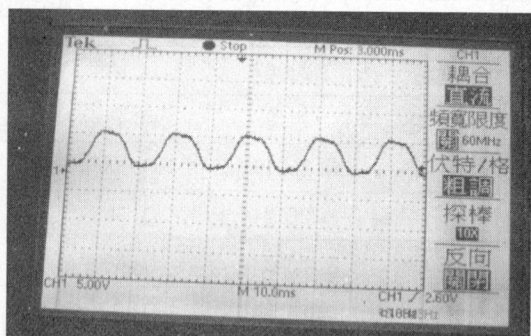

图3-54　检测脉冲波形

(3) 比对正常波形,分析检测波形。

3) 检查凸轮轴位置传感器电路

(1) 如图3-55所示,按下凸轮轴位置传感器锁舌,分离凸轮轴位置传感器连接器。

(2) 将点火开关至ON位置,选用数字万用表,将数字万用表旋转开关置于电压(V)档,如图3-56所示。

图3-55　分离凸轮轴位置传感器连接器

图3-56　将数字万用表置于电压档

(3) 如图3-57所示,检测两端子之间电压,记录检测数据并与表中数据进行比对：

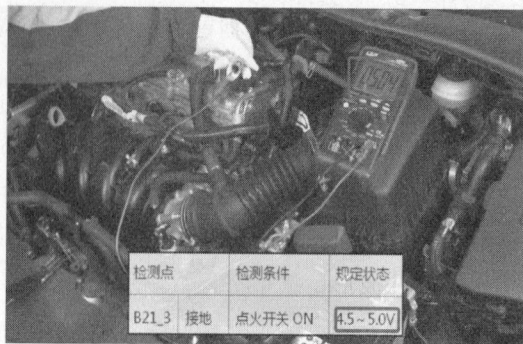

检测点		检测条件	规定状态
B21_3	接地	点火开关ON	4.5~5.0V

图3-57　检测两端子之间的电压

检 查 内 容	检 测 端 子	检 测 条 件	标 准 状 态
进气凸轮轴位置传感器	B21-3 与车身搭铁	点火开关置于 ON	4.5～5.0 V
排气凸轮轴位置传感器	B20-3 与车身搭铁		

若检测数据不在规定范围内,则需检查凸轮轴位置传感器电源电路。

(4) 断开蓄电池负极电缆。

(5) 如图 3-58 所示,分离 ECM 线束连接器,拉出 ECM 线束连接器。

(6) 选用数字万用表,将数字万用表旋转开关置于电阻(Ω)档,如图 3-59 所示。

图 3-58 分离 ECM 线束连接器

图 3-59 将数字万用表置于电阻档

(7) 如图 3-60 所示,检测两端子之间电阻,记录检测数据并与表中数据进行比对。

图 3-60 检测两端子间的电阻

检 查 内 容	检 测 端 子	检 测 条 件	标 准 状 态
进气凸轮轴位置传感器	B21-1 与 B31-99	始终	小于 1 Ω
	B21-2 与 B31-98		
排气凸轮轴位置传感器	B20-1 与 B31-76		
	B20-2 与 B31-75		

若检测数据不在规定范围内,则说明凸轮轴位置传感器与 ECM 之间电路存在断路故障。

(8) 如图 3-61 所示,检测两端子之间电阻,记录检测数据并与表中数据进行比对。

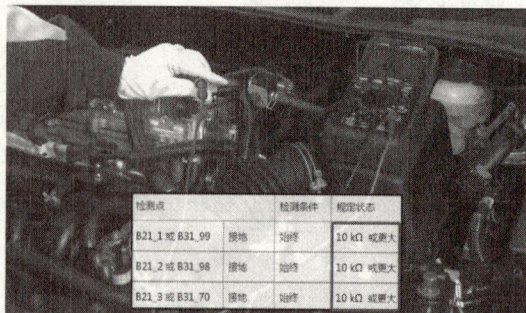

图 3-61　检查与车身搭铁电阻

检查内容	检测端子	检测条件	标准状态
进气凸轮轴位置传感器	B21-1 与车身搭铁	始终	10 kΩ 或更大
	B21-2 与车身搭铁		
排气凸轮轴位置传感器	B20-1 与车身搭铁		
	B20-2 与车身搭铁		

若检测数据不在规定范围内,则说明凸轮轴位置传感器与 ECM 之间电路存在短路故障。

(9)重新连接凸轮轴位置传感器连接器。

(10)重新连接 ECM 连接器。

4)检查凸轮轴位置传感器安装情况

(1)检查凸轮轴位置传感器的安装情况,保证传感器安装正确并且牢固。

(2)检查凸轮轴齿无任何裂纹或变形。

维修完成后,检验维修质量,并进行车辆最终检查,清洁、整理工量具,清洁、整理场地。

学习小结

(1)凸轮轴位置传感器一般安装在凸轮轴罩盖前端对着进排气凸轮轴前端的位置。

(2)凸轮轴位置传感器的输出信号是发动机 ECU 的判缸信号,用来确定哪个气缸处于压缩状态,与曲轴位置传感器配合工作,使发动机 ECU 能准确判定活塞上止点位置,从而精确地进行喷油控制、点火正时控制及配气正时控制等。

(3)霍尔式凸轮轴位置传感器主要由霍尔 IC、连接器针脚、壳体、密封圈等组成。

(4)霍尔式凸轮轴位置传感器是利用出发叶片改变通过霍尔元件的磁场强度,从而使霍尔元件产生脉冲的霍尔电压信号,经过放大整形后即为凸轮轴位置传感器的磁场信号。

(5)检测凸轮轴位置传感器步骤:

① 读取故障码;

② 检测凸轮轴位置传感器脉冲波形;

③ 检查凸轮轴位置传感器电路。

课堂练习

一、填空题

1. 凸轮轴位置传感器一般安装在＿＿＿＿＿＿＿＿＿＿＿的位置。

2. 凸轮轴位置传感器的输出信号是发动机 ECU 的判缸信号,用来确定哪个气缸处于＿＿＿＿＿状态。

二、选择题

下列关于凸轮轴位置传感器的描述,正确的是(　　　)。

A. 凸轮轴位置传感器是发动机 ECU 的判缸信号

B. 凸轮轴位置传感器用来确定哪个气缸处于排气状态

C. 凸轮轴位置传感器可以单独提供信息使得 ECU 判定活塞上止点位置

三、判断题

热敏电阻具有负的温度电阻系数,温度越低,电阻越低。(　　　)

四、简答题

请简要阐述凸轮轴位置传感器的工作原理。

项目四

执行器技术状况对排放的影响

项目导入

维修车间接待一辆 05 年产 Corolla1.6AT 故障车,行驶里程 8.5 万 km。用户反映车辆行驶时,发动机排气管冒黑烟。经 4S 店维修技师使用检测仪器检测,发现是执行器技术状况异常导致的故障。请根据故障现象检查并维修该车。

学习目标

1. 知识与技能目标
- 了解碳罐电磁阀的结构与工作原理;
- 了解 EGR 阀的结构、功用及其在废气再循环装置中的位置;
- 了解怠速系统的功用与分类;
- 认识丰田汽车怠速控制阀;
- 了解喷油器的结构、类型、工作原理;
- 了解火花塞的结构、功用及常见故障;
- 能够掌握检查碳罐电磁阀的方法和操作步骤;
- 能用手动真空泵检查 EGR 阀;
- 能够掌握怠速控制阀的检测方法和操作步骤;
- 能够掌握喷油器的检测方法和操作步骤;
- 能熟练使用工具检查和更换火花塞。
2. 职业素养目标
- 养成耐心细致的工作作风和严谨务实、严肃认真的工作态度;
- 通过体验团队协作的力量,培养团队合作的意识;
- 树立安全操作意识;
- 培养动手能力、工艺分析能力和创新能力。

建议学时:___13___课时

项目分析

发动机上各执行器对排放的影响主要包含以下几个方面：

(1) 汽油蒸发排放控制系统的作用是将蒸气引入燃烧室并防止挥发到大气中。这个过程起重要作用的装置便是碳罐电磁阀。发动机熄火后，汽油蒸汽与新鲜空气在罐内混合并贮存在活性碳罐中，当发动机启动后，装在活性碳罐与进气歧管之间的电磁阀门打开，活性碳罐内的汽油蒸气被洁净空气带入气缸内参加燃烧。如果电磁阀出现故障或一直处于关闭状态，那么碳罐内的汽油蒸汽会越聚越多，最终充满整个碳罐，其余的汽油蒸汽只能逸入大气中了，污染环境。

(2) 废气再循环是在发动机工作过程中，将一部分废气引到吸入的新鲜空气（或混合气），返回气缸内部进行再循环参与燃烧的方法，其作用是用来减少 NO_x 的排放量。这里面起主要作用的就是废气再循环阀（EGR 阀），当发动机在负荷下运转时，EGR 阀开启，使少量的废气进入进气歧管，与可燃混合气一起进入燃烧室。怠速时 EGR 阀关闭，几乎没有废气再循环。如果 EGR 阀损坏或出现异常将导致废气再循环失效，增加 NO_x 的排放。

(3) 怠速控制阀（ISC 阀）用来控制怠速工况下绕过节气门进入进气歧管的旁通空气量，以控制怠速大小。当 ISC 阀因积炭堵塞、卡住，控制线路出现短路、断路和搭铁时，发动机 ECU 无法正确控制 ISC 阀的开度，导致怠速不良，进而影响排放。

(4) 喷油器及其电路故障影响喷油数量及质量。如喷油器积炭堵塞造成喷油量减少、雾化不良，喷孔磨损使喷油过多、滴漏，喷油器电磁线圈及其控制线路电气故障（接触不良、短路、断路、搭铁）引起喷油量减少、不喷油等，导致怠速运转不柔和及缺火现象，加重尾气的排放。

(5) 点火系统中的火花塞故障，将导致怠速不良，进而影响排放。

(6) 可变气门正时通过改变进、排气相位，得到不同的气门重叠角，从而控制着缸内的残余废气量，进而间接地影响着 CO、HC、NO_x 的排放。如果可变正时气门出现故障，势必影响可变气门正时系统的工作状况，进而影响排放。

本次项目主要任务：

1 检查碳罐电磁阀

2 检查 EGR 阀

3 检查怠速控制阀

4 检查喷油器

5 检查火花塞

6 检查可变正时气门

任务一　检查碳罐电磁阀

任务描述

小张将车子停下来后,闻到车子里面有较浓的汽油味,这是怎么回事呢? 于是小张将车开到 4S 店寻求帮助,4S 店维修师傅说可能是碳罐电磁阀坏了,需要对碳罐电磁阀做进一步检查。你知道怎么检查碳罐电磁阀吗?

知识准备

(一) 汽油蒸发污染物控制(EVAP)系统的功用

收集汽油箱内蒸发的汽油蒸气,并将汽油蒸气导入气缸参与燃烧,同时根据发动机不同工况的要求,控制导入气缸参加燃烧的汽油蒸气量。

图 4-1　碳罐电磁阀

(二) 汽油蒸发污染物控制(EVAP)系统的组成

汽油蒸发污染物控制(EVAP)系统由活性碳罐电磁阀(见图 4-1)、活性碳罐、活性碳罐真空控制阀、蒸气管路、真空管路等组成。

(三) 汽油蒸发污染物控制(EVAP)系统工作的原理

如图 4-2 所示,活性碳罐上方设有一真空软管与发动机进气歧管相通。软管中部有一个电磁阀控制管路的通断。当发动机运转时,如果电磁阀开启,则在进气歧管真空吸力的作用下,新鲜空气将从碳罐下方进入,经过活性炭后再从活性碳罐的出口进入发动机进气歧管(软管),把吸附在活性炭上的汽油分子(重新蒸发的)送入发动机燃烧,使之得到充分利用。进入进气歧管的回收燃油蒸气量必须加以控制,以防破坏正常的混合气成分。这一过程由 ECU 根据发动机的水温、转速、节气门开度等运行参数,通过操纵控制电磁阀的开、闭来实现。在发动机停机或怠速运转时,ECU 使电磁阀关闭,从油箱中逸出的燃油蒸气被碳罐中的活性炭吸收。当发动机以中、高速运转时,ECU 使电磁阀开启,储存在碳

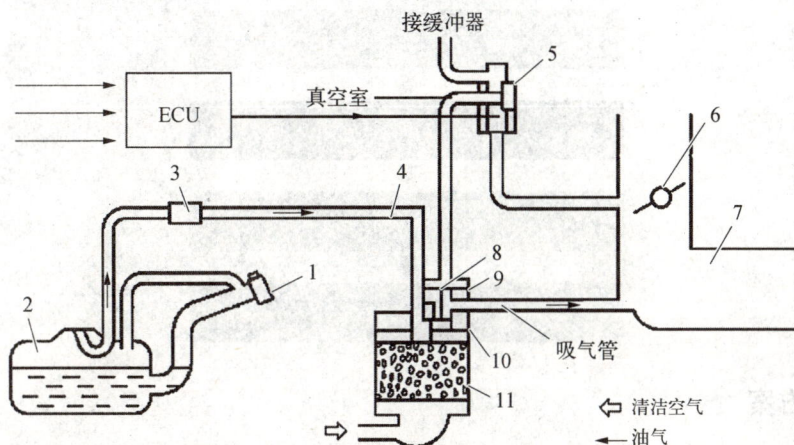

图4-2　汽油蒸发污染物控制系统原理

1. 油箱盖　2. 油箱　3. 单向阀　4. 排气管　5. 活性碳罐电磁阀　6. 节气门　7. 进
气管　8. 真空阀　9. 真空控制阀　10. 定量排放孔　11. 活性碳罐

罐内的汽油蒸气经过真空软管后被吸入发动机。

　　碳罐电磁阀的工作原理如图4-3所示：发动机熄火后，汽油蒸汽与新鲜空气在罐内混合并贮存在活性碳罐中，当发动机起动后，装在活性碳罐与进气歧管之间的电磁阀门打开，活性碳罐内的汽油蒸汽在进气管的真空度作用下被洁净空气带入气缸内参加燃烧。这样做不但降低了排放，而且也降低了油耗。

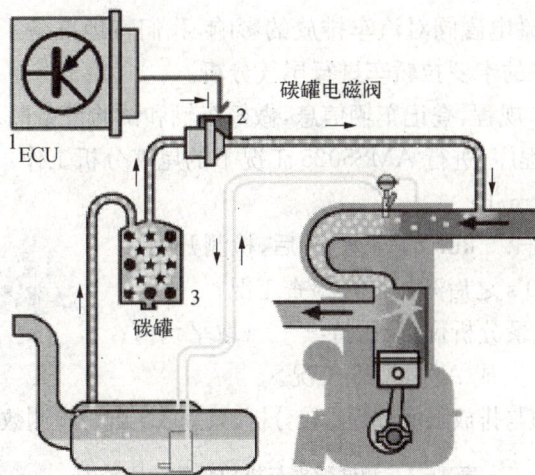

图4-3　碳罐电磁阀的工作原理

任务实施

（一）实施路径

拆卸碳罐电磁阀

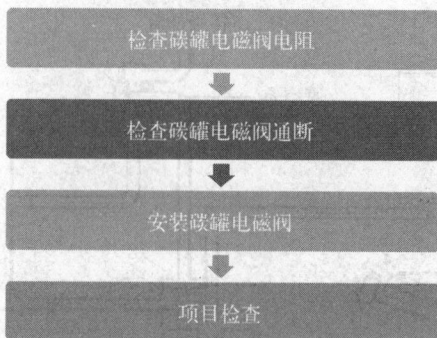

```
检查碳罐电磁阀电阻
        ↓
检查碳罐电磁阀通断
        ↓
安装碳罐电磁阀
        ↓
项目检查
```

（二）实施方案

（1）质量要求：参照厂家的质量标准要求。

（2）组织方式：学生自由组合，每 4～6 位同学为一组。

（3）生产准备，每组配备的工具及设备：

① 场地，装有废气抽排系统和消防设施的实训维修车间；

② 卡罗拉轿车、尾气分析仪、底盘测功机、万用表、常用工具等。

（4）实训作业要求：按企业安全文明生产规范进行操作。

（三）实施步骤

1. 尾气分析

为了更好地反应碳罐电磁阀对汽车排放的影响，我们特地准备了一辆碳罐电磁阀出现故障，而其他状况均良好的卡罗拉轿车进行尾气分析。

（1）按照 ASM 操作规程，登记车辆信息，做好车辆和试验设备以及试验的准备工作。

（2）开始进入测试程序，进行 AMS5025 工况下的尾气分析工作：

① 车辆加速至 25 km/h；

② 稳定车速在 25±1.5 km/h，等速 5 s 后，检测开始；

③ 系统开始预置 10 s 之后开始快速检查工况；

④ 控制系统开始记录分析仪读数，持续 10 s 取平均值；

⑤ 继续运行至 90 s 完成 ASM5025 工况。

（3）将读取到的数值与排放限值进行比较分析（只摘取了部分检测数据），如表 4-1 所示。

表 4-1　测试数据与排放限值的比较表

时间序号	速度[km/h]	功率[kW]	HC[10^{-6}]	CO[%]	NO[10^{-6}]	转速[r/min]
1	24.40	11.20	55	1.44	0	4 550
2	25.26	11.59	68	1.37	1	4 575
3	26.17	12.02	73	0.47	6	4 559
4	25.81	11.84	66	0.24	10	4 548
5	25.58	11.75	42	0.14	12	4 378

（续表）

时间序号	速度[km/h]	功率[kW]	HC[10^{-6}]	CO[%]	NO[10^{-6}]	转速[r/min]
6	25.60	11.75	38	0.10	20	4 435
7	25.52	11.69	36	0.09	18	4 448
8	25.50	11.72	33	0.08	23	4 458
9	25.71	11.80	30	0.03	19	4 461
10	25.79	11.82	28	0.03	16	4 448
11	25.87	11.86	27	0.03	18	4 453
	HC[10^{-6}]	CO[%]	NO[10^{-6}]			
5025 测量值	30	0.07	17			
5025 限值	160	0.90	1 200			
5025 结果判定	合格	合格	合格			

将表 4-1 与表 2-2 进行对比可以看出，当碳罐电磁阀出现故障时，CO 的排放量较正常时有很大出入。由此可以证明，碳罐电磁阀出现故障对排放是有影响的。

2. 检查碳罐电磁阀

1）拆卸碳罐电磁阀（见图 4-4）

（1）断开占空比控制型真空开关阀连接器、2 个真空软管和线束卡夹。

（2）用棘轮扳手拆下螺钉，然后取下碳罐电磁阀。

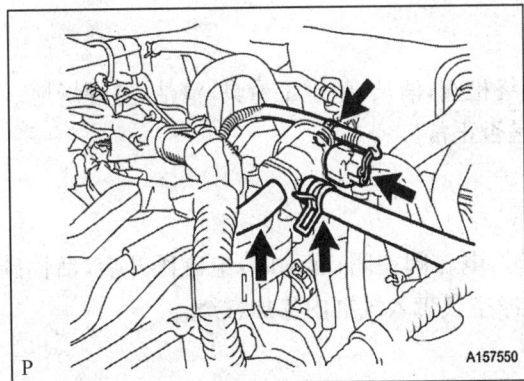

图 4-4 断开位置示意

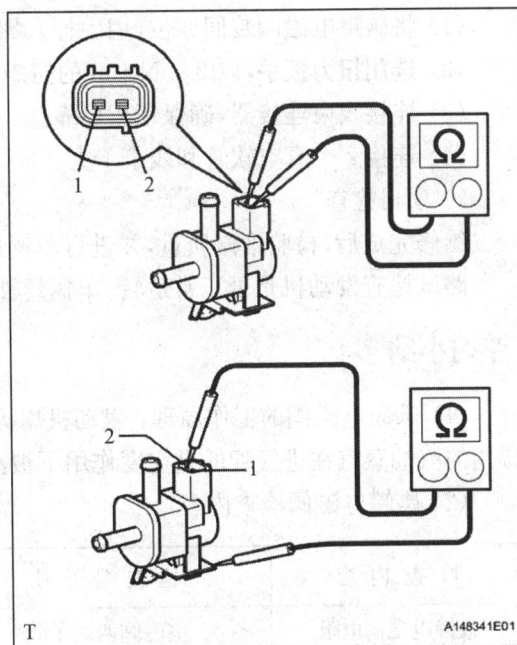

图 4-5 检查碳罐电磁阀的电阻

2）检查碳罐电磁阀电阻（见图4-5）

（1）选用数字万用表，调到Ω档，红黑表笔互测检查测量误差。

（2）将红黑表笔分别连接到电磁阀两个端子上并记录测量数据，正常情况下，标准电阻为23～26 Ω。

（3）用数字万用表分别测量两个端子与搭铁之间的电阻并记录数据，正常情况下，电阻应为10 kΩ甚至更大。

（4）若测得的数据不符合标准，则更换碳罐电磁阀。

3）检查碳罐电磁阀通断（见图4-6）

往碳罐电磁阀任一管口吹气，不通电时，两管口之间不互通，接上电源之后导通。若不符合上述情况，则更换碳罐电磁阀。

图4-6　检查碳罐电磁阀的通断

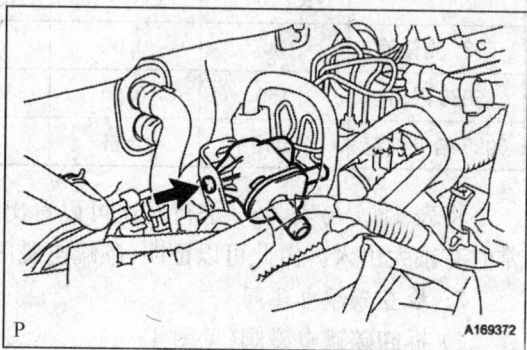

图4-7　安装碳罐电磁阀

4）安装碳罐电磁阀（见图4-7）

（1）将碳罐电磁阀装回原位，用手拧入螺栓。

（2）选用扭力扳手，以3.4 N·m的扭矩紧固螺栓。

（3）连接线束连接器，确保锁止可靠。

（4）连接2个真空软管和线束卡夹。

5）项目检查

维修完成后，检验维修质量，并进行车辆最终检查，清洁、整理工量具，清洁、整理场地。路试检查发动机是否正常运转、车辆驾驶是否正常。

学习小结

（1）碳罐电磁阀的工作原理：发动机熄火时，电磁阀关闭；起动时，电磁阀开启，活性碳罐内的汽油蒸汽在进气管的真空度作用下被洁净空气带入气缸内参加燃烧。

（2）碳罐电磁阀检查内容：

检 查 内 容	检 查 端 子 号	条　　件	规 定 状 态
碳罐电磁阀电阻	电磁阀两端子间	始终	23～26 Ω
碳罐电磁阀电阻	电磁阀两端子与搭铁间	始终	大于10 kΩ

课堂练习

一、填空题

发动机怠速时,碳罐电磁阀_____;中、高速运转时,碳罐电磁阀_____。

二、选择题

下列关于检查碳罐电磁阀的描述,错误的是(　　)。

A. 碳罐电磁阀的标准电阻是 300~500 Ω

B. 往碳罐电磁阀任一管口吹气,不通电时,两管口之间不互通

C. 往碳罐电磁阀任一管口吹气,通电时,两管口之间导通

三、判断题

1. 碳罐是用来存储多余燃油的装置。(　　)

2. 碳罐电磁阀两端口间,在通电时导通,不通电时关闭。(　　)

四、简答题

请简要阐述碳罐电磁阀的检测步骤和方法。

任务二　检查 EGR 阀

任务描述

小王早上准备开车上班,起动发动机之后,发现车子怠速时有抖动现象,并且排气管部位伴随有"突突"声,还冒黑烟。经过 4S 店师傅仔细检查,发现是 EGR 阀漏气了。你知道怎么检查 EGR 阀吗?本节我们来一起学习相关知识。

知识准备

(一) 废气再循环控制(EGR)系统的功用、组成及原理

(1) 功用:将适量的废气重新引入气缸进行燃烧,从而降低气缸的最高温度,以减少

NO_x的排放。其按开闭环不同可分为开环控制EGR系统和闭环控制EGR系统。

(2)组成：主要有ECU、EGR电磁阀、EGR阀以及相关传感器等。

(3)原理：如图4-8所示，EGR阀安装在废气再循环通道中，用以控制废气再循环量。EGR电磁阀安装在通向EGR真空通道中，ECU根据发动机冷却液温度、节气门开度、转速和起动等信号来控制EGR电磁阀的通断电。ECU不给EGR电磁阀通电时，控制EGR阀的真空通道接通，EGR阀开启，进行废气再循环；ECU给EGR电磁阀通电时，控制EGR阀的真空通道被切断，EGR阀关闭，废气再循环停止。

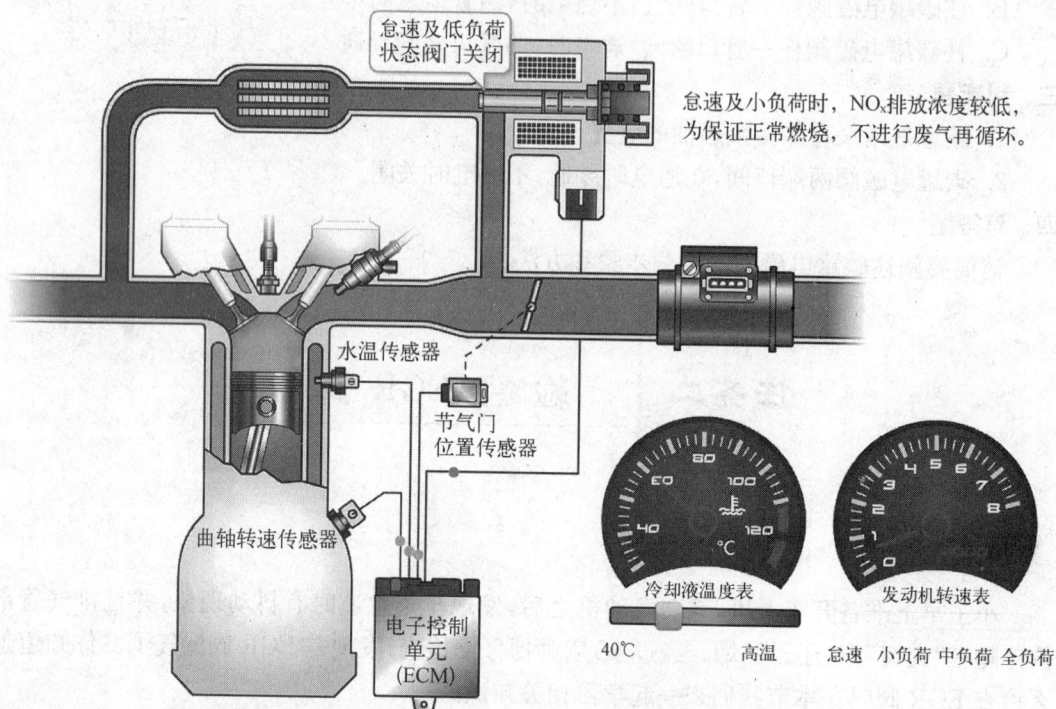

图4-8 废气再循环控制系统原理

（二）EGR阀的结构、作用

图4-9 丰田汽车EGR阀

EGR阀是一个安装在汽油机上用来控制反馈到进气系统的废气再循环量的机电一体化产品，图4-9为丰田汽车EGR阀。EGR阀通常位于进气歧管的右侧，靠近节气门体，有一通向排气歧管的短金属管与它相连。

EGR阀的作用是对进入进气歧管的废气量进行控制，使一定量的废气流入进气歧管进行再循环。EGR阀是废气再循环装置中非常重要的、关键的部件，其在废气再循环装置中的位置如图4-10所示。

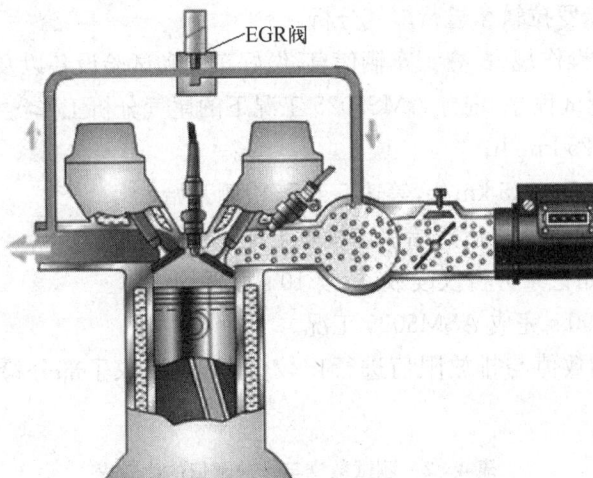

图 4 - 10　EGR 阀在废气再循环装置中的位置

任务实施

(一) 实施路径

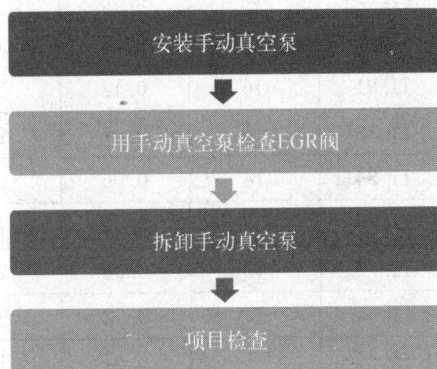

安装手动真空泵

↓

用手动真空泵检查EGR阀

↓

拆卸手动真空泵

↓

项目检查

(二) 实施方案

(1) 质量要求：参照厂家的质量标准要求。

(2) 组织方式：学生自由组合，每 4～6 位同学为一组。

(3) 生产准备，每组配备的工具及设备：

① 场地，装有废气抽排系统和消防设施的实训维修车间；

② 卡罗拉轿车、尾气分析仪、底盘测功机、手动真空泵等。

(4) 实训作业要求：按企业安全文明生产规范进行操作。

(三) 实施步骤

1. 尾气分析

为了更好地反应 EGR 阀对汽车排放的影响，我们特地准备了一辆 EGR 阀出现故障，而其他状况均良好的卡罗拉轿车进行尾气分析。

(1) 按照 ASM 操作规程,登记车辆信息,做好车辆和试验设备以及试验的准备工作。

(2) 开始进入测试程序,进行 AMS5025 工况下的尾气分析工作:

① 车辆加速至 25 km/h;

② 稳定车速在 25±1.5 km/h,等速 5 s 后,检测开始;

③ 系统开始预置 10 s 之后开始快速检查工况;

④ 控制系统开始记录分析仪读数,持续 10 s 取平均值;

⑤ 继续运行至 90 s 完成 ASM5025 工况。

(3) 将读取到的数值与排放限值进行比较分析(只摘取了部分检测数据),如表 4-2 所示。

表 4-2　测试数据与排放限值的比较表

时间序号	速度 [km/h]	功率 [kW]	HC[10^{-6}]	CO[%]	NO[10^{-6}]	O$_2$[%]	转速 [r/min]
1	23.53	10.79	0	1.36	0	20.77	5 006
2	24.61	11.29	0	4.15	0	12.37	5 419
3	25.81	11.83	17	1.71	0	0.26	5 787
4	25.40	11.65	17	0.93	9	0.21	5 660
5	25.81	11.87	16	0.13	18	0.15	5 729
6	25.95	11.91	16	0.12	22	0.14	5 738
7	25.63	11.78	15	0.07	20	0.12	5 751
8	25.81	11.84	14	0.06	20	0.10	5 751
9	25.40	11.66	13	0.05	19	0.07	5 660
10	25.60	11.76	12	0.04	21	0.04	5 716
11	25.34	11.64	14	0.02	58	0.03	5 673
12	25.77	11.83	15	0.01	12	0.02	5 738
13	25.36	11.65	16	0.01	9	0.01	5 707
14	26.07	11.98	17	0.01	8	0.01	5 800
15	25.79	11.85	18	0.01	5	0.01	5 751
16	25.83	11.84	19	0.00	6	0.00	5 751
17	39.39	9.01	20	0.00	6	0.00	4 889
18	39.33	9.02	21	0.01	8	0.00	4 854
19	40.26	9.23	22	0.01	10	0.00	4 963
20	40.38	9.29	23	0.02	9	0.01	4 973
21	40.34	9.23	24	0.02	8	0.00	4 970
22	40.40	9.26	25	0.03	6	0.01	4 976

(续表)

时间序号	速度[km/h]	功率[kW]	HC[10^{-6}]	CO[%]	NO[10^{-6}]	O₂[%]	转速[r/min]
	HC[10^{-6}]	CO[%]	NO[10^{-6}]				
5025 测量值	19	0.10	6				
5025 限值	160	0.90	1 200				
5025 结果判定	合格	合格	合格				
2540 测量值	25	0.10	6				
2540 限值	150	1.00	1 100				
2540 结果判定	合格	合格	合格				

将表 4-2 与表 2-2 进行对比可以看出,当 EGR 阀出现故障时,HC、CO 和 NO 化合物的排放量较正常时均有较大的出入。由此可以证明,EGR 阀出现故障对排放是有影响的。

2. 检查 EGR 阀

(1) 拆下 EGR 阀上的真空管,在 EGR 阀的真空管上连接手动真空泵(见图 4-11)。

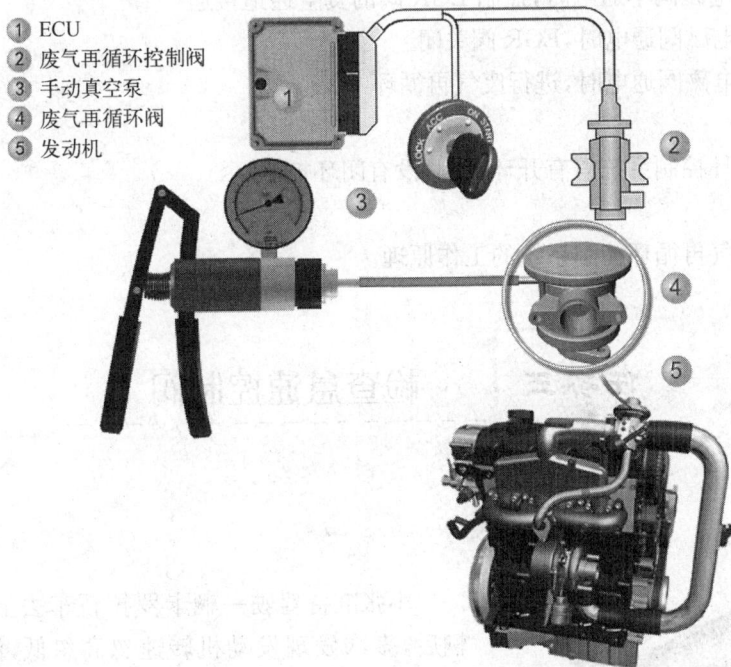

① ECU
② 废气再循环控制阀
③ 手动真空泵
④ 废气再循环阀
⑤ 发动机

图 4-11　检查 EGR 阀

(2) 用手动真空泵给 EGR 阀施加负压,EGR 阀应能保持住负压,若负压下降或达不到规定值,应检查 EGR 阀膜片是否漏气,必要时更换 EGR 阀。

(3) 若 EGR 阀能保持住负压,则起动发动机使之怠速运转。

(4) 用手动真空泵给 EGR 阀施加约 19.95 kPa 的负压,这时,应出现怠速不稳或发动机

笔记

熄火的情况,否则检查 EGR 阀、管路是否堵塞。

3. 项目检查

维修完成后,检验维修质量,并进行车辆最终检查,清洁、整理工量具,清洁、整理场地。

路试检查发动机是否正常运转、车辆驾驶是否正常。

学习小结

EGR 功用:将适量的废气重新引入气缸进行燃烧,从而降低气缸的最高温度,以减少 NO_x 的排放。其按开闭环不同可分为开环控制 EGR 系统和闭环控制 EGR 系统。

课堂练习

一、填空题

废气再循环控制系统的功用是将适量的废气重新引入气缸进行燃烧,从而降低气缸的_____、以达到减少_____的目的。

二、选择题

下列关于 EGR 阀的描述,正确的是( )。

A. EGR 电磁阀不通电时,控制 EGR 阀的真空通道接通

B. EGR 电磁阀通电时,EGR 阀关闭

C. EGR 电磁阀通电时,进行废气再循环

三、判断题

废气再循环控制系统只有开环控制,没有闭环控制。( )

四、简答题

请阐述废气再循环控制系统的工作原理。

任务三 检查怠速控制阀

任务描述

小张准备驾驶一辆卡罗拉轿车去上班,在起动车辆后,多次发现发动机转速忽高忽低,没多久就熄火了。这是什么原因呢? 带着疑问小张打电话咨询了 4S 店的客服人员,得到的答复是怠速控制阀可能出了故障。你了解怠速控制系统的相关知识吗? 你知道怎么检查怠速控制阀吗? 本章我们就一起来学习相关知识。

知识准备

(一) 怠速控制系统的分类

按进气量的调节方式,怠速控制系统可分为节气门直动式和旁通空气式两种,如图 4-12 所示。

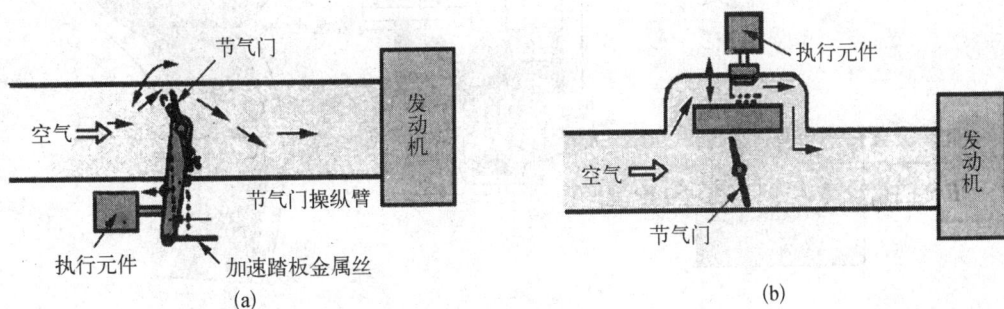

图 4-12　怠速控制系统分类
(a) 节气门直动式　(b) 旁通空气式

1. 节气门直动式

电子控制器通过控制执行机构直接操纵节气门,以节气门开度的改变来实现怠速的控制。这种控制方式的特点是:工作可靠性好,控制位置的稳定性好;但动态响应较差,执行机构较为复杂且体积较大。

2. 旁通空气式

电子控制器通过怠速控制阀改变怠速辅助空气通道的空气流量来实现怠速的控制。这种控制方式动态响应较好,结构简单且体积较小,是目前常用的怠速控制方式。

(二) 怠速控制阀结构

旁通空气式怠速控制系统的种类很多,按怠速控制阀的结构原理可分为:步进电机式、电磁式、旋转电磁阀式。目前最常用的是步进电机式怠速控制阀,它由 4 只定子线圈、转子、气门轴和阀门组成,其结构如图 4-13 所示。

(三) 丰田汽车怠速控制系统

丰田汽车的怠速控制系统通常是利用步进电机型怠速控制阀的旁通空气式怠速控制系统,其工作原理

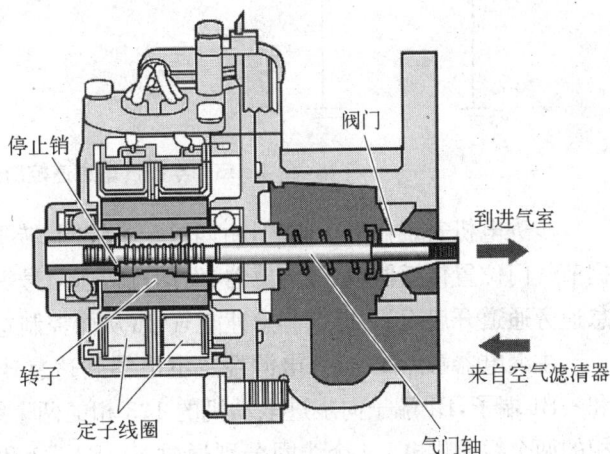

图 4-13　步进电机式怠速控制阀结构

及工作电路分别如图 4-14、4-15 所示。

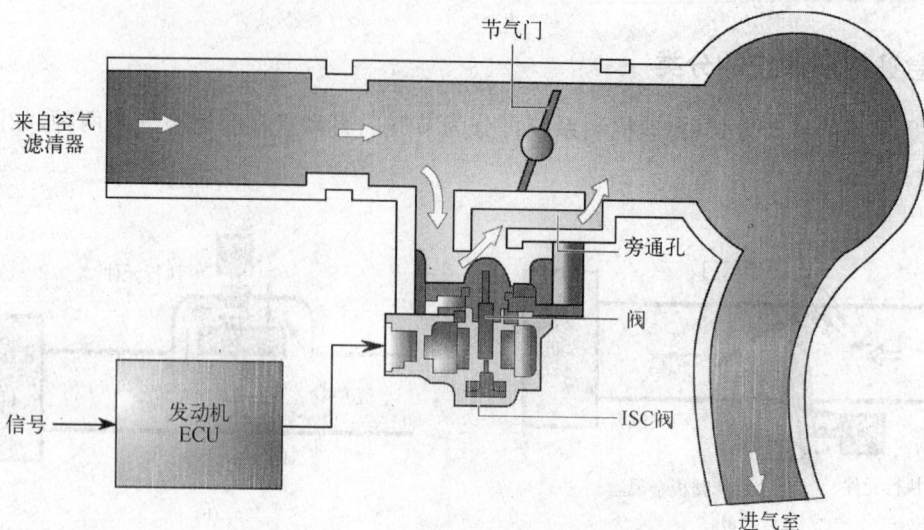

图 4-14　丰田汽车怠速控制系统工作原理

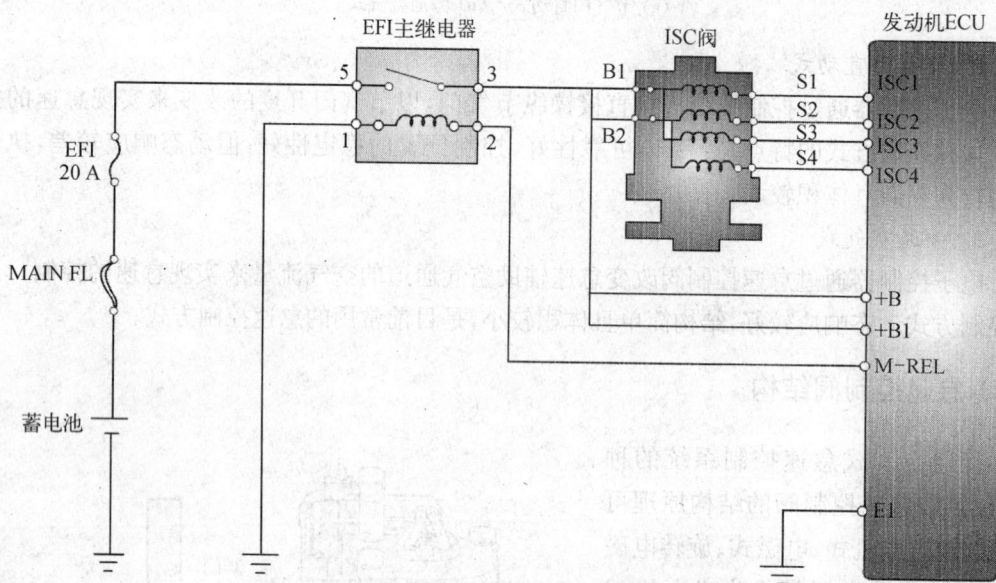

图 4-15　丰田汽车怠速控制系统工作电路

　　步进电机安装在 ISC 阀内,由四只定子线圈、转子、气门轴和阀门组成。发动机 ECU 根据节气门位置传感器、水温传感器、发动机转速信号等,控制怠速的步进数,阀前后移动控制怠速旁通道开启面积,即控制怠速空气量,从而控制怠速转速。

　　主继电器触点闭合后,电源经主继电器到达怠速控制阀的 B1 和 B2 端子、ECU 的 +B 和 +B1 端子,B1 端子向步进电动机的 1,3 相的两个线圈供电,B2 端子向步进电动机的 2,4 相的两个线圈供电。4 个线圈分别通过 S1、S2、S3 和 S4 与 ECU 端子 ISC1、ISC2、ISC3 和 ISC4 相连,ECU 控制各线圈的搭铁回路,以控制怠速控制阀的工作。

笔记

任务实施

(一) 实施路径

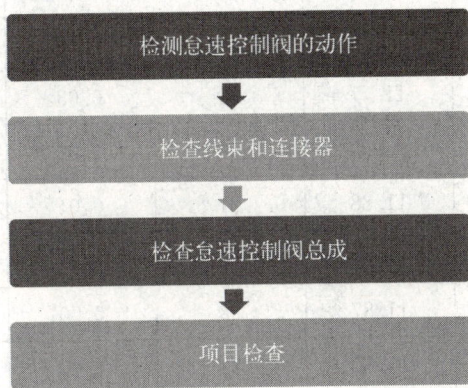

检测怠速控制阀的动作

↓

检查线束和连接器

↓

检查怠速控制阀总成

↓

项目检查

(二) 实施方案

(1) 质量要求：参照厂家的质量标准要求。

(2) 组织方式：学生自由组合，每4~6位同学为一组。

(3) 生产准备，每组配备的工具及设备：

① 场地，装有废气抽排系统和消防设施的实训维修车间；

② 卡罗拉轿车、尾气分析仪、底盘测功机、故障诊断仪、万用表等。

(4) 实训作业要求：按企业安全文明生产规范进行操作。

(三) 实施步骤

1. 尾气分析

为了更好地反应怠速控制阀对汽车排放的影响，我们特地准备了一辆怠速控制阀出现故障，而其他状况均良好的卡罗拉轿车进行尾气分析。

(1) 按照 ASM 操作规程，登记车辆信息，做好车辆和试验设备以及试验的准备工作。

(2) 开始进入测试程序，进行 AMS5025 工况下的尾气分析工作：

① 车辆加速至 25 km/h；

② 稳定车速在 25±1.5 km/h，等速 5 s 后，检测开始；

③ 系统开始预置 10 s 之后开始快速检查工况；

④ 控制系统开始记录分析仪读数，持续 10 s 取平均值；

⑤ 继续运行至 90 s 完成 ASM5025 工况。

(3) 将读取到的数值与排放限值进行比较分析（只摘取了部分检测数据），如表 4 - 3 所示。

表 4-3 测试数据与排放限值的比较表

时间序号	速度[km/h]	功率[kW]	HC[10^{-6}]	CO[%]	NO[10^{-6}]	转速[r/min]
1	23.71	10.90	18	0.04	4	4 411
2	24.77	11.36	19	0.03	17	4 474
3	25.32	11.63	19	0.03	64	4 488
4	25.67	11.77	19	0.03	105	4 491
5	25.97	11.93	20	0.02	120	4 491
6	25.89	11.88	21	0.01	81	4 474
7	25.73	11.80	22	0.01	34	4 443
8	25.83	11.87	22	0.00	116	4 451
9	25.67	11.80	23	0.00	100	4 409
	HC[10^{-6}]	CO[%]	NO[10^{-6}]			
5025 测量值	23	0.03	80			
5025 限值	160	0.90	1 200			
5025 结果判定	合格	合格	合格			

将表 4-3 与表 2-2 进行对比可以看出,当怠速控制阀出现故障时,NO 化合物的排放量较正常时超出很多。由此可以证明,怠速控制阀出现故障对排放是有影响的。

2. 检查怠速控制阀

1) 用诊断仪进行主动测试(检测 ISC 阀的动作)

(1) 关掉全部附件。

(2) 关掉空调。

(3) 将档位换到"P"或"N"位置。

(4) 将诊断仪连接到车上的 DLC3。

(5) 选择以下菜单:

Diagnosis/Enhanded OBD Ⅱ/Active Test/Duty Ratio。

(6) 用诊断仪操作 ISC 阀时,检测发动机的转速。发动机转速会相应 ISC 占空比变化,升高或降低。

2) 检查线束和连接器

(1) 检查电源电压。

① 断开 ISC 阀连接器;

② 将点火开关打到"ON"位置;

③ 测量 ISC 阀端子 B1,B2 与车身搭铁之间的电压,应为电源电压 9~14 V,否则应修理

或更换线束和连接器。

(2) 检查 EFI 继电器和 ISC 阀。

① 拆下 EFI 连接器；

② 断开 ISC 阀连接器；

③ 测量 EFI 继电器连接器端子 3 与 ISC 阀连接器端子 B1,B2 之间的电阻,应不大于 1 Ω,否则应修理或更换线束和连接器。

(3) 检查 ISC 阀与车身接地。

① 脱开 ISC 阀连接器；

② 测量 ISC 阀连接器与 B1 端子对应端子与车身接地之间的电阻,应不小于 10 kΩ,否则应修理或更换线束和连接器。

(4) 检查 ECU 与 ISC 阀。

① 脱开 ECU 连接器和脱开 ISC 阀连接器；

② 测量 S1/S2/S3/S4 两端子之间的电阻,应不大于 1 Ω,否则应修理或更换线束和连接器；

③ 测量 ISC1/ISC2/ISC3/ISC4 与车身接地之间的电阻,应不小于 10 kΩ,否则应修理或更换线束和连接器。

3) 检查急速控制阀总成

(1) 当发动机熄火时,急速控制阀会"咔嗒"一声,如果不响,应检查 ISC 阀。

(2) 检查 ISC 阀的电阻:

检测 B1 - S1,B1 - S3,B2 - S2 和 B2 - S4 四个线圈电阻,都应是 10～30 Ω,如电阻不符,应更换 ISC 阀。

(3) 检查 ISC 阀的工作情况:在 B1 和 B2 端子上接上蓄电池正极,然后依次将 S1,S2,S3,S4 接负极,阀应逐步关闭,如图 4 - 16 所示。

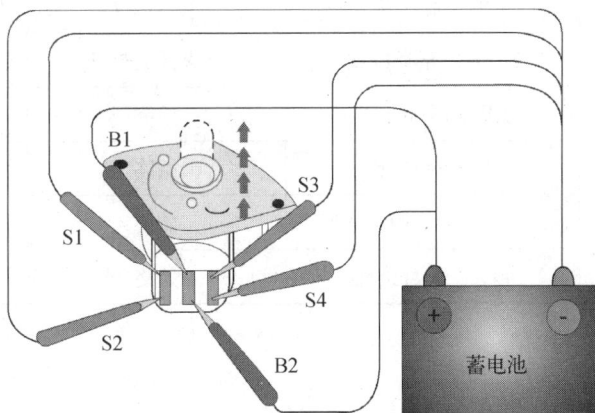

图 4 - 16 阀应逐步关闭

在 B1 和 B2 端子上接上蓄电池正极,然后依次将 S4,S3,S2,S1 接负极,阀应逐步开启,如图 4 - 17 所示。

如果在上述检查时,阀不能关闭或打开,则应更换 ISC 阀。

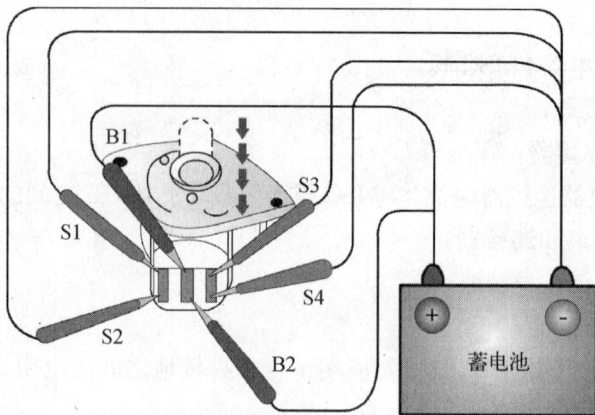

图 4 - 17　阀应逐步开启

3. 项目检查

维修完成后,检验维修质量,并进行车辆最终检查,清洁、整理工量具,清洁、整理场地。

路试检查发动机是否正常运转、车辆驾驶是否正常。

学习小结

(1) 怠速控制系统的功用:稳定怠速控制、快速暖机控制、高怠速控制等。

(2) 节气门直动式怠速控制系统的特点:工作可靠性好,控制位置稳定性好,动态响应较差,结构复杂体积大。

(3) 旁通空气式怠速控制系统的特点:动态响应好,结构简单体积小。

(4) 检查内容及规定状态:

检 测 内 容	端 子 号	条 件	规 定 状 态
电源电压	B1/B2 - 车身搭铁	点火开关打开	9~14 V
线束和连接器	EFI 端子 3 - B1	始终	不大于 1 Ω
	B1 - 车身搭铁	始终	不小于 10 kΩ
	S1/S2/S3/S4 两端子间	始终	不大于 1 Ω
	ECU - 车身接地	始终	不小于 10 kΩ

课堂练习

一、填空题

1. 怠速控制系统按进气量的调节方式分,可分为_____和_____。

2. 旁通空气式怠速控制系统按怠速控制阀的结构原理,可分为:_____、_____、_____,目前最常用的是:_____。

3. 步进电机安装在 ISC 阀内,由_____、_____、_____和_____阀门组成。

二、选择题

下列关于节气门直动式和旁通空气道式怠速控制系统的说法,正确的是(   )。

A. 节气门直动式,动态响应好,结构简单

B. 旁通空气道式,动态响应差,工作可靠性好

C. 节气门直动式,动态响应差,工作可靠性好

D. 旁通空气道式,动态响应好,结构复杂

三、判断题

1. 节气门直动式怠速控制系统是目前应用最多的怠速控制系统。(   )

2. 在 ISC 阀的 B1,B2 端子上接上蓄电池正极,若依次将 S1,S2,S3,S4 接负极,则阀应逐步关闭。(   )

四、简答题

请论述节气门直动式和旁通空气道式怠速控制系统的优劣。

任务四 | 检查喷油器

任务描述

喷油器接受 ECU 送来的喷油脉冲信号,精确地控制燃油喷射量。喷油器是一种加工精度非常高的精密器件,因此要求其动态流量范围大,抗堵塞和抗污染能力强以及雾化性能好。喷油器常见的机械故障有喷油器阀芯卡滞、喷油器阻塞及泄露等,当喷油器出现上述故障后,会引起机械动作失效,从而影响发动机的正常运转,有时甚至会使发动机出现严重故障。

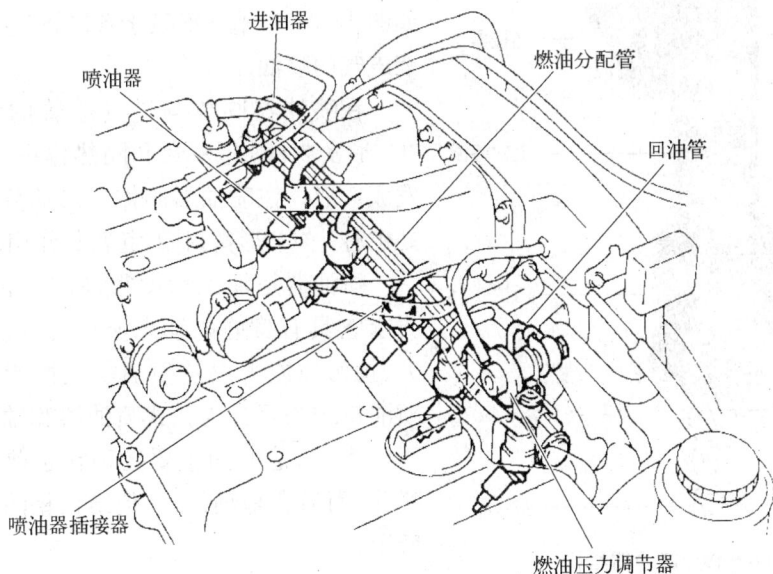

进油器
喷油器
燃油分配管
回油管
喷油器插接器
燃油压力调节器

笔记

知识准备

（一）喷油器的功用与结构

喷油器安装在燃油分配管上,其功用是根据发动机 ECU 的喷油脉冲信号,将一定量的燃油以雾状喷入进气管内,使燃油与空气混合形成可燃混合气,如图 4-18 所示。

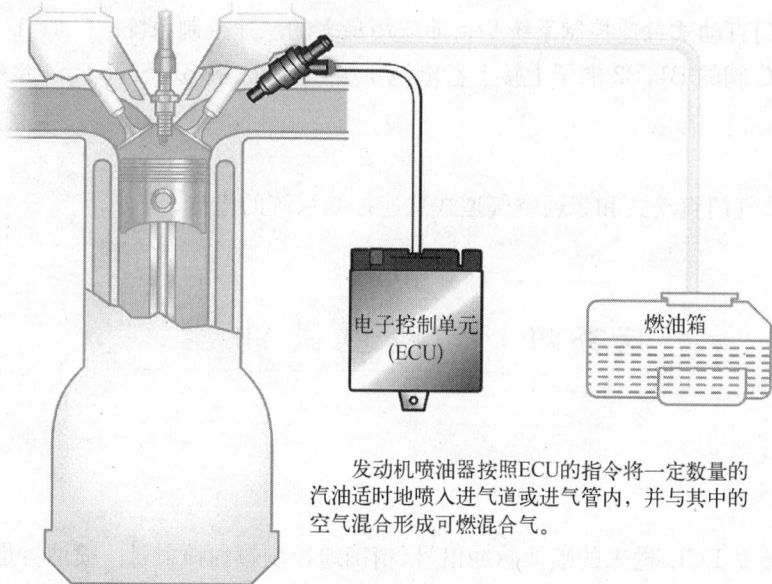

电子控制单元
(ECU)

燃油箱

发动机喷油器按照ECU的指令将一定数量的汽油适时地喷入进气道或进气管内,并与其中的空气混合形成可燃混合气。

图 4-18　喷 油 器 功 用

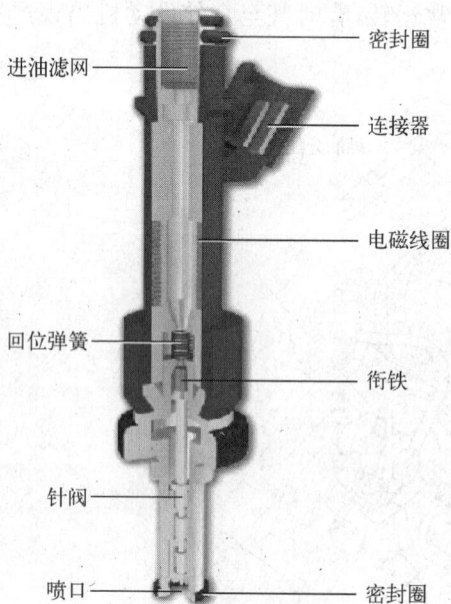

进油滤网

密封圈

连接器

电磁线圈

回位弹簧

衔铁

针阀

喷口

密封圈

图 4-19　喷油器结构

以卡罗拉轿车的喷油器为例,其结构主要由电磁线圈、衔铁、回位弹簧、针阀、密封圈等组成,如图 4-19 所示。安装于各缸进气歧管末端,对准进气门喷油。

在喷油器阀体与进气歧管的结合处有一"O"形密封圈,起密封和隔热作用,以防燃油蒸发成气泡。在喷油器阀体与燃油分配管的结合处也有一"O"形密封圈,起密封作用。

喷油器是加工精度很高的精密器件,同时要求它具有良好的动态流量稳定性、抗堵塞能力、抗污染能力以及喷油雾化性能。喷油器按喷油口结构可分为孔式喷油器和轴针式喷油器两种类型,他们的主要区别在于前者喷油口是喷孔,而后者是轴针,其他结构相同,如图 4-20 所示。

<<<<

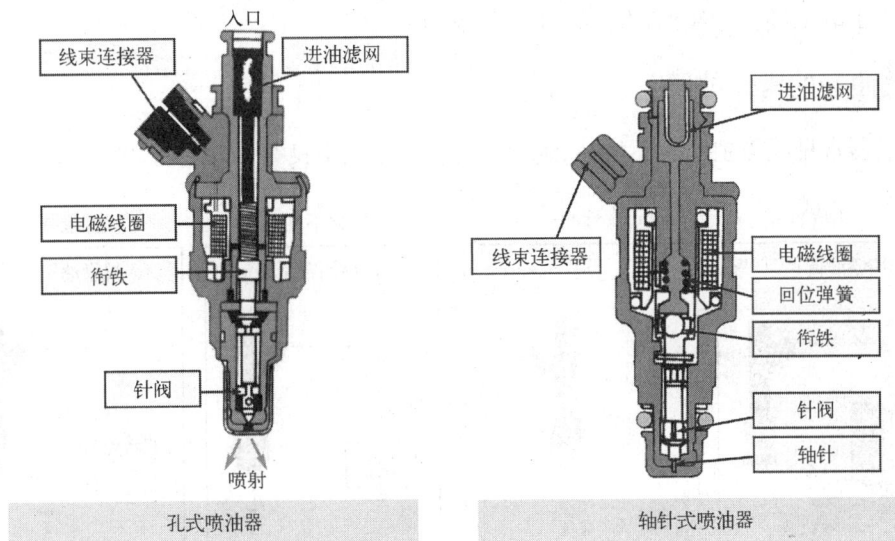

图 4 - 20　喷 油 器 类 型

(二) 喷油器的工作原理

　　喷油器喷油量取决于三个因素:喷油孔截面的大小、喷油压力和喷油持续时间。对于一定型号的喷油器来讲,喷油孔截面的大小是固定不变的,而喷油压力则由燃油压力调节器调节为定值,因此,喷油量只取决于喷油持续时间,亦即取决于喷油器电磁线圈的通电脉冲宽度。

　　电磁线圈通电时,产生电磁力,吸动衔铁上移,带动针阀升起,阀门打开燃油喷出;电磁线圈断电时,电磁力消失,针阀被弹簧压紧在阀座上,停止喷油,如图 4 - 21 所示。针阀的升

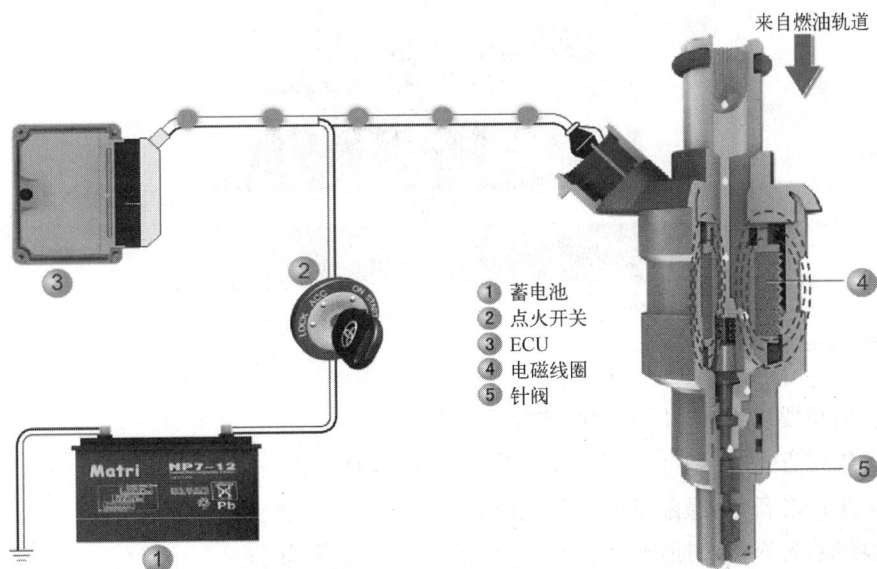

① 蓄电池
② 点火开关
③ ECU
④ 电磁线圈
⑤ 针阀

　　电磁线圈中无电流通过时,喷油器针阀在弹簧力作用下紧压在锥形密封阀座上。电磁线圈通电时,线圈处产生磁场将衔铁连同针阀向上吸起,喷油口打开,汽油喷出。

图 4 - 21　电磁喷油器工作原理

程约为 0.1 mm,喷油持续时间在 2～10 ms 范围内。

(三) 喷油器的常见故障

喷油器常见故障主要有不喷油、滴油、喷油少、雾化不良等,如图 4-22 所示。

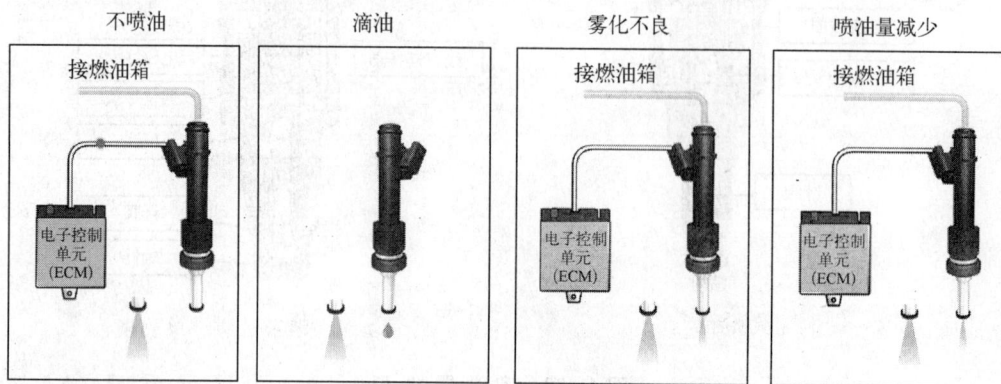

图 4-22　喷油器常见故障

任务实施

(一) 实施路径

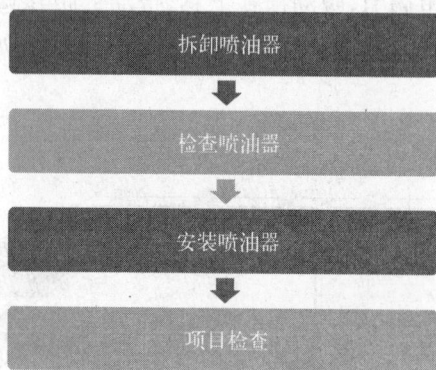

(二) 实施方案

(1) 质量要求:参照厂家的质量标准要求。

(2) 组织方式:学生自由组合,每 4～6 位同学为一组。

(3) 生产准备,每组配备的工具及设备:

① 场地,装有废气抽排系统和消防设施的实训维修车间;

② 卡罗拉轿车、尾气分析仪、底盘测功机、喷油器清洗机,试灯、听诊器、万用表、常用工具一套。

(4) 实训作业要求:按企业安全文明生产规范进行操作。

笔记

（三）实施步骤

1. 尾气分析

为了更好地反应喷油器对汽车排放的影响,我们特地准备了一辆喷油器出现故障,而其他状况均良好的卡罗拉轿车进行尾气分析。

（1）按照 ASM 操作规程,登记车辆信息,做好车辆和试验设备以及试验的准备工作。

（2）开始进入测试程序,分别进行 AMS5025、AMS2540 工况下的尾气分析:

① 车辆加速至 25 km/h;

② 稳定车速在 25±1.5 km/h,等速 5 s 后,检测开始;

③ 系统开始预置 10 s 之后开始快速检查工况;

④ 控制系统开始记录分析仪读数,持续 10 s 取平均值;

⑤ 继续运行至 90 s 完成 ASM5025 工况;

⑥ 同样的方法进行 AMS2540 工况下的尾气分析。

（3）将读取到的数值与排放限值进行比较分析,如表 4-4(只摘取了部分检测数据)所示。

表 4-4　测试数据与排放限值的比较表

时间序号	速度[km/h]	功率[kW]	HC[10^{-6}]	CO[%]	NO[10^{-6}]	转速[r/min]
1	25.58	11.74	9	0.01	975	4 456
2	25.79	11.84	15	0.01	932	4 480
3	25.20	11.59	20	0.01	820	4 352
4	40.71	9.32	25	0.02	1 105	4 258
5	40.73	9.37	30	0.00	2 440	4 258
6	40.26	9.22	35	0.00	2 547	4 178
7	40.73	9.34	40	0.00	2 378	4 182
8	39.37	9.02	43	0.00	2 409	4 116
	HC[10^{-6}]	CO[%]	NO[10^{-6}]			
5025 测量值	29	0.03	904			
5025 限值	160	0.90	1 200			
5025 结果判定	合格	合格	合格			
2540 测量值	38	0.01	2 891			
2540 限值	150	1.00	1 100			
2540 结果判定	合格	合格	不合格			

将表 4-4 与表 2-2 进行对比可以看出,在 AMS5025 工况下,当喷油器出现故障时,NO 化合物的排放量较正常时超出很多,且趋近限值;而在 AMS2540 工况下也大大超出了限值。由此可以证明,喷油器出现故障对排放是有影响的。

2. 检查喷油器

在起动发动机状态下,采用听诊器检查喷油器的脉动声,如果听不到喷油器工作声音,

笔记

可用 LED 试灯接在喷油器导线连接器上,如果在起动发动机时试灯能亮,说明喷油器控制系统工作正常,喷油器有故障,应清洗或更换。如果试灯不亮,说明喷油器控制系统或控制线路有故障。

1) 拆卸喷油器

(1) 进行燃油系统卸压,并断开蓄电池负极接线柱。

(2) 先提起发动机罩后端,再提起发动机罩前端,取下发动机盖罩。

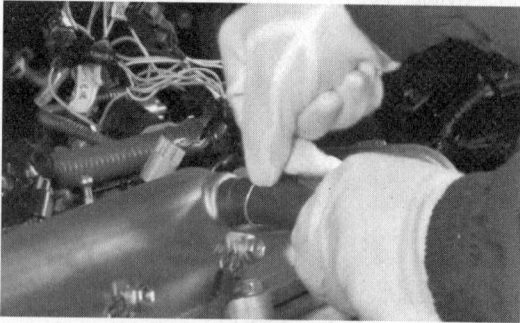

图 4-23 分离曲轴箱通风软管

(3) 将卡箍移出阻挡位置,分离曲轴箱通风软管,如图 4-23 所示。

(4) 拆下气门室盖上的两个搭铁线固定螺栓,并断开搭铁线。

(5) 依次断开四个喷油器连接器。

(6) 依次断开两个发动机线束固定卡夹和发动机右侧四个线束固定卡夹。

(7) 拆下发动机线束的两个固定支架。

(8) 拆下燃油管卡夹,并根据维修手册正确使用专用工具,并在听到"咔"的一声后脱开油管。

(9) 根据维修手册,选用 10 mm 套筒和棘轮扳手,拆下输油管线束支架。

(10) 根据维修手册,选用 10 mm 套筒、接杆和棘轮扳手拆下输油管的两个固定螺栓,并取下输油管和两个输油管隔垫。

(11) 从燃油输油管中依次取下 4 个喷油器,并在喷油器上按顺序进行编号。

(12) 最后,依次拆下 4 个喷油器隔振垫,并对喷油器安装孔进行遮挡,防止异物进入。

注意事项

◇ 在拔出通风软管时,不要用力过大。先轻轻转动,再慢慢均匀用力拉出;

◇ 断开喷油器连接器时,先按压锁止扣,当确认锁止装置完全脱离后,方可拔下连接器,禁止在线束端借用外力拔下连接器。

---

2) 检查喷油器电阻

(1) 打开万用表欧姆档,将正负表笔对接,检查万用表是否正常。

(2) 如图 4-24 所示,用万用表测量喷油器端子 1 和 2 之间的电阻值,如果结果不符合规定,则更换喷油器。(标准值:在 20℃时,阻值在 11.6~12.4 Ω 之间)

3) 将喷油器安装到喷油器清洗机上

(1) 松开两个固定螺栓,从喷油器检测

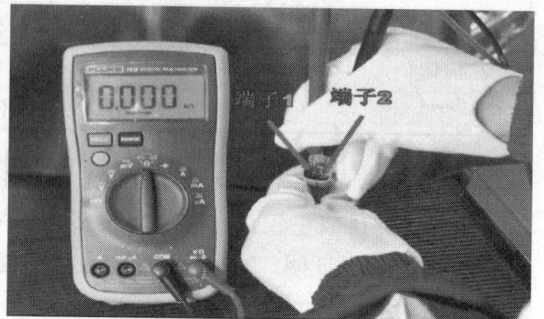

图 4-24 测量端子 1 和端子 2 之间的电阻

清洗机上拆下喷油器安装总成支架。

（2）将 4 个喷油器依次安装到总成支架上。

（3）如图 4-25 所示，将总成支架连同喷油器一起安装到检测清洗机上，并紧固两个紧固螺栓。

（4）如图 4-26 所示，依次将 4 个喷油器测试连接线与 4 个喷油器连接，安装喷油器清洁机连接管。

4）喷油器怠速测试

图 4-25 将喷油器连同支架安装到清洗机上

图 4-26 安装连接管

（1）打开喷油器清洗机电源开关（见图 4-27）。

（2）进入 C 项调节怠速测试时间，进入 2 项进行怠速测试，同时调节怠速压力，将其调到标准范围内（0.3～0.35 MPa）。

（3）如图 4-28 所示，依次对各喷油器进行 2 到 3 次喷油测试，如果喷油量不符合规定，则更换喷油器总成。（连续喷射 15 秒，喷油量为 60～73 mL）

图 4-27 打开电源开关

图 4-28 依次对各喷油器进行喷油测试

5）检查喷油器是否泄漏

（1）进入 C 项调节检漏测试时间。

注意事项

◇ 检漏时间的设定必须大于等于 12 分钟，以确保检查正常进行。

(2) 进入 7 项进行检漏测试,检查喷油器是否有燃油泄漏,同时将燃油压力调到标准范围内(0.3~0.35 MPa)。

(3) 检查完成后,关闭电源开关。

6) 从检测清洗机上拆下喷油器

(1) 拆下喷油器清洗机连接管。

(2) 依次断开 4 个喷油器测试连接线。

注意事项

◇ 断开连接线时要拔插头,不要拔线。

---

(3) 用手旋松两个固定螺栓,拆下喷油器安装总成支架。

(4) 依次从喷油器安装总成支架上拆下 4 个喷油器。

注意事项

◇ 拆下喷油器时要小心,拔不动可以边转动边拔。

---

(5) 将总成支架装回喷油器清洗机上,然后用手紧固两个固定螺栓。

(6) 检查完成后,将 4 个喷油器安装回车上,并将相关附件连接好。

项目检查

维修完成后,检验维修质量,并进行车辆最终检查,清洁、整理工量具,清洁、整理场地。路试检查发动机是否正常运转、车辆驾驶是否正常。

学习小结

(1) 喷油器喷油量取决于:喷油孔截面的大小、喷油压力和喷油持续时间。

(2) 喷油器线圈通电,衔铁上移,针阀升起;线圈断电,衔铁下移,针阀下压。

(3) 喷油器按喷油口结构可分为:轴针式喷油器、孔式喷油器。

(4) 喷油器怠速测试时,应使喷油器连续喷射 15 秒,喷油量为 60~73 mL。

(5) 进行检漏测试时,检漏时间必须大于 12 分钟。

课堂练习

一、填空题

1. 喷油器按喷口形式可分为_____、_____两种。

2. 喷油器的喷油量取决于_____、_____、_____三个因素。

二、选择题

1. 下列关于喷油器电磁线圈通电时的说法正确的是( )。

A. 产生电磁力,衔铁下移,针阀升起

B. 产生电磁力,衔铁上移,针阀升起

C. 产生电磁力,衔铁上移,针阀暂时保持不动

2. 喷油器是一种精密器件,但它不具备下列哪种性能(　　)。

A. 良好的流量稳定性

B. 良好的喷油雾化性能

C. 良好的抗热性

三、判断题

1. 对于一定型号的喷油器来讲,喷油量不止取决于喷油持续时间。(　　)

2. 喷油器的针阀升程约为 0.5 mm。(　　)

四、简答题

请简要阐述检查喷油器的操作步骤和方法。

任务五　检查火花塞

任务描述

　　细心的张先生发现最近自己的卡罗拉轿车油耗高了不少,并且排气还有黑烟出现,于是预约 4S 店周末去做个检查。来到 4S 店里,维修技师们给车子做了仔细的检查,最后发现原来是火花塞出了问题。本章就要学习如何检查火花塞。

知识准备

(一) 火花塞结构

　　火花塞连接在点火线圈次级绕组末端,它主要由陶瓷绝缘体、接线螺杆、接线螺母、中心电极、侧电极等组成,如图 4-29 所示。钢质的火花塞壳体内部固定有陶瓷绝缘体,绝缘体中心孔上部有金属接线螺杆,接线螺杆上端有接线螺母,用来接高压导线;绝缘体下部有中心电极(见图 4-29)。

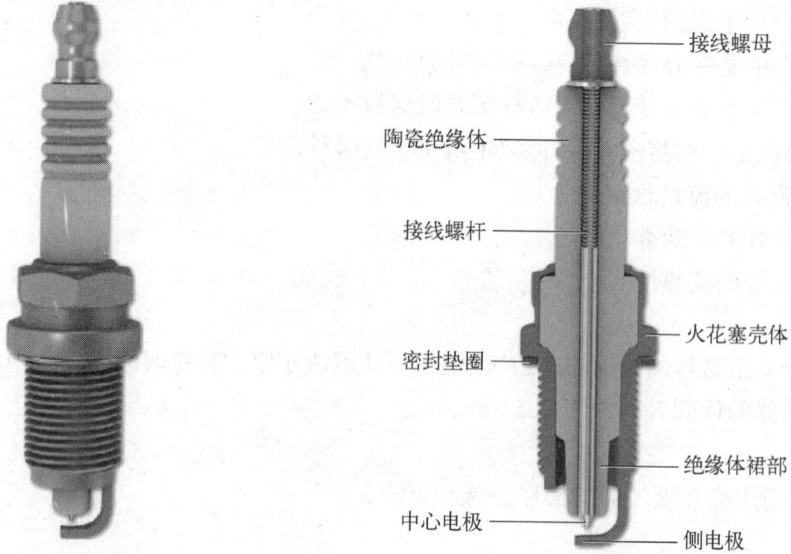

图 4 - 29　火 花 塞 结 构

（二）火花塞功用

　　火花塞的功用是将点火线圈产生的脉冲高电压引入燃烧室,并在其两电极之间产生电火花,以点燃可燃混合气。

（三）火花塞常见故障

　　正常情况下,火花塞绝缘体端部呈浅褐(灰)色,表面没有燃油或机油沉积物,说明热值正确且点火正常。

　　发动机运转过程中,火花塞除了承受大的电负荷外,还与高温、高压燃气直接接触,且受到燃烧产物的强烈腐蚀。因此,火花塞是故障率较高、较易损坏的部件。它常见的故障有以下几种:

　　1. 积碳

　　现象:火花塞上有松软、乌黑的沉积物,表明有积碳(见图 4 - 30)。

　　原因:

　　(1)可燃混合气比例不正确、空气滤清器堵塞等造成的混合气过浓。

　　(2)发动机温度过低,燃烧不完全。

　　(3)燃油质量太低或变质,燃烧不正常。

　　(4)火花塞太冷、热值太低。

图 4 - 30　积碳现象

　　后果:碳的沉积物是可以导电的,可能造成火花塞失火。

　　2. 机油油污

　　现象:火花塞电极和内部出现油性沉积物,表明机油进入燃烧室内(见图 4 - 31)。

　　原因:个别火花塞上有油性沉积物,可能是气门杆油封损坏造成的。各个缸体的火花塞都粘有这种沉积物,则说明气缸蹿油。空气滤清器和通风装置堵塞,气缸易出现蹿油。

后果:机油沉积物覆盖火花塞会使火花塞无法通过间隙跳火,而是通过机油从更短的路径跳火到侧电极。

图4-31 机油油污现象

图4-32 积灰现象

3. 积灰

现象:火花塞中心电极及侧电极表面覆盖的浅褐色沉积物(见图4-32)。

原因:积灰是由于过多的机油添加剂引起的。积灰若出现在火花塞半边,说明发动机上部磨损严重。积灰包围电极,说明发动机下部磨损严重。

后果:积灰可引起自点火,造成功率损失或损坏发动机。

4. 绝缘体顶端破裂

现象:绝缘体顶端破裂,如图4-33所示。

原因:爆震燃烧是绝缘体破裂的主要原因。点火时刻过早,汽油辛烷值低、燃烧室内温度过高都可能导致发动机爆震燃烧。

后果:相同的振动也会损坏其他发动机零部件,如活塞和气门。

图4-33 绝缘体顶端破裂

图4-34 瓷件大头爬电

5. 瓷件大头爬电

现象:绝缘体上出现垂直于铁壳方向黑色燃烧痕迹,如图4-34所示。

原因:由于安装不好或火花塞连接线套老化,导致点火高压沿着瓷体外部接地。

后果:导致发动机失火。

因此,检修火花塞对于判断发动机运转情况显得尤为必要,其主要检修内容包括检查电火花、检查火花塞电极、检查火花塞电极间隙(中心电极和侧电极的空气间隙)。

笔记

任务实施

（一）实施路径

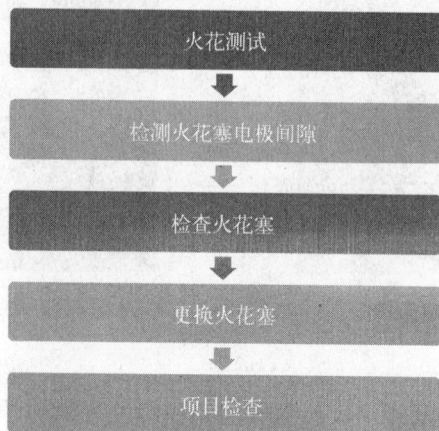

火花测试

检测火花塞电极间隙

检查火花塞

更换火花塞

项目检查

（二）实施方案

（1）质量要求：参照厂家的质量标准要求。

（2）组织方式：学生自由组合，每4～6位同学为一组。

（3）生产准备，每组配备的工具及设备：

① 场地，装有废气抽排系统和消防设施的实训维修车间；

② 卡罗拉轿车、尾气分析仪、底盘测功机、常用工具一套。

（4）实训作业要求：按企业安全文明生产规范进行操作。

（三）实施步骤

1. 尾气分析

为了更好地反应火花塞对汽车排放的影响，我们特地准备了一辆火花塞出现故障，而其他状况均良好的卡罗拉轿车进行尾气分析。

（1）按照 ASM 操作规程，登记车辆信息，做好车辆和试验设备以及试验的准备工作。

（2）开始进入测试程序，分别进行 AMS5025、AMS2540 工况下的尾气分析：

① 车辆加速至 25 km/h；

② 稳定车速在 25±1.5 km/h，等速 5 s 后，检测开始；

③ 系统开始预置 10 s 之后开始快速检查工况；

④ 控制系统开始记录分析仪读数，持续 10 s 取平均值；

⑤ 继续运行至 90 s 完成 ASM5025 工况；

⑥ 同样的方法进行 AMS2540 工况下的尾气分析。

（3）将读取到的数值与排放限值进行比较分析（只摘取了部分检测数据），如表 4 - 5 所示。

表 4-5　测试数据与排放限值的比较

时间序号	速度[km/h]	功率[kW]	HC[10^{-6}]	CO[%]	NO[10^{-6}]	转速[r/min]
1	23.59	10.82	440	0.79	34	4 293
2	23.75	10.88	393	0.77	33	4 305
3	24.02	11.02	311	0.61	33	4 312
4	24.08	11.05	289	0.69	38	4 310
5	24.36	11.20	203	1.40	26	4 322
6	24.42	11.22	190	1.41	21	4 370
7	24.46	11.22	182	1.42	22	4 370
8	24.63	11.31	127	1.43	20	4 337
9	24.75	11.36	101	1.61	15	4 355
10	24.87	11.42	88	1.58	15	4 383
11	24.73	11.35	80	1.59	15	4 375
12	24.89	11.43	78	1.59	14	4 375
13	24.93	11.44	77	1.59	15	4 411
14	24.99	11.48	77	1.59	15	4 406
15	25.10	11.53	76	1.60	15	4 411
16	25.26	11.60	68	1.68	14	4 414
17	25.08	11.53	62	1.66	14	4 401
18	24.77	11.38	61	1.67	15	4 342
	HC[10^{-6}]	CO[%]	NO[10^{-6}]			
5025 测量值	105	1.62	15			
5025 限值	160	0.90	1 200			
5025 结果判定	合格	不合格	合格			

将表 4-5 与表 2-2 进行对比可以看出,当火花塞出现故障时,CH 化合物和 CO 的排放量较正常时均超出很多,且 CO 超出限值。由此可以证明,火花塞出现故障对排放是有影响的。

2. 检查火花塞

1) 火花测试

(1) 如图 4-35 所示,断开点火线圈线束连接器,从气缸盖上拆下点火线圈。

(2) 如图 4-36 所示,使用火花塞套筒扳手拆下火花塞,将火花塞安装至点火线圈。

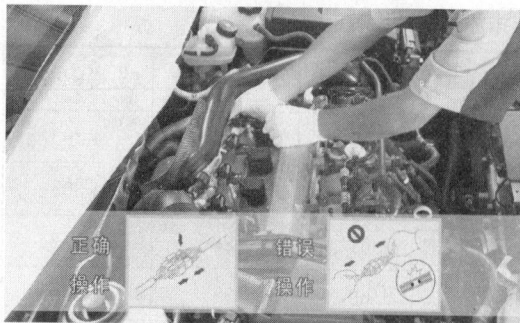

图 4-35　拆下点火线圈

图 4-36　将火花塞安装至点火线圈

注意事项

✧ 拆卸火花塞之前,要检查火花塞套筒橡胶是否损坏。

✧ 火花塞套筒必须与火花塞中心对正。

(3) 断开 4 个喷油器连接器。

(4) 如图 4-37 所示,将火花塞总成放在气缸盖上。

(5) 起动发动机但持续时间不超过 2 秒钟,并检查火花。

正常状态下,电极间隙间跳火。

注意事项

✧ 不要使发动机起动超过 2 秒钟。

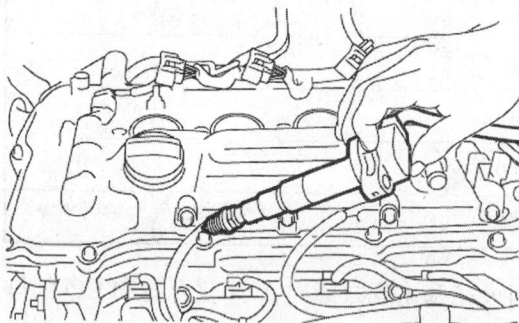

图 4-37　将火花塞总成放在气缸盖上

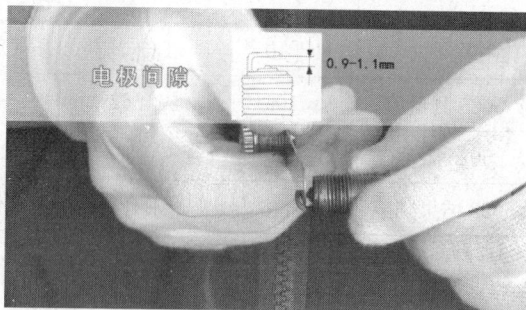

图 4-38　测量火花塞电极间隙

2) 检测火花塞电极间隙

(1) 拆下点火线圈和火花塞。

(2) 如图 4-38 所示,使用塞尺测量火花塞电极间隙,记录检测数据并与标准数据进行比对:

检 查 内 容	标 准 状 态
火花塞电极间隙	1.0~1.1 mm

注意事项

◇ 如果电极间隙大于标准值,更换火花塞,不要调整电极间隙。

3) 检查火花塞外观

(1) 如图 4-39 所示,目视检查点火线圈与火花塞套接处是否生锈、烧蚀或损坏。

(2) 如图 4-40 所示,检查点火线圈连接器是否变形、损坏或锈蚀。

图 4-39　检查是否生锈、烧蚀或损坏

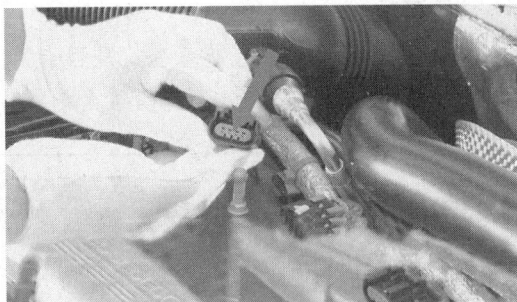

图 4-40　检查是否变形、损坏或锈蚀

(3) 如图 4-41 所示,检查火花塞螺纹是否完好,陶瓷是否有裂纹。

(4) 如图 4-42 所示,检查火花塞与点火线圈套接部位是否锈蚀或烧蚀。

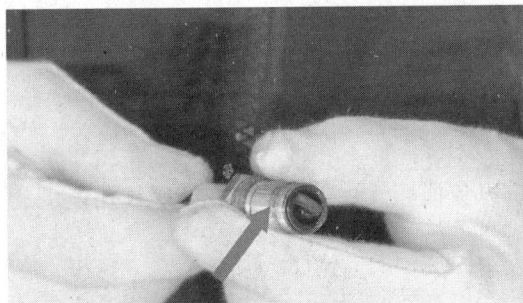

图 4-41　检查螺纹是否完好

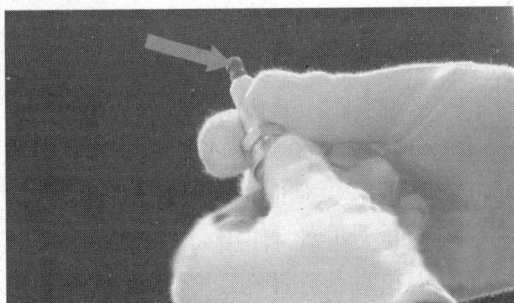

图 4-42　检查火花塞与点火线圈套接部位

(5) 如图 4-43 所示,检查火花塞电极状况是否正常。

若火花塞电极部分的颜色不正常,则根据厂家规定里程进行清洁或更换。

若火花塞烧蚀严重,则必须更换火花塞。

4) 更换火花塞

(1) 根据原厂规定或相应的火花塞对应表,确定火花塞型号。

(2) 如图 4-44 所示,使用火花塞套筒扳手安装火花塞。

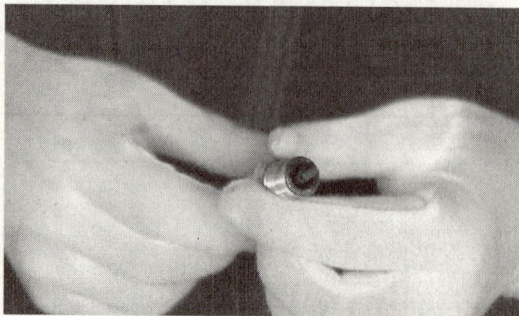

图 4-43　检查火花塞电极状况

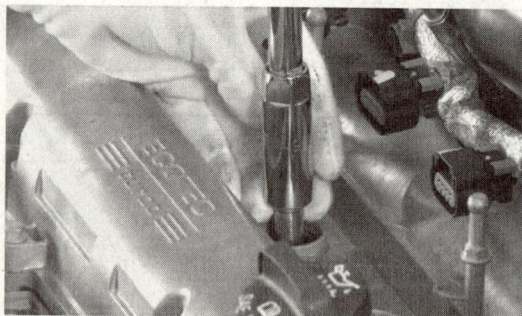

图 4-44　安装火花塞

火花塞安装扭矩：20 N·m。

注意事项

◇ 安装前检查火花塞套筒是否卡紧火花塞。

◇ 放入火花塞时，不能磕碰火花塞孔壁。

（3）安装点火线圈。

项目检查

维修完成后，检验维修质量，并进行车辆最终检查，清洁、整理工量具，清洁、整理场地。路试检查发动机是否正常运转、车辆驾驶是否正常。

学习小结

（1）本活动知识重点：

➤ 熟悉火花塞的结构；

➤ 了解火花塞的功用及常见故障。

（2）本活动技术要点：

➤ 禁止在发动机处于热状态时拆卸火花塞，以免损坏气缸盖上的火花塞螺纹孔；

➤ 拆装火花塞时使用火花塞专用套筒扳手；

➤ 火花塞不是固紧螺丝，不需要十分用力拧紧；

➤ 清洁火花塞时不要使用钢丝刷；

➤ 不要调整旧火花塞的电极间隙；

➤ 火花塞电极间隙标准：

检 查 内 容	标 准 状 态
旧火花塞电极间隙	1.3 mm（最大）
新火花塞电极间隙	1.0～1.1 mm

课堂练习

一、填空题

1. 火花塞的常见故障有：_____。

2. 火花塞的电极间隙指的是_____和_____之间的间隙。

二、单选题

1. 单独点火的配电方式中，一个点火线圈供几个火花塞点火？（   ）。

A. 1   B. 2   C. 3   D. 4

2. 以卡罗拉为例，火花塞电极间隙的规定状态为（   ）。

A. 0.1～1.1 mm   B. 0.1～1.5 mm

C. 1.0～1.1 mm   D. 1.0～1.5 mm

三、判断题

1. 以卡罗拉为例，进行火花塞火花测试时，起动发动机不能超过2分钟。（   ）

2. 以卡罗拉为例，若电极间隙检测值大于标准值，则需调整电极间隙。（   ）

3. 火花塞间隙过小，高压火花变弱。（   ）

四、简答题

检查火花塞外观的主要内容有哪些？

任务六　检查可变气门正时机构

任务描述

一辆丰田卡罗拉轿车，行驶过程中故障灯点亮，油耗增加，排放超标。经检查，进气凸轮轴机油控制阀故障，更换后上述故障现象消失。

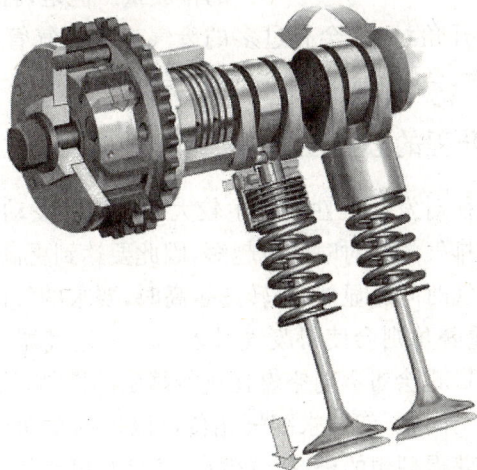

笔记

知识准备

（一）配气正时的概念

当发动机转速较高时,进气行程和排气行程对应的时间较短(如当发动机转速为 5 600 r/min 时,进气行程和排气行程持续的时间只有 0.005 4 s),在这样短的时间内进气和排气,往往会使发动机充气不足或排气不净,从而使发动机功率下降。因此,现代发动机都采取延长进、排气时间的方法。即进气门在进气行程上止点前就打开,而在进气行程下止点之后才关闭;排气门在排气行程下止点就打开,而在排气行程上止点之后才关闭,如图 4-45 所示。一般汽油机进气门早开角为 10°～15°,晚关角为 40°～60°;汽油机排气门早开角为 45°～60°,晚关角为 5°～20°。

进气门早开的目的:为了保证进气行程开始时进气门已开大,新鲜气体能顺利地冲入气缸;进气门晚关的目的:当活塞到达下止点时,气缸内压力仍低于大气压,仍可利用气流惯性和压力差继续进气。

排气门早开的目的:在做功行程末期开启排气门,可利用气缸内的低压的将废气迅速排出;排气门晚关的目的:在排气上止点时,排气的压力仍高于大气压,另外排气流有一定的惯性,所以排气门晚关一些,可以使废气排放得更干净。

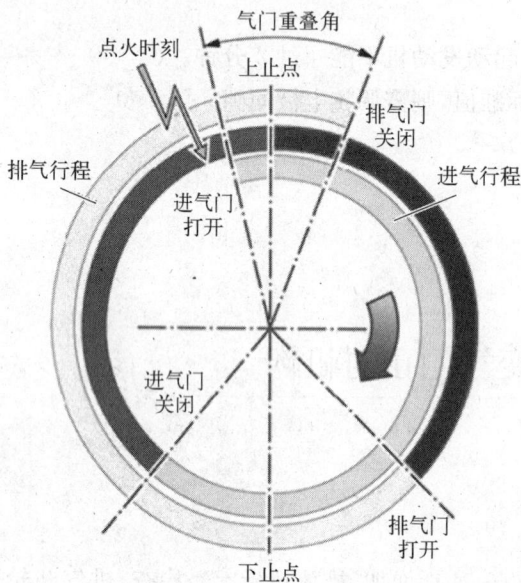

图 4-45　配气相位图

由于排气门的晚关和进气门的早开,在排气上止点附近出现了"气门重叠角",即此时排气门和进气门同时开启。合理利用气门重叠角,可实现缸内废气再循环,以减小 NO_x 的排放量。但是,若气门重叠角过大,也会产生不良影响。如进气门早开角过大,会有过多的废气进入进气管,减小了新鲜空气的进气量;如果排气门晚关角过大,会有大量新鲜空气随废气一起排出。

（二）可变配气正时和升程的必要性

气门重叠角的大小往往对发动机性能产生较大的影响。发动机转速越高,每个气缸一个工作循环内留给吸气和排气的绝对时间也越短,因此要达到更高的充气和排气效率,就需要延长发动机的进气和排气时间。显然,当转速越高时,要求的气门重叠角度越大。但在低转速工况下,过大的气门重叠角则会使得废气过多的泻入进气端,吸气量反而会下降,气缸内气流也会紊乱,此时 ECU 也会难以对空燃比进行精确的控制,从而导致怠速不稳,低速扭矩偏低。所以为了解决这个问题,就要求配气相位可以根据发动机转速和工况的不同进行调节,使高、低转速下都能获得理想的进、排气效率,这就是可变气门正时技术开发的初衷。

从原理上可以看出,可变气门正时只是增加或减少了气门的开启时间,并没有改变单位时间的进气量,因此对于发动机的动力性的帮助并不显著。若气门升程可以随时间改变的话,就可以显著提升发动机在各个转速的动力性能。可变气门升程可以使发动机在不同的转速提供不同的气门升程,低转速时使用较小的气门升程,有利于缸内气流的合理混合,增加发动机的低速输出扭矩;在高速时使用较大的升程,可以提高发动机的进气量,从而提高功率输出。

(三) 可变气门技术的常见类型

1. 可变气门技术实现的途径

可变气门技术包括可变配气正时控制(VVT-Variable Valve Timing)和可变气门升程控制(VVL-Variable Valve Lift)两个内容。不同公司、不同发动机上实现可变正时和升程采用的技术途径有很大的不同,图4-46展示了目前可变气门技术可实现的途径,主要有两大类技术途径:一类是基于凸轮轴的可变气门机构,另一类是基于无凸轮轴的可变气门机构。前者是在现有进、排气凸轮轴的基础上进行可变气门机构的设计,主要有可变凸轮型线、可变凸轮从动件及可变凸轮轴相位三种形式;后者取消了现有进排气凸轮轴的结构,采用电气式、电磁式或者电液式驱动机构直接驱动进、排气门。

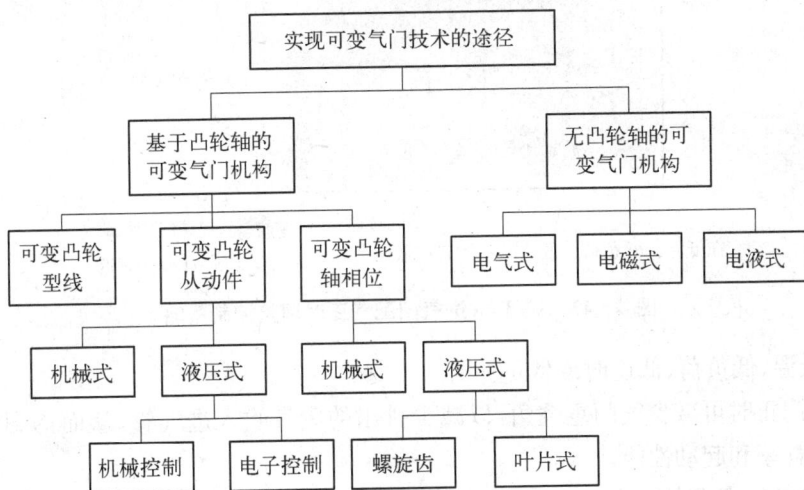

图4-46 可变正时技术实现的技术途径

2. 常见可变气门技术的类型及英文缩写

VVT-i:Variable Valve Timing-intelligent,丰田公司开发的"智能可变气门正时控制系统"。

VVTL-i:Variable Valve Timing & Lift Intelligent,本田公司开发的"智能可变气门正时和升程控制系统"。

VTEC:Variable Valve Timing and Lift Electronic Control,本田公司开发出的"可变气门正时和升程电子控制系统"。

i-VTEC:Intelligent Variable Valve Timing and Lift Electronic Control,本田公司开

笔记

发的"智能可变气门正时和升程电子控制系统"。

（四）丰田 VVT-i 智能可变气门正时控制系统结构与工作原理

1. 控制策略

VVT-i 是丰田公司开发的智能可变气门正时控制系统,丰田 VVT-i 控制系统可对进气门配气正时进行连续调整(如丰田威驰轿车上采用)。如果在进、排气凸轮轴上同时应用 VVT-i 技术,就是所谓的 Dual VVT-i,丰田卡罗拉、雷克萨斯、凯美瑞、锐志等轿车就是采用了 Dual VVT-i 技术。

发动机工作在不同的工况时,对配气正时的要求不同。丰田 VVT-i 控制系统按照图 4-47 所示控制策略进行进气门正时的动态调整。

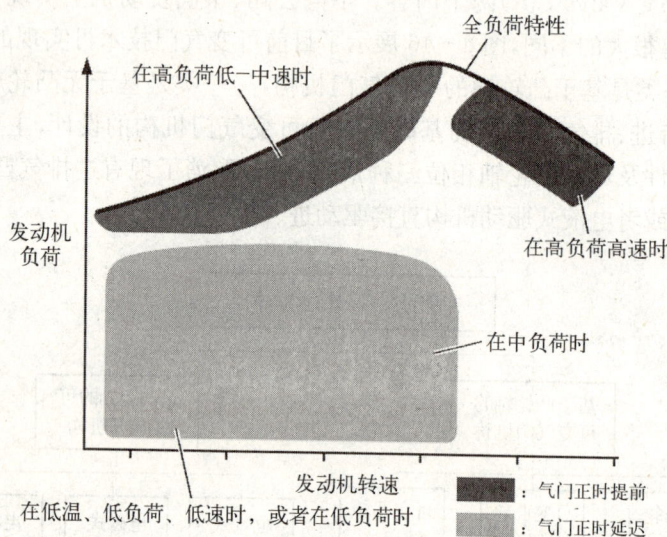

图 4-47　VVT-i 进气门配气正时调整控制策略

1) 在低温、低负荷、低速时或低负荷时

延迟气门正时可减少气门重叠角,以减少排出的废气吹入进气管,从而达到稳定怠速、提高燃料消耗率和起动性能。

2) 在中等负荷或高负荷中低速时

提前气门正时可增加气门重叠角,以增加缸内 EGR 效果和降低充气损失,从而改善了排放控制和燃料消耗率。此外,同时提前进气门的关闭时间可减少进气被逆吹回进气侧,改善了容积效率。

3) 在大负荷、高速时

高速时进气流惯性增加,延迟气门正时可充分利用惯性进气,增加进气量,满足大负荷时对功率的需求。

2. 系统结构与组成

丰田 VVT-i 控制系统主要零部件在车上的布置如图 4-48 所示。

如图 4-49 所示,丰田 VVT-i 控制系统由曲轴位置传感器、空气流量传感器、节气门

笔记

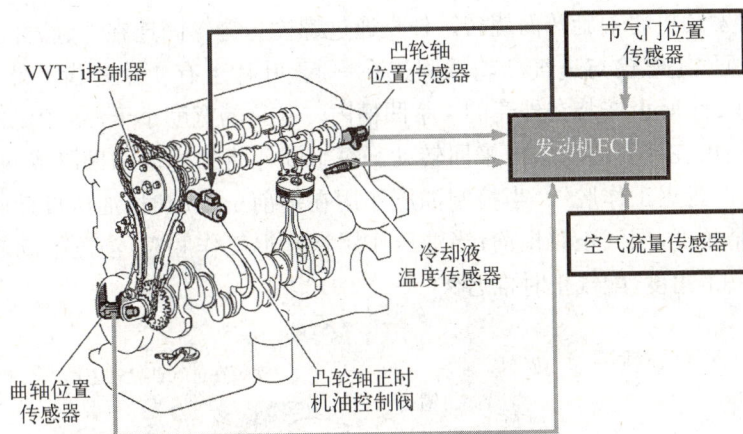

图4-48 VVT-i控制系统主要零部件

位置传感器、冷却液温度传感器、车速信号、凸轮轴位置传感器、ECM、凸轮轴正时机油控制阀及VVT-i控制器等组成。

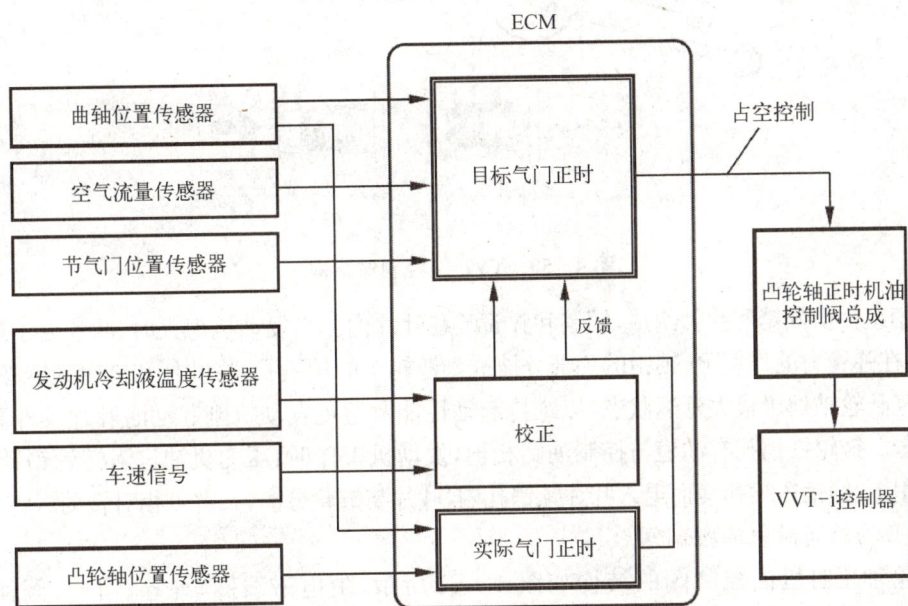

图4-49 VVT-i控制系统组成

  ECM根据曲轴位置传感器、空气流量传感器、节气门位置传感器确定当前工况下的目标气门正时,然后再根据冷却液温度信号、车速信号对目标气门正时进行修正。ECM根据目标配气正时向凸轮轴正时机油控制阀发出占空比控制信号,凸轮轴正时机油控制阀控制油路的流通方向,VVT-i控制器根据油路的方向使气门正时提前或者滞后。

  ECM根据曲轴位置传感器和凸轮轴位置传感器检测实际的气门正时,并将目标气门正时与实际的气门正时进行比较,然后进行闭环位置反馈控制,以确保气门正时控制的精确性。

  3. VVT-i控制器

  VVT-i控制器结构如图4-50所示,它由叶片、链轮、外壳、锁销等组成。链轮由正时链条驱动,随着发动机曲轴旋转而旋转。外壳通过螺栓与链轮固连在一起,并随链轮转动而转动。叶片通过固定螺栓与进气凸轮轴固连在一起,叶片上有 4 个叶齿。外壳内加工有 4 个凹槽,叶片的 4 个叶齿嵌装在外壳的 4 个凹槽内。叶片的宽度小于外壳内凹槽的宽度,叶片与外壳装配后可在外壳的凹槽内来回转动。每个叶片将外壳内凹槽隔成两个工作腔,即"提前工作腔"和"延迟工作腔"。当控制油压作用在提前工作腔时,油压推动叶片向链轮旋转方向转动一个角度,配气正时提前;当油压作用在延迟工作腔时,油压推动叶片向链轮旋转反方向转动一个角度,配气正时推迟。

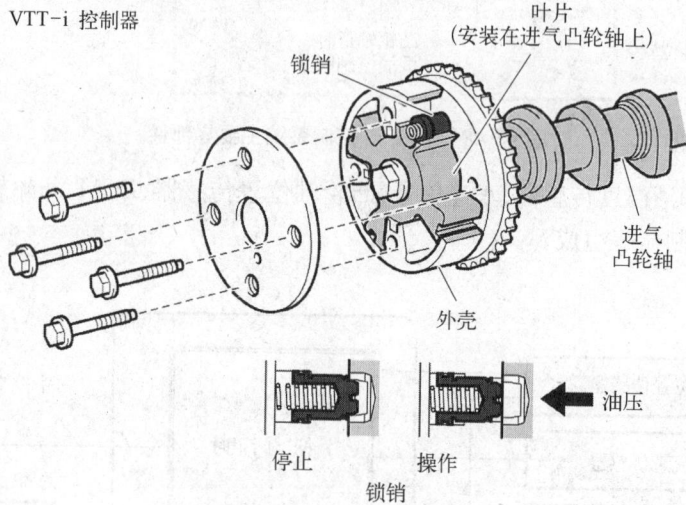

图 4 - 50　VVT - i 控制器结构

锁销组件由锁销和弹簧组成,锁销和弹簧装在叶片内。当发动机熄火时,叶片处于最大延迟位置,在弹簧力的作用下,锁销的一部分被推入链轮上的锁销孔,将叶片和链轮锁定在一起,保证进气凸轮轴处于最大延迟状态,以维持起动性能及避免发动机刚起动时叶片及外壳之间发生撞击。链轮锁销孔有油道与控制油路相连,发动机工作时,压力机油进入链轮锁销孔,在油压作用下,锁销压缩弹簧而退入叶片锁销孔内,叶片与链轮分离,二者可相对转动。

4. 凸轮轴正时机油控制阀

凸轮轴正时机油控制阀的结构如图 4 - 51 所示,由电磁线圈、柱塞、滑阀、阀体等组成。凸轮轴正时机油控制阀的作用是根据发动机 ECM 的控制信号控制滑阀位置,从而控

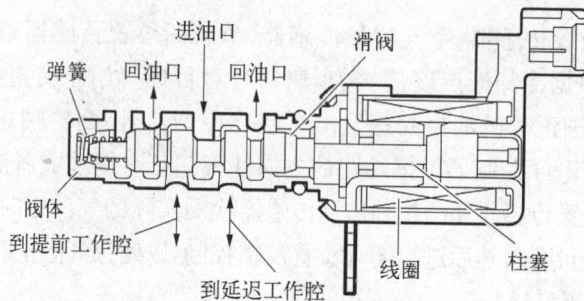

图 4 - 51　凸轮轴正时机油控制阀

制油流是通往 VVT-i 控制器提前工作腔还是延迟工作腔,并控制油流的流量。控制阀上有一个来自机油泵的进油口、两个回油口、两个出油口(一个到提前工作腔,另一个到延迟工作腔)。

　　发动机熄火时,滑阀在弹簧力作用下处于最右端。此时,进油口与延迟工作腔油路相通,左侧回油口与提前工作腔油路相通;发动机工作时,电磁线圈通电,滑阀向左侧移动,延迟工作腔油路与右侧回油口相通,进油口与提前工作腔油路相通。滑阀的移动量取决于ECU 发出的占空比指令,占空比越大,滑阀向左移动量也越大,进入提前腔的油压也越大,配气正时提前角也越大。

　　5. 工作过程

　　1) 配气正时提前

　　如图 4-52 所示,当凸轮轴正时机油控制阀的控制信号占空比大于 50% 时,滑阀向左移动量大,油压作用在叶片提前工作腔,油压推动叶片向配气正时提前方向转动(链轮旋转方向)。

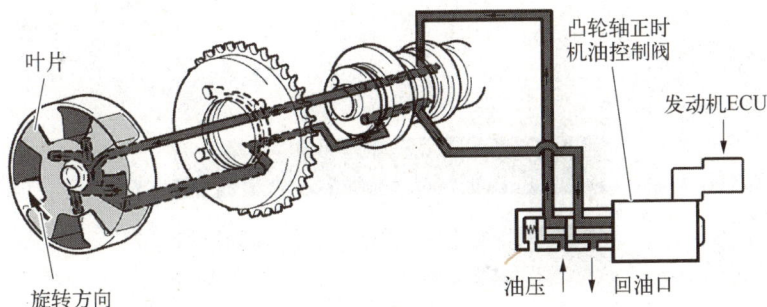

图 4-52　配气正时提前

　　2) 配气正时延迟

　　如图 4-53 所示,当凸轮轴正时机油控制阀的控制信号占空比小于 50% 时,滑阀向左移动量小,油压作用在叶片延迟工作腔,油压推动叶片向配气正时延迟方向转动(链轮转动反方向)。

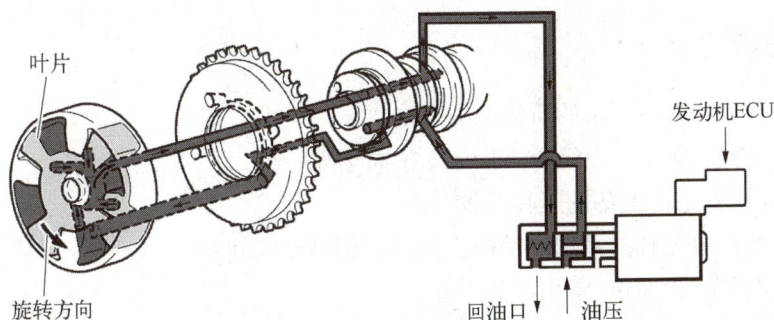

图 4-53　配气正时延迟

　　3) 保持

　　如图 4-54 所示,当凸轮轴正时机油控制阀的控制信号占空比等于 50% 时,滑阀位于中间位置并同时关闭提前工作腔和延迟工作腔的油路,提前工作腔和延迟工作腔油压相等,此时叶片保持在目前的位置不动,配气正时不再变化。

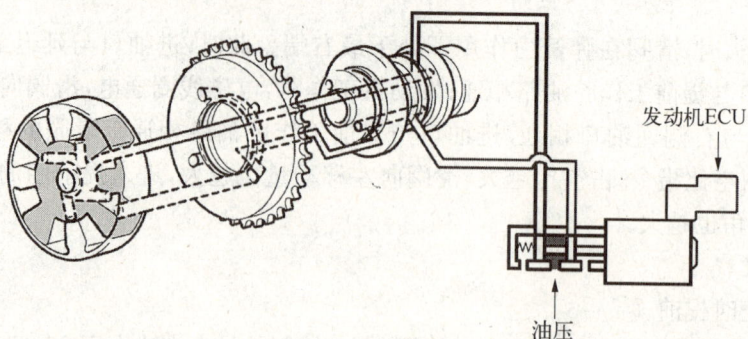

图 4-54　配气正时不变

任务实施

(一) 实施路径

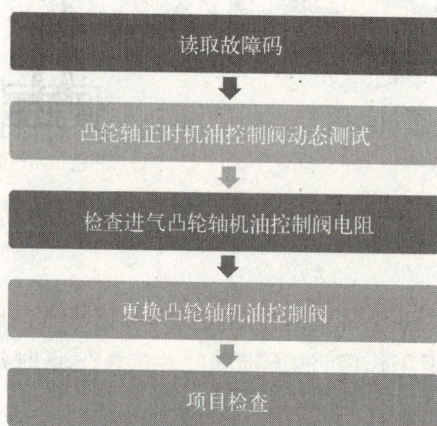

(二) 实施方案

(1) 质量要求:参照厂家的质量标准要求。

(2) 组织方式:学生自由组合,每 4~6 位同学为一组。

(3) 生产准备,每组配备的工具及设备:

① 场地,装有废气抽排系统和消防设施的实训维修车间;

② 卡罗拉轿车、诊断仪、常用工具一套。

(4) 实训作业要求:按照企业安全文明生产规范进行操作。

(三) 实施步骤

故障诊断与排除实施步骤如下:

（1）读取故障码,检测到故障码为 P0010（进气凸轮轴机油控制阀故障）。

（2）用 IT‑II 故障诊断仪连接发动机诊断接口 DLC3。

（3）起动发动机,打开诊断仪。

（4）选择以下菜单项：Powertrain/Engine and ECT/Active Test/Control the VVT System（Bank1）。

（5）进行凸轮轴正时机油控制阀动态测试时,冷却液温度应为 50℃或者更低,开启空调系统。

（6）机油控制阀打开时,发动机怠速无变化。说明进气凸轮轴机油控制阀故障。

（7）检查进气凸轮轴机油控制阀电阻,发现电阻为无穷大。

（8）更换进气凸轮轴机油控制阀,上述故障消失。

项目检查

维修完成后,检验维修质量,并进行车辆最终检查,清洁、整理工量具,清洁、整理场地。

路试检查发动机是否正常运转、车辆驾驶是否正常。

学习小结

（1）目前可变气门技术可实现的途径,主要有两大类技术途径：一类是基于凸轮轴的可变气门机构,另一类是基于无凸轮轴的可变气门机构。

（2）可变配气正时控制和升程控制可有效改善发动机的动力性、经济性及排放性。

课堂练习

一、填空题

1. 发动机转速越高,要求的气门重叠角_____。

2. 常见的可变气门正时技术有：_____。

3. 可变气门技术包括：_____、_____两个内容。

4. 基于凸轮轴的可变正时机构,主要有_____、_____及_____可变凸轮轴相位三种形式。

5. 凸轮轴正时机油控制阀上有两个出油口,分别到：_____、_____。

二、选择题

下面关于配气正时的说法,错误的是（　　）。

A. 一般汽油机进气门早开角为 10°～15°,晚关角为 40°～60°

B. 一般汽油机排气门早开角为 45°～60°,晚关角为 5°～20°

C. 气门重叠角越大越好

三、判断题

1. 发动机转速越高,每个气缸一个工作循环内留给吸气和排气的绝对时间越长。（　　）

2. 可变气门正时不仅可以增加或减少气门的开启时间,还可以改变单位时间的进气量。（　　）

3. 在低温、低负荷时,延迟气门正时可减少气门重叠角。（　　）

4. 当凸轮轴正时机油控制阀的控制信号占空比小于50％时,滑阀向左移动量大。
( )

四、简答题

叙述丰田VVT-i可变气门正时控制技术的控制策略。

项目五

机械方面原因对排放的影响

项目导入

　　维修车间接待一辆 05 年产 Corolla1.6AT 故障车,行驶里程 8.5 万 km。用户反映车辆行驶时,发动机排气管冒黑烟,车辆动力性能下降。经 4S 店维修人员诊断,发现故障是由于发动机机械方面技术状况不良造成的。请根据故障现象检查并维修该车。

学习目标

1. 知识与技能目标
- 认知节气门的功用及类型;
- 根据工艺标准对节气门体进行清洁和更换;
- 了解气缸体损伤的形式及原因;
- 认知气缸体组成及其功用;
- 知道影响气缸压缩压力过低的因素;
- 根据工艺标准进行气缸压缩压力检查作业;
- 掌握检查排气管泄漏情况的方法。

2. 职业素养目标
- 养成耐心细致的工作作风和严谨务实、严肃认真的工作态度;
- 通过体验团队协作的力量,培养团队合作的意识;
- 树立安全操作意识;
- 培养动手能力、工艺分析能力和创新能力。

建议学时:___7___课时

项目分析

　　发动机排气冒黑烟是发动机的一个常见故障。如果出现车辆运转(起动或加速)时,发动机冒黑烟的故障,我们应该先从发动机气缸内的燃烧物质进行分析。

如果燃料完全燃烧：$C_xH_y + O_2 \longrightarrow CO_2 + H_2O$，$CO_2$ 和 H_2O 都是无色无味的，在正常的燃烧情况下，是不会有黑烟出现的。如果发动机不完全燃烧，油多气少，混合气过浓：$C_xH_y + O_2 \longrightarrow CO_2 + H_2O + PM$，PM 代表的是颗粒性物质，也就是我们看到的黑烟。

前面我们已经分析了传感器与执行器的技术状况对排放的影响，除此之外，我们还要考虑机械系统方面的故障对排放造成的影响。下面我们将归纳节气门体、气缸压缩力以及排气管等对排放的影响。

电子节气门体根据来自油门踏板的位置提出了对发动机的扭矩需求，然后 ECU 根据这个需求换算成以节气门体的开度要求为表现形式的空气进气量的要求；最后配之以为达到最佳燃烧效果的燃油供油量，达到最佳的动力性、经济性和排放。如果电子节气门出现故障，则发动机不能获得最佳的空燃比，势必影响燃烧效果，进而影响排放。

气缸压力不均匀，对 NO_x 的排放有很大影响，气缸压力高时，NO_x 排放量也大；气缸压力低时，CO 和 HC 的排放量将增加。

排气管泄漏同样也会对排放造成影响，因为排气管若出现泄漏，则三元催化器的转化效率将明显降低，排放将加重。

本次项目主要任务：

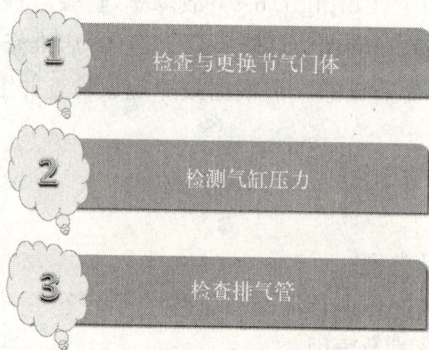

1 检查与更换节气门体

2 检测气缸压力

3 检查排气管

任务一　检查与更换节气门体

任务描述

一辆卡罗拉轿车，在行驶过程中排放黑烟严重，送 4S 店检修，怀疑是节气门体出现了问题，现需要对节气门体进行检测以确定故障所在，请你对该车的节气门体进行检查与更换。

知识准备

（一）节气门体总成安装位置

丰田卡罗拉轿车节气门体总成安装在发动机进气歧管与空气滤清器盖分总成之间，其上连接有线束插头和两条水软管,如图5-1所示。

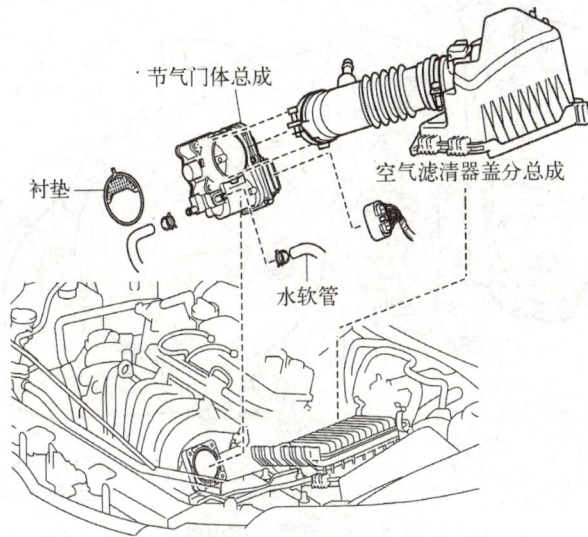

图5-1　节气门体总成安装位置

(二) 节气门体的作用

　　节气门是用来控制空气进入发动机的一道可控阀门,丰田卡罗拉轿车采用的是电子节气门,使节气门开度得到精确控制,不但可以提高燃油经济性,减少排放,同时,系统响应迅速,可获得满意的操控性能;另一方面,可实现怠速控制、巡航控制和车辆稳定控制等集成。

(三) 电子节气门控制系统组成与控制原理

　　如图5-2所示,电子节气门控制系统由加速踏板位置传感器、节气门位置传感器、其他相关传感器、发动机ECU、节气门控制电机、减速机构、节气门、节气门回位弹簧(包括主回位弹簧、副回位弹簧)及故障指示灯等组成。

　　其中,节气门、节气门回位弹簧、节气门位置传感器、节气门控制电机集中安装在一个部件上,称为"节气门体",如图5-3和图5-4所示。

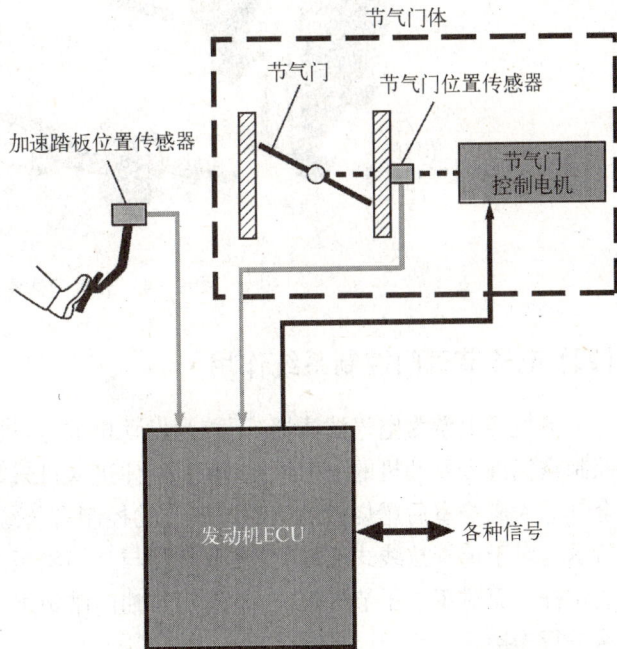

图5-2　电子节气门控制系统结构原理

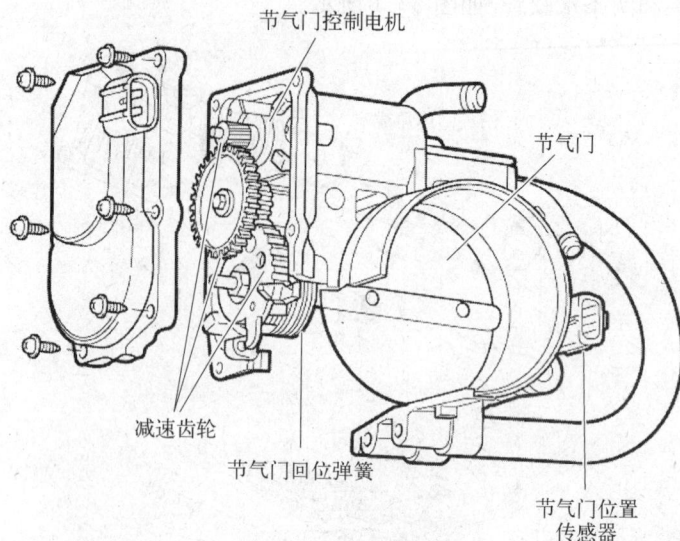

图 5‑3 节气门体组件

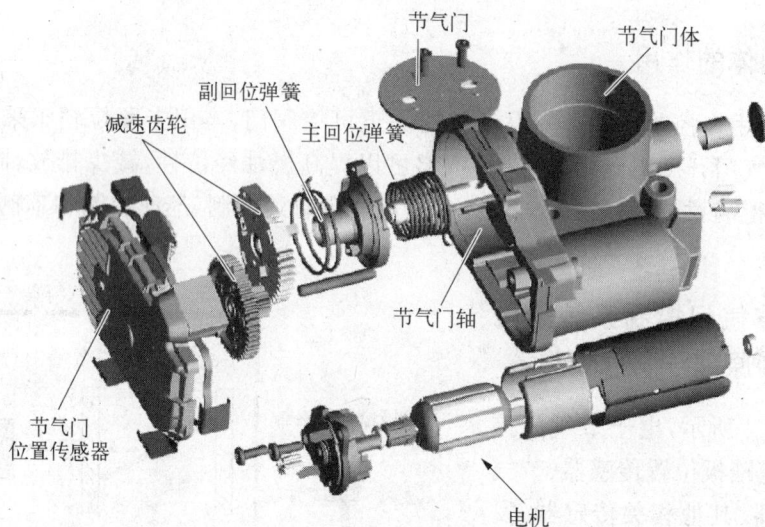

图 5‑4 节气门体零部件

（四）电子节气门控制系统作用

　　节气门上游为空气滤清器，下游为发动机缸体，被称为"汽车发动机的咽喉"。节气门是控制空气进入发动机的一道可控阀门，气体进入进气歧管后会和汽油混合成可燃混合气，混合气进入燃烧室后燃烧做功。对节气门的控制有传统拉线式和电子节气门两种，如图 5‑5 所示。对于传统拉线式节气门，在节气门与油门踏板之间有机械连接，一般是拉索（软钢丝）或拉杆。而对于电子节气门，在节气门与油门踏板之间没有机械连接，二者之间通过控制线路进行连接。

<<<<

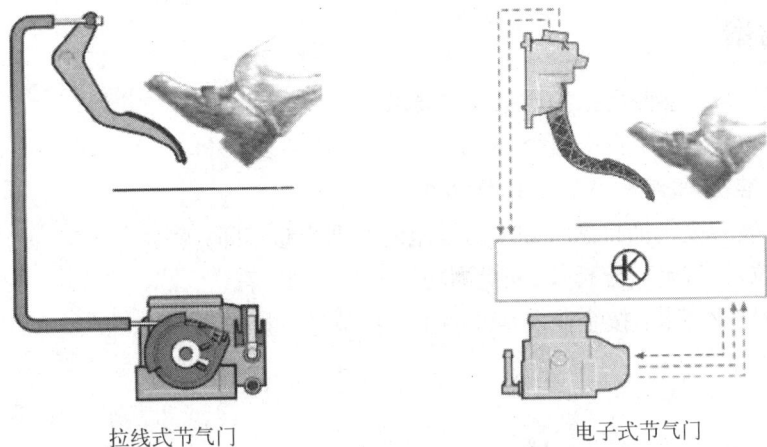

拉线式节气门 　　　　　　　电子式节气门

图 5-5　节气门控制的两种形式

(五) 节气门清洗剂

节气门清洗剂是专门针对汽车节气门用的清洗、保养产品,如图 5-6 所示。

图 5-6　节气门清洗剂

任务实施

(一) 实施路径

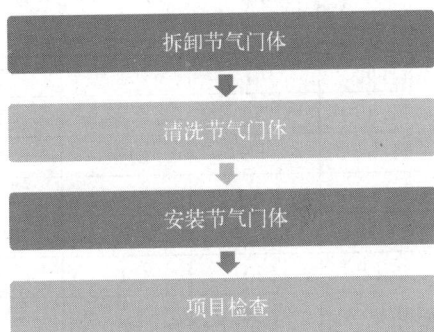

拆卸节气门体

清洗节气门体

安装节气门体

项目检查

（二）实施方案

（1）质量要求：参照厂家的质量标准要求。

（2）组织方式：学生自由组合，每4～6位同学为一组。

（3）生产准备，每组配备的工具及设备：

① 场地，装有废气抽排系统和消防设施的实训维修车间；

② 卡罗拉轿车、尾气分析仪、底盘测功机、常用工具等。

（4）实训作业要求：按企业安全文明生产规范进行操作。

（三）实施步骤

1. 尾气分析

为了更好地反应节气门体对汽车排放的影响，我们特地准备了一辆节气门体出现故障，而其他状况均良好的卡罗拉轿车进行尾气分析。

（1）按照 ASM 操作规程，登记车辆信息，做好车辆和试验设备以及试验的准备工作。

（2）开始进入测试程序，分别进行 AMS5025、AMS2540 工况下的尾气分析：

① 车辆加速至 25 km/h；

② 稳定车速在 25±1.5 km/h，等速 5 s 后，检测开始；

③ 系统开始预置 10 s 之后开始快速检查工况；

④ 控制系统开始记录分析仪读数，持续 10 s 取平均值；

⑤ 继续运行至 90 s 完成 ASM5025 工况；

⑥ 同样的方法进行 AMS2540 工况下的尾气分析。

（3）将读取到的数值与排放限值进行比较分析（只摘取了部分检测数据），如表 5-1 所示。

表 5-1　测试数据与排放限值的比较表

时间序号	速度 [km/h]	功率[kW]	HC[10^{-6}]	CO[%]	NO[10^{-6}]	O₂[%]	转速 [r/min]
1	23.51	10.80	126	1.75	38	0.32	5 300
2	24.75	11.37	128	1.99	39	0.21	5 609
3	25.03	11.50	129	1.93	40	0.16	5 664
4	24.97	11.46	126	0.61	43	0.13	5 622
5	25.01	11.50	84	0.37	42	0.13	5 634
6	25.36	11.65	67	0.17	24	0.10	5 686
7	25.06	11.49	58	0.11	19	0.08	5 626
8	25.10	11.51	55	0.09	16	0.06	5 639
	HC[10^{-6}]	CO[%]	NO[10^{-6}]				
5025 测量值	63	0.13	20				
5025 限值	160	0.90	1 200				
5025 结果判定	合格	合格	合格				

由上表可以看出,当节气门体出现故障时,HC化合物的排放量趋近限值,CO的排放量也很不稳定。由此可以证明,节气门体出现故障对排放是有影响的。

2. 检查与更换节气门体

1) 安全防护

安装车轮档块,铺设车内三件套,检查驻车制动器,铺设翼子板布、前格栅布。

2) 排放发动机冷却液

3) 拆卸2号气缸盖罩

4) 拆卸空气滤清器盖分总成

(1) 断开质量空气流量计连接器。

注意:断开连接器时要先解除锁扣,不要强行拔拉连接器线束。

(2) 断开2个卡夹,如图5-7所示。

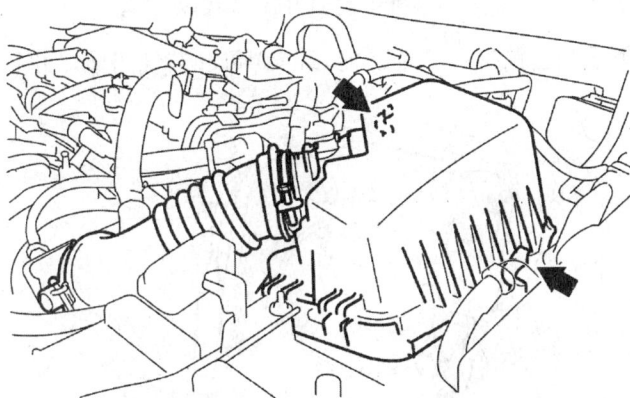

图5-7　断开质量空气流量计连接器和卡夹

(3) 断开箍带和通风软管,并拆下空气滤清器盖分总成,如图5-8所示。

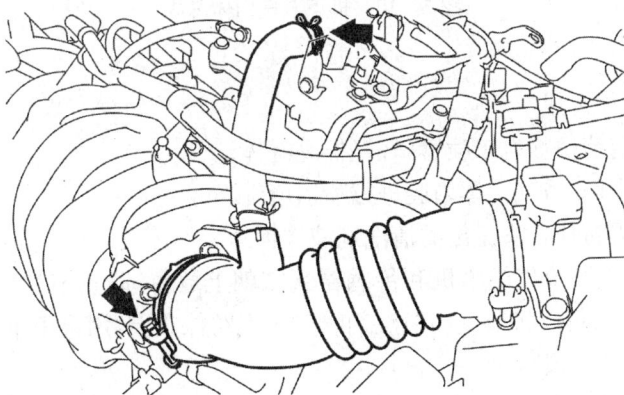

图5-8　断开箍带和通风软管

5) 拆卸节气门体总成

(1) 断开连接器。

(2) 使用鲤鱼钳退下水软管上的卡箍,断开两根水软管,如图5-9所示。

注意：如果仍有冷却液流出，要及时使用专用堵头塞堵。

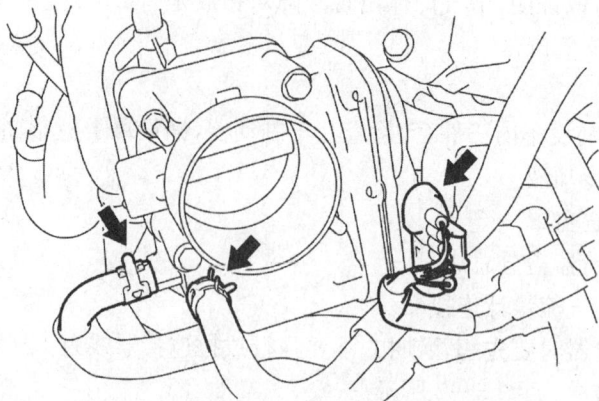

图 5-9　断开节气门体连接器、水软管

（3）使用棘轮扳手和套筒拆下 2 个螺栓、2 个螺母和节气门体，如图 5-10 所示。

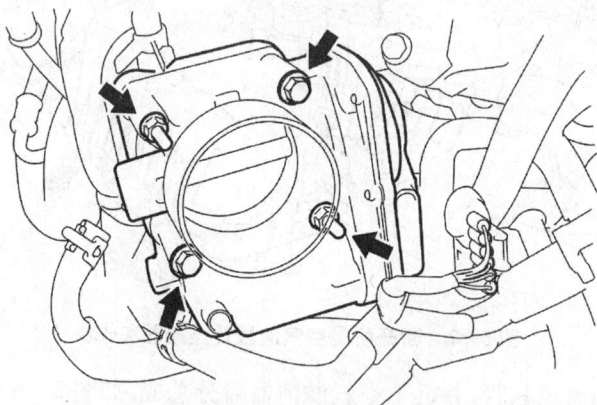

图 5-10　拆下节气门体总成

（4）取下衬垫。

6）清洗节气门体总成

（1）安装节气门清洗剂自带喷管，轻轻摇晃罐体。

（2）对节气门表面、节气门体内腔进行喷射清洗。

（3）必要时用无纺抹布将流出的清洗剂液体擦净。

注意：清洗时，安装节气门电机和传感器端需朝上放置，防止节气门清洗剂流入；对于一些不易清洗的部位，可以将节气门清洗剂喷射到无纺抹布上，用镊子钳住进行清洗。

7）安装节气门体总成

（1）将新衬垫安装至进气歧管。

（2）使用棘轮扳手并 2 个螺栓和 2 个螺母安装节气门体。

注意：扭矩：10 N·m（由于使用橡胶衬垫此处扭矩较小，需特别强调）

（3）连接连接器和 2 根水软管，使用鲤鱼钳安装两个卡箍。

8）安装空气滤清器盖分总成

（1）安装空气滤清器盖分总成。

（2）用箍带连接通风软管。

（3）连接 2 个卡夹。

（4）连接质量空气流量计连接器。

9）安装 2 号气缸盖罩

通过以上步骤的检查与维修，工作结束时，进行维修质量的验证，起动车辆，检查车辆运行是否正常。

学习小结

（1）电子节气门控制方式使加速踏板与节气门之间无机械连接，可使发动机节气门的开度不完全取决于驾驶员对加速踏板的操纵，控制系统可根据发动机的工况、汽车的行驶状态等对节气门的开度做出实时的调节，使发动机在最适当的状态下工作，从而提高了汽车的动力性、安全性及舒适性。

（2）电子节气门控制系统由加速踏板位置传感器、节气门位置传感器、其他相关传感器、发动机 ECU、节气门控制电机、减速机构、节气门、节气门回位弹簧及故障指示灯等组成。

课堂练习

一、填空题

1. 节气门安装在_____和_____之间。

2. 2008 年款的丰田卡罗拉轿车使用_____节气门。

二、选择题

下面关于电子节气门体的描述，错误的是（　　）。

A. 采用电子节气门体可以提高燃油经济性，减少排放

B. 采用电子节气门体可使节气门控制更加迅速，反应更加灵敏

C. 采用电子节气门体，不能实现怠速控制、巡航控制和车辆稳定控制等集成

三、判断题

1. 电子节气门控制系统不包括加速踏板位置传感器。（　　）

2. 传统拉线式节气门体已基本被淘汰。（　　）

四、简答题

请简述拆卸节气门体的步骤。

任务二　检测气缸压力

任务描述

小王有一辆 09 年款的卡罗拉轿车，最近一段时间感觉发动机动力不足、油耗增加，有时

>>>>

笔记   还冒白烟。于是小王将爱车开到 4S 店进行检查,经维修师傅检查之后,确认为是由于气缸压力问题引起。请你对小王的爱车进行检查。

知识准备

(一) 气缸体结构

　　气缸体是发动机的主要基础件,与气缸盖、油底壳等构成机体组。气缸体上半部分有一个或若干个圆柱形空腔,称为气缸(见图 5 - 11)。

图 5 - 11　气 缸 体 结 构

(二) 气缸体功用

　　气缸体是发动机的骨架和机体,支撑发动机的所有运动件和各种附件。气缸为活塞运动导向,使活塞在气缸内部做往复直线运动。图 5 - 12 为气缸体的部件及装配后的总成。

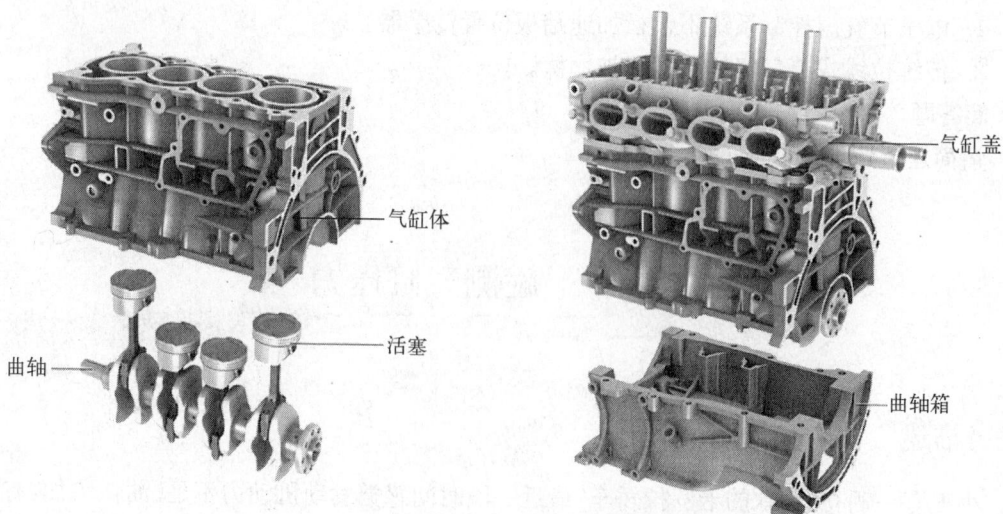

<<<<　- -

图 5 - 12　气缸体的装配

气缸体承受高温气体压力,所以要求气缸体具有足够的强度和刚度。为减轻发动机的整体重量,要求气缸体结构紧凑、重量较轻。

(三) 气缸压力过低的原因

气门漏气、气缸垫漏气和气缸壁与活塞环之间漏气是引起发动机气缸压力过低的主要原因。

1. 气门漏气(见图 5 - 13)

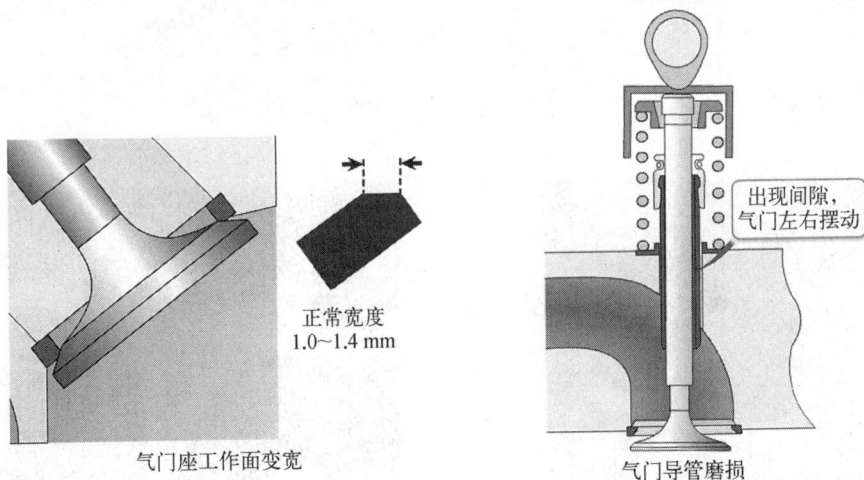

图 5 - 13　气 门 漏 气

气门漏气表现在气门磨损或烧蚀、气门间隙或配气正时失准(见图 5 - 14)和气门座磨损或烧蚀。

2. 气缸垫漏气

如图 5 - 15 所示,气缸体翘曲、气缸盖烧蚀、气缸体裂纹和气缸盖裂纹都会导致气缸垫漏气。

图 5-14　正时标记未对准

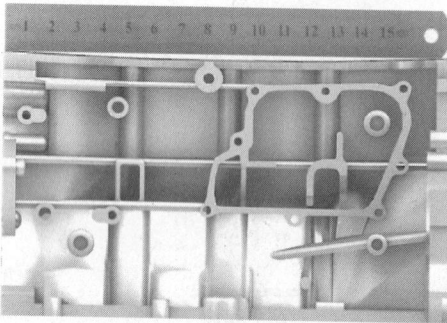

气缸体翘曲

气缸体裂纹

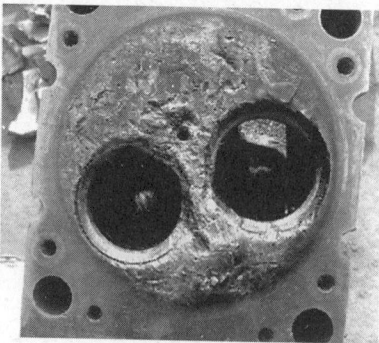

气缸盖烧蚀

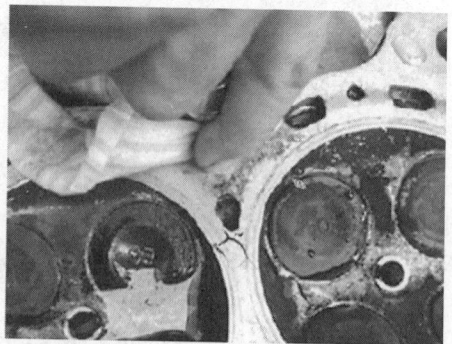

气缸盖裂纹

图 5-15　气缸垫漏气

3. 气缸壁与活塞环之间漏气

气缸壁与活塞环之间漏气主要是因为活塞环磨损(见图 5-16)、活塞磨损(见图 5-17)和气缸磨损(见图 5-18)。

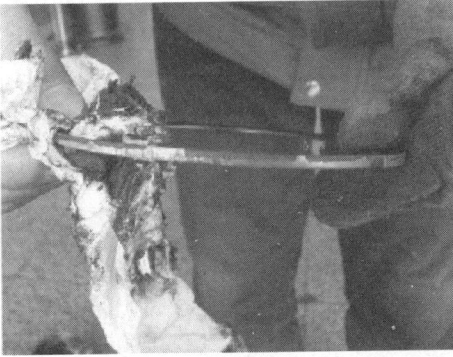

活塞环磨损

活塞环折断

图 5 - 16　活 塞 环 损 伤

活塞销座孔裂纹

活塞环槽磨损

活塞裙部拉伤

活塞头烧蚀

图 5 - 17　活 塞 损 伤

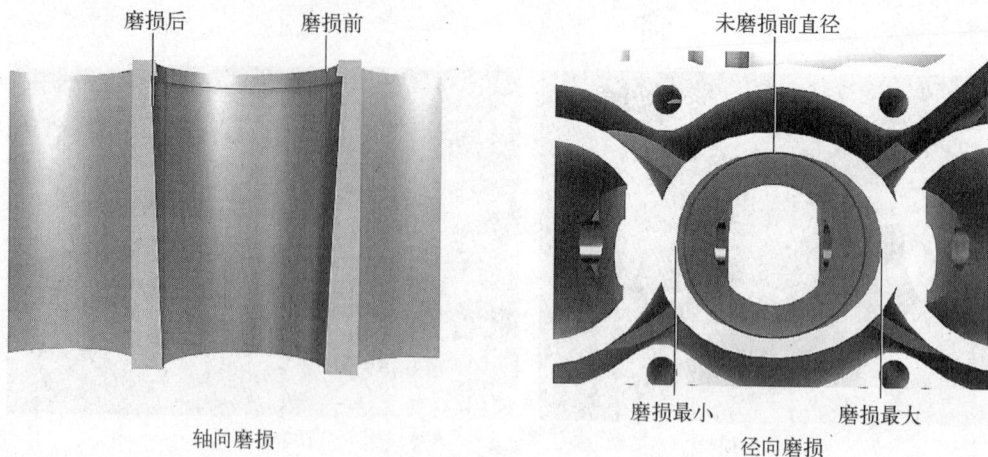

磨损后　磨损前　未磨损前直径

磨损最小　磨损最大

轴向磨损　　　　径向磨损

图 5-18　气缸磨损

任务实施

（一）实施路径

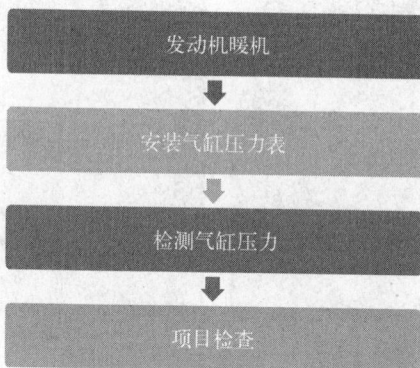

发动机暖机

安装气缸压力表

检测气缸压力

项目检查

（二）实施方案

（1）质量要求：参照厂家的质量标准要求。

（2）组织方式：学生自由组合，每 4～6 位同学为一组。

（3）生产准备，每组配备的工具及设备：

① 场地，装有废气抽排系统和消防设施的实训维修车间；

② 卡罗拉轿车、气缸压力表、常用工具等。

（4）实训作业要求：按企业安全文明生产规范进行操作。

（三）实施步骤

1. 发动机暖机

1）起动前安全检查

（1）如图 5-19 所示，将点火开关置于 ON 位置，检查档位是否处于 P 档或空档，驻车制动器是否处于制动状态。

（2）起动发动机，保持怠速状态，运行一段时间，进行暖机，暖机过程中观察水温表，待水温表上升到正常水温（见图 5-20），即可关闭发动机。

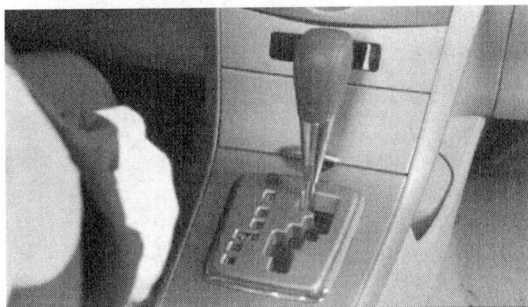

图 5-19　检查档位

图 5-20　进行暖机

2）拆卸点火线圈

（1）取下发动机罩盖。如图 5-21 所示，依次提取发动机盖前后两端，取下发动机罩盖。

（2）断开点火线圈线束连接器。

如图 5-22 所示，按下线束连接器锁舌，将线束连接器向外拔出，依次断开四个线束连接器。

图 5-21　取下发动机罩盖

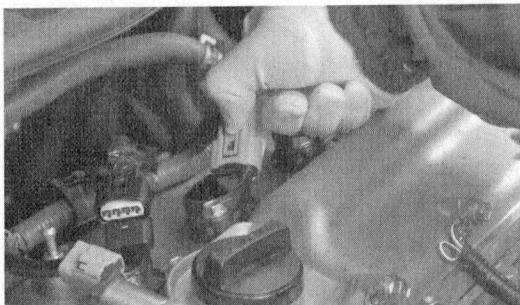

图 5-22　断开点火线圈线束连接器

（3）拆卸点火线圈固定螺栓。如图 5-23 所示，选用 10 mm 套筒和棘轮扳手，依次拧松点火线圈固定螺栓。用手依次取下点火线圈固定螺栓。

（4）取下固定螺栓。用手左右旋动点火线圈，并垂直向上拔出点火线圈。按顺序摆放到零件车上。

注意事项

◇ 如果点火线圈拔出困难，不要硬拔，左右多次旋动点火线圈，使火花塞和点火线圈套接松动，然后再垂直拔出点火线圈。

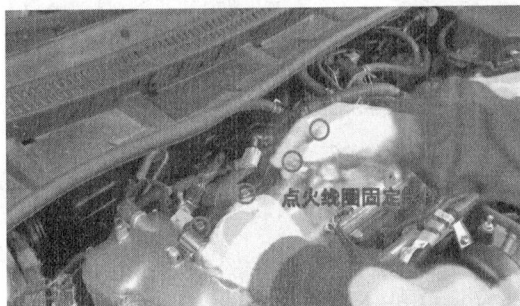

图 5-23　拆卸点火线圈

3）清洁火花塞安装孔

选用吹气枪，连接吹气枪和压缩空气管路。如图 5-24 所示，使用吹气枪依次吹拂火花塞安装孔，将火花塞孔中的污物吹出来，防止拆卸火花塞污物掉入气缸中。

图 5-24　吹拂火花塞安装孔

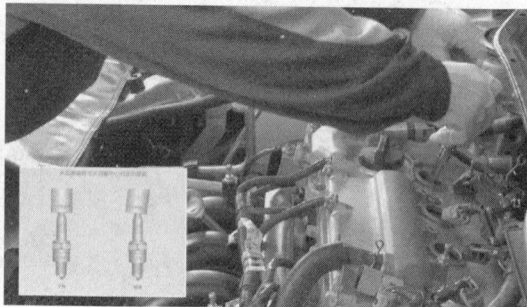

图 5-25　取出火花塞

注意事项

◇ 使用吹气枪清洁火花塞安装孔时，防止灰尘进入操作人员眼睛。

选用 14 mm 火花塞套筒、接杆、棘轮扳手，检查火花塞专用套筒橡胶是否老化、磨损。

正确使用工具，依次拧松火花塞，使用接杆和专用套筒，依次拧下火花塞，并保持垂直向上的方向。从火花塞安装孔中取出火花塞。取下来的火花塞按顺序摆放。

注意事项

◇ 取出火花塞时，应垂直取出，防止火花塞撞到火花塞孔壁上。

图 5-26　断开喷油器连接器

4）断开线束喷油器连接器

如图 5-26 所示，按下喷油器连接器锁舌，依次断开四个喷油器连接器。

2. 安装气缸压力表

1）检查气缸压力表

如图 5-27 所示，观察气缸压力表是否完好，指针是否归零，检查气压阀开关开闭是否正常。组装压力表的附件。

2）安装气缸压力表

如图 5-28 所示，将气缸压力表测量杆橡胶密封塞对准火花塞孔，将其压紧，确保其和火花塞孔密封良好。

3. 气缸压力测量

踩下加速踏板，保持节气门全开，起动发动机，运转发动机的同时，测量发动机气缸压力

（见图5-29）。以同样的方法测量四个缸的压力。每缸测量2～3次，在尽可能短的时间内，测量气缸压力，读取并记录数据（见图5-30）。与维修手册中的数据对比。

图5-27 检查气缸压力表

图5-28 安装压力表

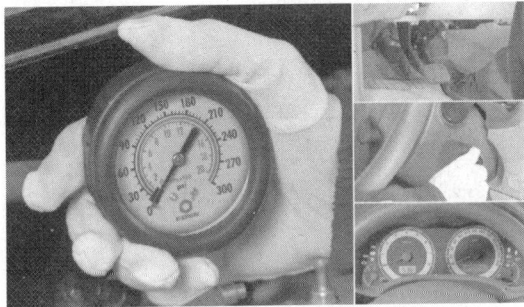

图5-29 气缸压力测量

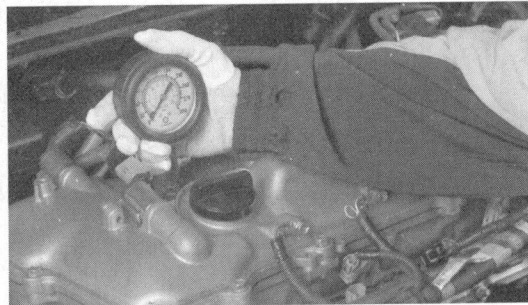

图5-30 读取并记录数据

如果测得的气缸压力偏低，通过火花塞孔向气缸中注入少量的发动机机油，并再次测量气缸压力。

（1）如果添加机油后气缸压力增大，则活塞环或缸径可能损坏或磨损。

（2）如果压力继续偏低，则气门可能卡滞或未正确就位，或气缸盖衬垫漏气。

注意事项

◇ 在尽可能短的时间内测量气缸压力，此时发动机是依靠起动机带动下运转。如果时间过长，可能损坏起动机。

4. 安装点火线圈

（1）连接喷油器线束连接器。

（2）安装点火线圈。

（3）清洁、整理工具。

通过以上步骤的检查与维修，工作结束时，进行维修质量的验证，起动车辆，检查车辆运行是否正常。

笔记

学习小结

（1）检测气缸压力的主要步骤：

起动前安全检查、安装气缸压力表、气缸压力测量。

（2）检测气缸压力时注意事项：

① 在尽可能短的时间内测量气缸压力，如果时间过长，可能损坏起动机。

② 点火线圈拔出困难，不要硬拔，左右多次旋动点火线圈，使火花塞和点火线圈套接松动，然后再垂直拔出点火线圈。

③ 安装火花塞时，确保火花塞垂直放入火花塞安装孔中，并用手垂直拧入，直到拧不动为止。

课堂练习

一、填空题

1. 发动机气缸压力过低的主要原因有：_____。

2. 气缸壁与活塞环之间漏气的主要原因有：_____。

3. 气缸垫漏气的主要原因有：_____。

4. 如果向气缸注入少量机油后，气缸压力增大，则_____有可能磨损或损坏。

二、选择题

下列哪一项不是造成气门漏气的原因（   ）。

A. 气门磨损或烧蚀

B. 气门间隙或配气正时失准

C. 气缸压力过低

D. 气门座磨损或烧蚀

三、判断题

1. 如果添加机油后气缸压力增大，则活塞环或缸径可能损坏或磨损。（   ）

2. 气缸盖烧蚀也会造成气缸垫漏气。（   ）

四、简答题

请简要阐述检测气缸压力的方法和操作步骤。

任务三 检查排气管

任务描述

小张下班后开车回家，车子起动后发现怠速很不稳定，加速无力，排气管冒黑烟严重。经过 4S 店师傅检查，初步怀疑是进排气系统管路有泄漏情况。你知道怎么检查进排气系统管路泄漏情况吗？

知识准备

(一) 排气系统组成及功用

排气系统主要包括排气歧管、排气尾管和消声器,在排气歧管与消声器之间上安有三元催化转化器,如图 5‐31 所示。其功用是将发动机燃烧产生的废气排放到大气中。

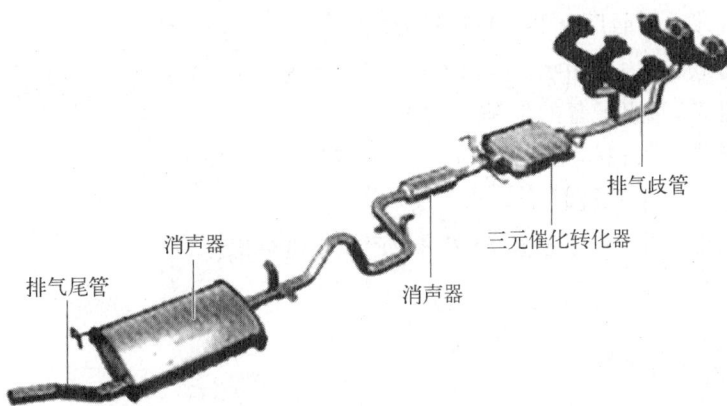

图 5‐31　排气系统组成

(二) 排气歧管的结构与功用

排气歧管一般由铸铁或球墨铸铁制成,随着汽车技术的发展,目前大部分轿车开始采用不锈钢排气歧管,其质量轻、耐久性好,同时内壁光滑,排气阻力小。

排气歧管的形状十分重要,为了不使各缸排气相互干扰或者出现排气倒流现象,并尽可能利用惯性排气,应将排气歧管做得尽可能长,且各缸支管应相互独立、长度相等,如图 5‐32 所示。

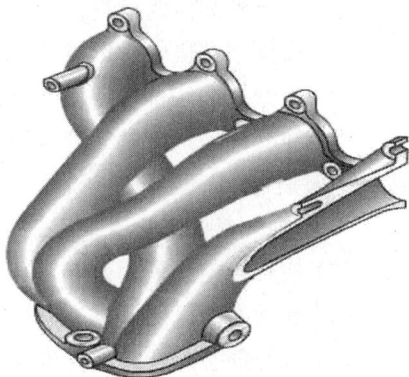

图 5‐32　排气歧管

任务实施

（一）实施路径

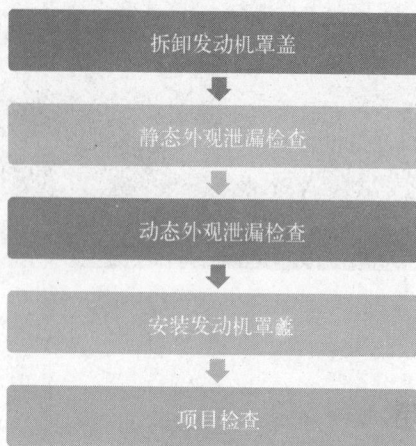

拆卸发动机罩盖

↓

静态外观泄漏检查

↓

动态外观泄漏检查

↓

安装发动机罩盖

↓

项目检查

（二）实施方案

（1）质量要求：参照厂家的质量标准要求。

（2）组织方式：学生自由组合，每4～6位同学为一组。

（3）生产准备，每组配备的工具及设备：

① 场地，装有废气抽排系统和消防设施的实训维修车间；

② 卡罗拉轿车、举升机。

（4）实训作业要求：按企业安全文明生产规范进行操作。

（三）实施步骤

1. 排气管路检查

（1）拆卸发动机盖罩。

（2）静态外观泄漏检查。

（3）根据举升机的操作规范，举升车辆至合适位置。

（4）检查并确认排气歧管衬垫处，前排气管总成及衬垫等各点是否有废气泄漏痕迹。

（5）检查并确认前排气管氧传感器连接处等各点，中央排气管及衬垫，排气尾管是否有废气泄漏痕迹。

2. 动态外观泄漏检查

（1）检查档位置是否处于P档或空档，驻车制动器处于制动状态。

（2）起动发动机保持怠速运行一段时间。

（3）按照静态外观的检查步骤，检查动态外观泄漏情况。

（4）关闭点火开关，使发动机熄火。

3. 安装发动机盖罩

如在检测过程中发现泄漏,需立即做修复处理。

维修完成后,检验维修质量,并进行车辆最终检查,清洁、整理工量具,清洁、整理场地。

课堂练习

填空题

1. 排气系统主要包括: _____。
2. 现代大部分轿车的排气歧管都采用_____的材质。

柴油机的主要污染物及其机内净化措施

项目导入

城市空气污染已经成为一个重要的环境问题。被污染的空气中,很大一部分来自汽车及其相关装置中。随着汽车保有量的逐年增加,解决汽车对大气造成的污染已成了环保工作的重中之重。柴油汽车是汽车发展的趋势,目前发达国家柴油车数量已经占到汽车总量的45%左右,因此对柴油车的排放控制就显得尤为重要。柴油机的主要污染物有 NO_x、PM(碳烟)、HC、CO 等,本节我们将一起来学习柴油车的主要污染物的相关知识及其机内净化措施。

学习目标

◆ 了解柴油车主要污染物种类、生成机理及相关排放标准。

◆ 了解柴油车机内净化技术。

建议学时：__2__课时

项目分析

(一) 柴油车的主要污染物及其形成原因

1. 柴油车的主要污染物

柴油车燃料混合气的形成是在发动机燃烧室内进行的,柴油高压喷入燃烧室,压缩着火后进行边喷边燃烧的扩散燃烧方式。这种工作方式,决定了柴油与空气的混合是不均匀的,不可避免地存在局部缺氧或局部富氧情况。油料在高温缺氧时,易炭化形成碳烟。柴油车负荷的调节是通过改变喷油量来控制的。柴油车混合气始终处于比较稀的状态下,也就是说柴油机的燃烧室内始终存在富余的空气。这些富余的空气在高温作用下容易产生氮氧化物(NO_x),而一氧化碳(CO)和碳氢化合物(HC)则不容易形成。因此,柴油车排放特点是颗粒物(PM)和氮氧化物(NO_x)排放量多而一氧化碳(CO)和碳氢化合物(HC)排放量少。

2. 污染物的生成机理

1) NO_x 的生成机理

NO_x 是各种氮氧化物的总称,其中最主要的是 NO 和 NO_2,它们对人体危害最大。氮氧化物的生成机理比较复杂,可以认为,NO_x 是在燃烧温度>2 300 K 的富氧条件下生成的,即在氧气充足、温度很高的条件下生成的。

同一温度下,燃烧混合气越稀薄,则生成 NO_x 的量越高;同一燃料混合浓度下,燃烧温度越高,生成 NO_x 的量也越高,而当燃烧温度在<1 700 K 的情况下,生成 NO_x 的速度越低。

控制 NO_x 的生成量,必须控制燃烧温度,特别是降低燃烧的初始温度,能大幅度的降低 NO_x 的排放。

2) 颗粒物(PM)的生成机理

PM 主要是由于碳氢燃料燃烧不完全而生成的。PM 主要包括碳粒,可溶性有机成分,以及硫酸盐等,其中碳粒占 PM 组成的 50%~80%。

可溶性有机成分来自不完全燃烧的燃料和润滑油,控制可溶性有机成分要尽可能减少润滑油的燃烧,并使燃料燃烧完全充分。

硫酸盐是由于燃料中含有的硫分杂质而生成的,控制硫酸盐主要是控制燃料的品质。

碳粒是在燃烧温度大于 1 500 K,过量空气系数小于 0.6 的浓混合气环境下生成的,即在氧气不足并在一定温度下形成的。

3) HC 和 CO 的生成机理

HC 和 CO 的生成主要是由于燃烧不完全引起的。

HC 指的是未燃碳氢化合物。其生成原因主要是由于局部燃料混合不均匀、燃料壁面附着、喷油末期喷油雾化差、燃烧室组件的间隙部分的冷却、局部可燃成分的急速扩散和燃烧室容积的急速膨胀使燃气温度降低,引起空间熄火等因素。

CO 的生成主要是氧气不足而引起的。其生成原因主要是过量空气系数过小和燃料的混合不均匀等引起的。

笔记

对 CO 和 HC 的控制的最佳方法是控制燃烧,主要有加强燃油的雾化、加强燃油和空气的混合、均匀燃烧、加强气体的流通等。

(二)欧洲柴油车排放标准

欧洲汽车废气排放标准是欧盟国家为限制汽车废气排放污染物对环境造成的危害而共同采用的汽车废气排放标准。当前对几乎所有类型的车辆排放的氮氧化物(NO_x)、碳氢化合物(HC)、一氧化碳(CO)和悬浮粒子(particulate matter;PM)都有限制。对每一种车辆类型,汽车废气排放标准有所不同。欧洲标准是由欧洲经济委员会(ECE)的汽车废气排放法规和欧盟(EU)的汽车废气排放指令共同加以实现的。目前,欧洲废气排放标准也是大部分发展中国家参照的标准,例如我国 2007 年实施的国Ⅲ标准相当于欧洲三号标准,定于 2010年实施的国Ⅳ标准相当于欧洲四号标准。

欧洲柴油轿车排放标准如表 6-1 所示。

表 6-1　欧洲柴油轿车排放标准

法规名称	CO/(g/km)	HC/(g/km)	NO_x/(g/km)	PM/(g/km)	实施日期
欧Ⅲ	0.64	0.56	0.50	0.05	2001
欧Ⅳ	0.50	0.30	0.25	0.025	2006
欧Ⅴ	0.50	0.23	0.18	0.005	2010

欧洲重型卡车排放标准如表 6-2 所示。

表 6-2　欧洲柴油重型卡车排放标准

法规名称	CO/(g/kWh)	HC/(g/kWh)	NO_x/(g/kWh)	PM/(g/kWh)	实施日期
欧Ⅲ	2.1	0.66	5.0	0.10	1999
欧Ⅳ	1.5	0.46	3.5	0.02	2006
欧Ⅴ	1.5	0.46	2.0	0.02	2009

(三)柴油车机内净化技术

柴油机机内净化技术主要是改善油气混合气,防止局部过量空气系数超过 0.9(这有利于 NO 的生产)和低于 0.6(这有利于碳烟的生产)。降低微粒和碳烟的排放与改善燃烧过程是一致的,使柴油机达到混合均匀、燃烧充分、工作柔和、启动可靠、排放较少的要求。但是这些减少措施往往会增加 NO 的排放,这为柴油机的排放控制造成了特殊的困难。因此在确定尾气净化措施时,需要从目前先进的净化技术出发,根据机器性能,采取多种措施综合使用,才能达到净化的目的。

1. 采用新的燃烧方式

传统的柴油机燃烧分为预混合燃烧和扩散燃烧两个部分。主要燃烧是 $\lambda \approx 1$ 处的扩散燃烧,火焰温度高,极易产生 NO_x,采用稀薄的均匀混合气可解决这一问题。美国西南研究院提出的均匀充量压缩燃烧系统(HCCI)和日本 ACE 研究所的预混稀薄燃烧过程(PREDIC)等均是采用这种思路。采用预混稀薄燃烧方式减少或消除了扩散燃烧,稀混合气可降低燃烧温度,可大幅度降低 NO_x,比一般柴油机降低98%;由于气缸内混合气均匀,无局部过浓混合气,可使 PM 排放比一般柴油机降低27%,预混稀薄燃烧方式目前还处于研究阶段,离实用还有一定距离,但是前景非常可观。

2. 喷油系统的改进

1) 喷油规律改进

合理的喷油规律应该是:初期喷油速率不宜过高,以抑制 NO_x 生成;中期应急速喷油,提高喷油速率和喷油压力,以加速扩散燃烧速度,防止 PM 升高和热效率的恶化;后期要迅速结束喷射,避免燃烧不完全及 PM 增加。

在没有电控燃油喷射条件下,通过改变油泵凸轮形状,对喷油规律加以改进,传统凸轮为切线凸轮,改进凸轮为凹弧型凸轮,其供油规律具有初期低、中期急速及补燃期不拖长的特征。通过在某 6105 柴油机上验证试验,发现改进后,NO_x 降低 6%~13%,PM 降低8%~15%,但燃油经济性略有恶化。

为了实现先缓后急的喷油规律,也可使用双弹簧喷油器即为双开启压力喷油器,在油压上升时首先克服第一级较软的弹簧压力,使针阀略微顶起,由于流通面积很小,燃油喷射的速率较低;当油压升高到克服第二级弹簧压力时开始主喷射。

2) 提高喷油压力和减小喷孔直径

提高喷油压力和减少喷孔直径可以使燃油的喷雾颗粒进一步细化,以增大燃油和空气接触的表面积,加速燃油和空气的混合,明显地降低颗粒 PM 中碳的排放。高压喷射会导致 NO_x 的增加,如采用推迟喷油时间和 EGR 等方法,以达到控制颗粒 PM 和 NO_x 排放的目的。高压喷射系统需要和燃烧室良好匹配,以避免过多的燃油喷射到气缸的冷表面上,减少 HC 和颗粒 PM 中有机可溶物 SOF 排放;高压喷射技术对喷油系统提出了十分苛刻的要求。要求整个系统有极高的强度、刚度和密封性。此种措施也必须和其他改进方法相结合才能达到更好的效果。

提高喷油压力可以有效地降低柴油机的微粒排放;减少燃油平均滴径,促进混合气形成;降低发动机最大压力升高率、降低燃烧噪声。

3) 喷油正时与喷油速率的配合

控制柴油机的喷油正时是控制柴油机排放的重要手段,推迟喷油正时是降低柴油机排放中 NO_x 浓度的简单而有效的措施之一。NO_x 对喷油正时的影响非常敏感,当喷油正时与设定值相差1℃A 时,NO_x 将提高15%左右。为了减少 NO_x 的排放,喷油正时正在逐步推迟,向上止点方向靠近。目前采用电控喷射的喷油正时已减少到上止点前5℃A 左右。喷油速率对有害气体的排放有较大的影响,在实用中,常把推迟喷油正时与提高喷油速率同时使用,使单独使用推迟喷油正时引起的 CO 升高受到抑制,从而使 CO 和 NO_x 排放均得到降低。

4) 先导喷射及多次喷射

在主喷射之前喷入少量的燃油,以降低 NO_x 和噪声,主喷射要求喷油速率快、喷油压力高,促进混合气形成,以缩短缓燃期,保证良好的经济性和动力性,形成先导喷射(预喷射)＋

主喷射的模式。为了同时降低 NO_x 和 PM 的排放也可采用多次喷射的方法，即先导喷射和主喷射结束后再喷入少量的燃油形成过后喷射，过后喷射可促进碳烟的氧化，降低 PM 的排放。采用过后喷射会加大 HC 排放和耗油增加。在不同工况下要获得良好的效果，先导喷射油量、过后喷射油量以及各次喷射的间隔角度和时刻的控制精度都有严格的要求，这对于机械式喷油系统是很难想象的，只有电控高压共轨喷油系统才能胜任。

3. 进气系统的改进

目前，柴油机的发展趋势是，提高喷油压力、降低涡流强度，以减少进气的压力损失，配合多气门小孔径喷油器来获得良好的混合气。

1) 采用增压中冷技术

废气涡轮增压可提高进气压力、增大空气的供给量，提高了气缸内平均有效压力、过量空气系数和整个循环的平均温度，使燃油燃烧完全，可使柴油机颗粒状物质的排放量降低 50% 左右，并减少了 CO 和 HC 的排放。增压后，燃油消耗率下降，CO 和 HC 也会进一步降低。同时使进气温度提高而使燃烧温度增加，致使增压后 NO_x 比非增压要高。对此可采用增压中冷的方法使进气温度降低，以控制 NO_x 的恶化。据资料介绍，进气温度降低 $0 \sim 5℃$，最高燃烧温度和排气温度可降低 $1 \sim 3℃$ 利用中冷技术，NO_x 的排放量可降低 $60\% \sim 70\%$。所以采用增压中冷是降低车用柴油机排气排放物的有效措施之一。图 6-1 为废气涡轮增压带中冷技术原理图。

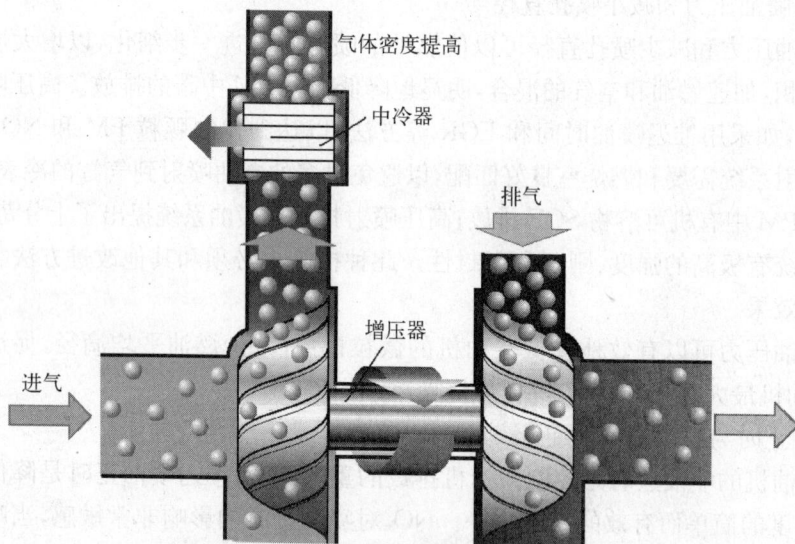

图 6-1　废气涡轮增压带中冷技术

2) 多气门设计

采用多气门设计主要是为了扩大进排气门的总流通面积，提高进气充量，使柴油的燃烧更彻底；实现进气涡流比可变。在实现这些目标时，它对柴油机排放亦产生较大影响。该影响来自两个方面，一是采用 4 气门技术时有利于喷油器布置在气缸轴线附近（见图 6-2），使油气混合均匀，燃烧及早结束，有利于降低 NO_x。另外，4 气门使燃烧室凹坑内产生较大涡流，减少涡流死区，有利于降低 PM。二是可关闭部分通道，形成与柴油机转速相适应的进气涡流强度。变涡流比影响,研究人员对某 6108柴油机进行了涡流比变化对 NO_x,PM 的影响试验,该机为4气门结构,与双进气门配合的双进气道为长螺旋气道和短切向气道,切向气道涡流近于零,并可节流,以此实现涡流比可变。在低转速时,关闭切向气道,即可获高涡流比,从而提高低速时的混合气质量,改善柴油机的经济性、动力性和排放。

4. 优化燃烧系统

优化燃烧系统指的是供油系统、进气流动和燃烧室的形状的最佳匹配。单独看来,采用何种强度的涡流、何种程度的高压喷油、何种形式的燃烧室,没有最佳方案。但三者的最佳配合就是

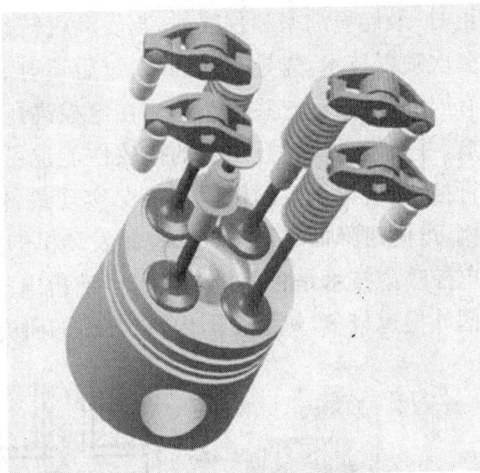

图6-2 多气门设计

最优组合。例如,当喷油压力较低需要借助高强度气流运动来加速油气混合,在重型车用柴油机上,采用较高的喷油压力和较多的喷孔数,可以促进气涡流降低。中央带凸起的燃烧室气流运动较强,且可维持较长的时间,这对加速扩散燃烧有利。中央带凸起的燃烧室燃烧过程急速,主燃期较短,适当延迟供油定时可在油耗率和烟度变化不大的前提下大幅度降低 NO_x 排放。

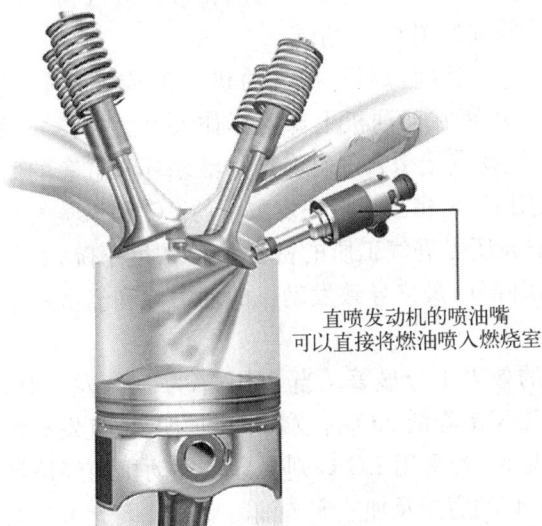

直喷发动机的喷油嘴可以直接将燃油喷入燃烧室

图6-3 直喷式柴油机

目前,直喷式柴油机(见图6-3)的发展趋势是,提高喷油压力;增加喷油器的喷孔数,减少孔径;根据柴油机工况优化喷油定时,使喷油正时不仅随转速而且能随负荷的变化自动调节。采用分隔式燃烧室,由于火焰高峰温度较低,不利于 NO_x 的生成;碳烟大部分在副燃烧室中产生,进入主燃烧室后,大部分被氧化,有效地减少颗粒和 HC 排放,分隔式燃烧室比同规格的直喷式燃烧室 NO_x 的排放量低 $1/3 \sim 1/2$。新开发的燃烧系统采用强烈持续的后期扰动,可有效降低碳烟和微粒的排放,几近似于无烟。这又为进一步采用废气再循环或推迟喷油提前角来降低 NO_x 排放创造了条件。

5. 应用柴油机电控技术

采用电子控制不仅可以提高喷油定时和喷油量的控制精度,而且在 EGR、放气阀或可变几何涡轮增压等空气控制部件也可以用电子控制技术进行柔性或精确控制。控制系统最理想的方案应是能使燃油经济性和废气排放均获得优化。

电子控制柴油机高压喷射技术(如电控高压共轨喷射)的应用可使柴油机通过最佳喷油

正时、最佳喷油率和预喷射,与发动机转速、负荷之间的关系进行连续调节,采用先导喷射及多次喷射技术,先导喷射油量、过后喷射油量以及各次喷射的间隔角度和时刻的控制精度都有严格的要求,这些显然只有在电控高压共轨系统中才能良好地实现。大大降低了颗粒排放,并且发动机过渡工况的排放性能也可得到显著改善。电控高压喷射控制对喷油规律进行控制,能根据发动机运行工况实现最佳喷油,同时通过控制预混合燃烧与扩散燃烧的比例,可同时降低有害排放和控制发动机的空燃比,有利于实现有效的机外净化措施。共轨式电控喷射技术是目前最先进的柴油机电控喷射技术。共轨系统的开发、应用与研究工作在国外报道较多,然而在国内,这方面的研究还处于起步阶段。

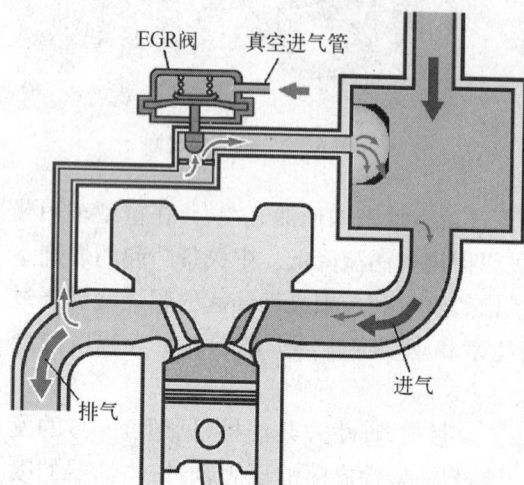

图 6-4 废气再循环系统原理图

6. 采用废气再循环(EGR)

废气再循环(EGR)是再保证内燃机动力性不降低的前提下,将一部分排气导入进气系统中,和新鲜混合气混合后再进入气缸参加燃烧,通过降低燃烧室燃烧的最高温度来降低 NO_x 的排放。利用废气再循环(EGR)来降低 NO_x 的排放,需要与电子控制结合,根据柴油机负荷、转速、冷却水温度传感器及启动开关信号,由 ECU 对 EGR 率和 EGR 时机进行控制,保证在对柴油机性能影响不大的条件下,降低尾气中 NO_x 的排放。废气再循环原理如图 6-4 所示。

目前,EGR 在汽油机上的应用比较成功,而在柴油机上却不尽如人意。主要原因在于,柴油机排放中大量的 PM 和其他有害排放物直接引入气缸会增加活塞环和缸套的磨损,还会稀释润滑油并加速其变质。柴油机采用 EGR 相当于将一定数量的 CO 和水蒸气添加到进气空气中而成为一种稀释剂,EGR 率增大还促进气工质的密度和 O 浓度下降,致使缸内可燃混合气的燃烧速度和燃烧温度均有所降低,最终导致发动机的动力性和经济性下降,HC,CO 和 PM 排放增加。

发动机处于中小负荷工况时,采用 EGR 的效果十分显著。当 EGR 率为 30%左右时,发动机的排放及综合性能较好:采用较大的 EGR 率降低 NO_x 排放效果更加明显,且发动机经济性的下降并不突出。发动机在大负荷工况时,若采用 EGR,则会导致发动机的经济性和动力性明显下降,另外,还会增加活塞环和缸套的磨损及加速润滑油的变质。因此大负荷工况时不宜采用 EGR。

涡轮增压柴油机在 30%~50%负荷以上的工况下,平均排气压力低于平均进气压力。故排气再循环难以实现。为此,各国学者提出了多种在增压柴油机上实现排气再循环的方案。主要有:通过调整正时实现内部 EGR;在进气管或排气管内装节流阀,通过节流来降低进气压力或提高排气压力;通过辅助装置或活塞本身的压力将废气压入进气管;通过在进气管加装文曲利管(Venturi Pipe),降低 EGR 接头处的进气压力;利用压力波动等。其中采用文曲利管 EGR 系统能较方便地在高工况下实现排气再循环,并且附加泵气损失少、成本不高、有很大的优越性。

7. 防止机油的泄漏

柴油机尾气排放中 PM 除了燃油燃烧生成外，机油产生的 PM 也占相当部分。PM 可分为可溶性有机物（SOF）和不可溶有机物（IOF）两部分，两者所占的比例大约为 39% 和 61%。在 SOF 中，由机油产生的 PM 占绝大部分，约占 PM 总量的 29%；机油除产生 SOF 外也产生 IOF，来自机油的 PM 总计占 PM 总量 34%。同时，窜入燃烧室中不完全燃烧的机油随尾气排出，是形成柴油机排放的蓝烟的重要组成部分。因此，必须尽量防止和减少机油窜入燃烧室，这应通过改进润滑油系统设计，减少裙部间隙，优化活塞、活塞环和气缸表面的设计，提高气缸套圆度及改进进气门挺杆的密封等措施，减少从气门推杆泄漏的机油等措施来实现。

学习小结

(1) 柴油车的主要污染物有：CO、HC、NO_x、PM 等。

(2) NO_x 是在燃烧室内氧气充足、温度很高的情况下产生的。

(3) PM 主要是由于碳氢燃料燃烧不完全而生成的。

(4) HC 和 CO 的生成主要是由于燃烧不完全引起的。

(5) 柴油车机内净化措施主要有：

① 采用新的燃烧方式。

② 喷油系统的改进。

③ 进气系统的改进。

④ 优化燃烧系统。

⑤ 应用柴油机电控技术。

⑥ 采用废气再循环（EGR）技术。

⑦ 防止机油的泄漏。

课堂练习

一、填空题

1. 柴油车采用的是燃烧方式是_____（压燃式或点燃式）。

2. NO_x 最主要的是_____和_____。

3. PM 主要包括_____，_____，以及_____等，其中碳粒占 PM 组成的_____。

4. 对 CO 和 HC 的控制的最佳方法是控制燃烧，主要有加强_____、加强_____、均匀燃烧、加强气体的流通等。

5. 合理的喷油规律应该是：初期_____，以抑制 NO_x 生成；中期应_____，提高喷油速率和喷油压力，以加速扩散燃烧速度，防止 PM 升高和热效率的恶化；后期要迅速结束喷射，避免_____。

二、选择题

1. 关于 HC 的生成，下列说法不正确的是（　　）。

A. 由局部燃料混合不均匀造成　　B. 由喷油末期喷油雾化差造成

C. 由氧气不足引起　　　　　D. 由燃料壁面附着造成

2. 下面哪一项不属于柴油机的机内净化技术（　　）。

A. 改善进气系统　　　　　　B. 加装三元催化器

C. 改善喷油系统　　　　　　D. 采用废气再循环技术

三、判断题

1. 柴油机的排放特点是 CO 和 HC 排放多，而颗粒物和氮氧化物少。（　　）

2. 当燃烧温度大于 2 300 K 时，易产生 NO_x。（　　）

3. CO 的形成主要是温度过高而引起的。（　　）

4. 过量空气系数超过 0.9 有利于颗粒的产生。（　　）

5. 提高喷油压力可以有效地降低柴油机的微粒排放。（　　）

四、简答题

简述柴油机各主要污染物的产生机理。

项目七

尾气后处理系统

项目导入

小张的车在年检的时候因尾气排放不达标没有通过年检，于是小张将车开到 4S 店寻求帮助，维修师傅告诉他说，可能是三元催化器出现了脏污。在清洗完三元催化器后，再次年检，这次顺利通过。三元催化器是尾气后处理技术的一种，除此之外，尾气后处理措施还有二次空气喷射、加装尾气后处理装置等，本项目我们就一起来学习相关知识。

学习目标

- ◆ 认知三元催化器的结构、原理以及三元催化器对 NO_x 的处理方法。
- ◆ 了解二次空气喷射技术。
- ◆ 认识柴油机尾气后处理装置。
- ◆ 了解检查三元催化器机械故障的方法。
- ◆ 根据工艺标准清洗三元催化器。

建议学时：__2__ 课时

知识准备

柴油机尾气中氧含量较高,HC 和 CO 的含量比汽油机低得多,其主要有害物是 NO_x 和碳烟,因此柴油机尾气净化的重点是降低 NO_x 和减少碳烟。措施为用选择性还原催化转化器在富氧条件下还原 NO_x,用氧化催化转化器降低 HC 和 CO 的排放量和颗粒 PM 状物质中的有机成分;用微粒过滤装置收集柴油机排气中的颗粒状物质等。

(一) 三元催化器

1. 三元催化转化器的结构与工作原理

三元催化转化器主要由外壳、金属网、陶瓷块、整流器等组成,如图 7-1 所示。

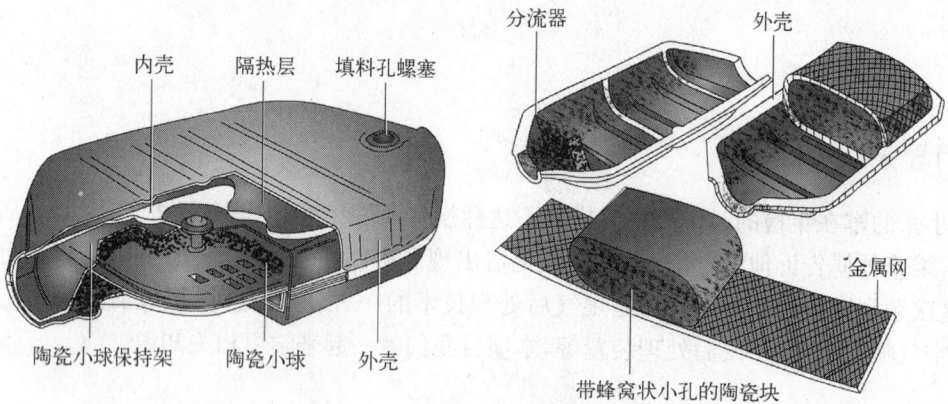

图 7-1　三元催化转化器结构

三元催化转化器中主要起作用的是三元催化剂,它是铂和铑的混合物,能促使有害气体 HC、CO 和 NO_x 发生氧化还原反应,变成无害的 CO_2、N_2 和 H_2O 排入大气,如图 7-2 所示。

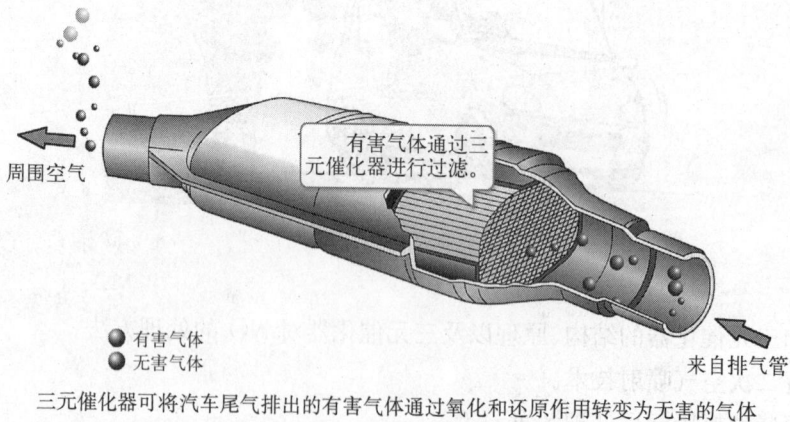

三元催化器可将汽车尾气排出的有害气体通过氧化和还原作用转变为无害的气体

图 7-2　三元催化转化器功用

2. 三元催化器对 NO_x 的处理

去除 NO_x 的最理想的方法是将 NO 催化分解为 N 和 O,但是在 O 和 SO 作用下催化剂很快失活,因而这种方法的实用前景渺茫。目前,柴油机尾气 NO_x 净化研究主要从选择性催化还原和吸附-催化还原两条技术路线入手。

吸附-催化还原 NO 是在稀燃阶段将 NO_x 吸附储存起来,而在短暂的富燃阶段,NO_x 释放并被排气中的 HC 还原。吸附还原型三元催化剂的活性成分是贵金属和碱土金属(或稀土金属),影响吸附-还原催化剂性能的主要因素是吸附剂在柴油机尾气温度下吸附 NO 的容量及其抗 SO_2 和 CO_2 毒害能力,提高这两方面的性能是今后的努力目标。吸附-催化还原已被日本汽车生产厂家证明适用于部分新车型的 NO_x 净化,但这种方法在一定程度上牺牲了燃料的经济性,还要求燃料含 S 量非常低。对于超低 S 燃料,现有吸附-催化还原技术可将 NO_x 降低 90%。适用于 S 高含量燃料的吸附-催化技术目前尚在开发之中。

(二) 二次空气喷射系统

二次空气喷射(Air Injection,AI)系统的工作原理是空气泵将新鲜空气送入发动机排气管内,从而使排气的 HC 和 CO 进一步氧化和燃烧,即把导入的空气中的氧在排气管内与排气中的 HC 和 CO 进一步化合形成水蒸气和二氧化碳,从而降低了排气中的 HC 和 CO 的排放量,二次空气喷射系统简图如图 7-3 所示。

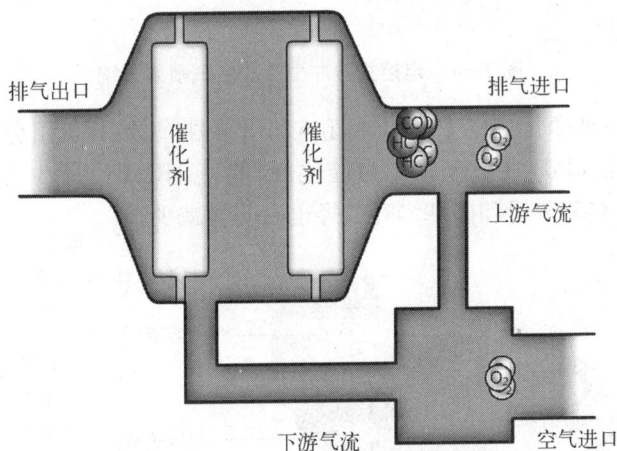

图 7-3　二次空气喷射系统简图

二次空气喷射系统按控制形式可分为:空气泵型二次空气喷射系统和脉冲型二次空气喷射系统。随着汽车电子技术的发展,传统的二次空气喷射系统已被电子控制式二次空气喷射系统所取代。

图 7-4 是电控式脉冲型二次空气喷射系统的原理:系统由电控单元控制电磁阀的打开及关闭,电磁阀与单向阀(也称检查阀)相连,由于排气中的压力是正负交替的脉冲压力波,当排气压力为负时,来自空气滤清器的空气进入排气管;当压力为正时,单向阀关闭,空气不能返回。

(三) 柴油机尾气后处理装置

1. 加装氧化催化转化器

柴油机 PM 后处理技术包括催化氧化和过滤。如图 7-5 所示,柴油机加装氧化催化转

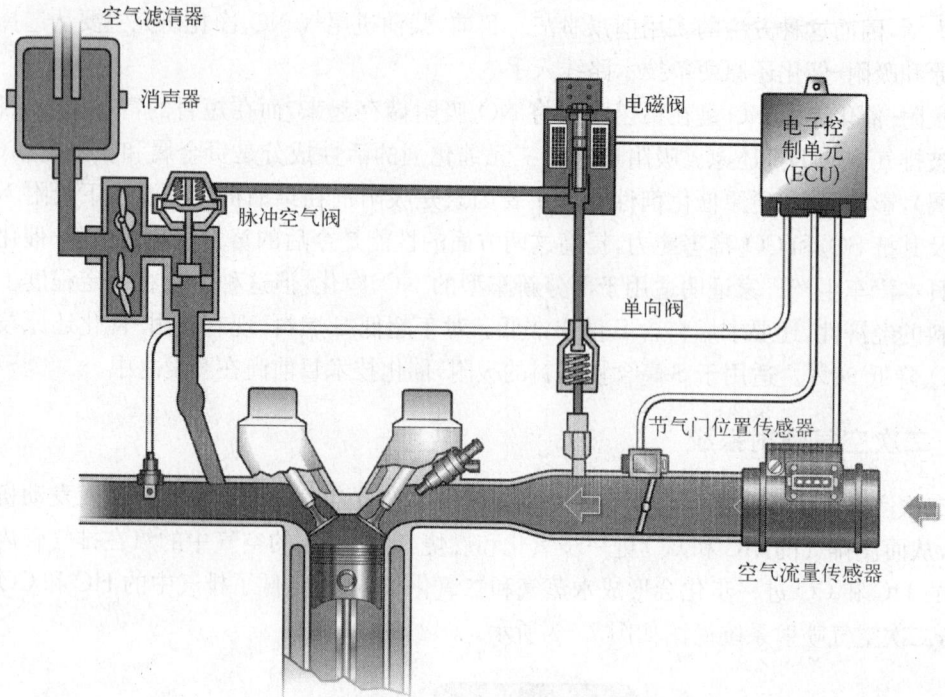

图7-4　电控式脉冲型二次空气喷射系统

换器是一种有效的机外净化排气中的可燃气体和可溶性SOF有机组分的常用措施。采取此措施(以铂(Pt)、钯(Pd)贵重金属作为催化剂)能使HC、CO减少50%,颗粒PM减少50%~70%,其中的多环芳烃和硝基多环芳烃也有明显减少。

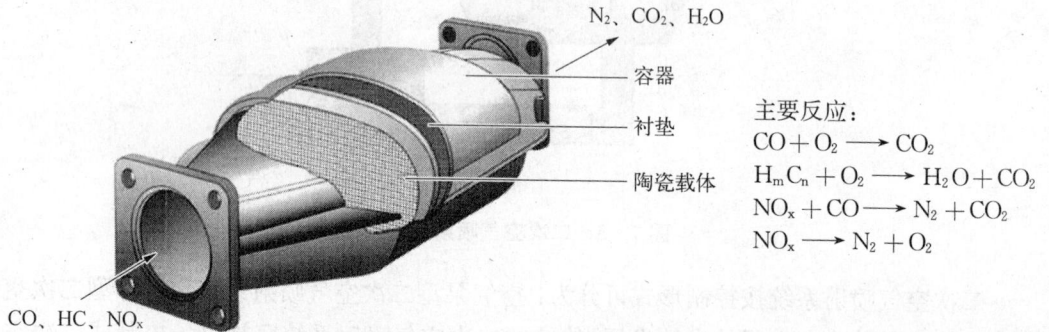

主要反应:
$$CO + O_2 \longrightarrow CO_2$$
$$H_m C_n + O_2 \longrightarrow H_2O + CO_2$$
$$NO_x + CO \longrightarrow N_2 + CO_2$$
$$NO_x \longrightarrow N_2 + O_2$$

图7-5　氧化催化转化器

　　但是,氧化催化器的缺点是会将排气中的SO_2氧化为SO_3,生成硫酸雾或固态硫酸盐颗粒,额外增加颗粒物质排放量。美国最近针对新型柴油机进行的一项示范研究表明,当使用S的质量分数为368×10^{-6}的柴油时,催化氧化可使瞬态工况条件下的PM排放降低23%~29%,HC降低52%~58%。若改用S的质量分数为54×10^{-6}的柴油,PM可降低13%。所以,柴油机氧化催化器一般适用于含硫量较低的柴油燃料;并要保证催化剂及载体、发动机运行工况、发动机特性、废气的流速和催化转换器的大小以及废气流入转换器的进口温度等正常,使净化效果达到最佳。

2. 采用微粒捕集器

微粒捕捉器主要用来净化柴油机排气中的颗粒物,是现代柴油机满足欧Ⅲ以上排放法规的有效手段。柴油机微粒捕捉器的核心是过滤体和过滤体再生装置。过滤体由多孔陶瓷过滤材料或多孔金属材料制成,目前的过滤体的过滤效率可达90%以上而不会引起过高的排气阻力。当过滤体过滤的颗粒物引起柴油机排气不畅时,需要及时消除这些颗粒物,以免造成对发动机性能的影响。再生装置一般是通过直接加热微粒,同时利用催化剂降低微粒着火点,使微粒氧化达到过滤体再生的目的。

微粒捕集器(见图7-6)由微粒过滤器和再生装置组成。微粒捕集器通过其中有极小孔隙的过滤介质(滤芯)捕集柴油机排气中的固态碳粒和吸附可溶性有机成分的碳烟。

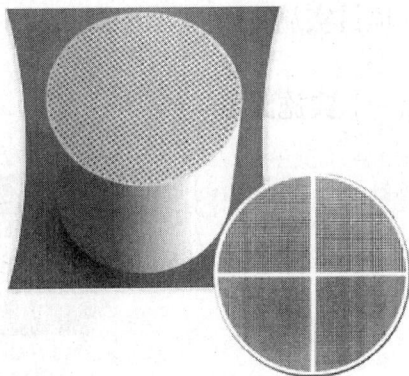

图7-6 微粒捕集器

3. 静电式微粒收集器

柴油机排气微粒中有70%～80%呈带电状态,每个带电微粒约带1～5个基本正电荷或负电荷,整体呈电中性。目前利用附加强电场对呈带电特性的碳烟微粒进行静电吸附,并取得了一定的试验成果。图7-7为静电式微粒收集器。但目前的问题是设备体积过大,成本太高,在车辆上使用最困难的是高压电的供给及收集中防止二次分散及反电晕等问题。但是随着技术的发展也是极有前景的。

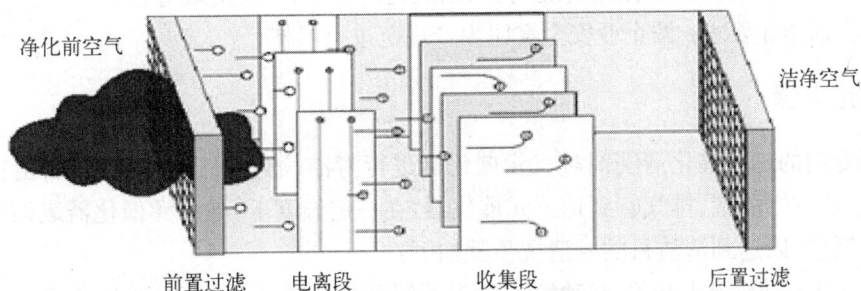

净化前空气　　　　　　　　　　　　　　　　　　　　　洁净空气

前置过滤　　电离段　　　　收集段　　　　　后置过滤

图7-7 静电式微粒收集器

(四) 尾气后处理技术的发展趋势

1. 燃料方面

目前的发展方向是采用代用燃料,提高石油冶炼技术,研制新型柴油添加剂,消除柴油中的硫,减少燃油中的芳烃成分,降低柴油中不饱和烃的含量,提高柴油的品质,从源头上解决尾气排放的问题。

2. 机内净化技术

柴油机尾气排放控制的发展方向将是采用多种措施综合应用。运用电子控制技术,通过对柴油机优化设计,采用增压中冷、EGR来达到最优配合。

笔记

3. 尾气后处理技术

催化剂、氧化剂和还原剂是发展的方向,此外微粒捕集器的再生技术以及去除微粒的非过滤技术也有待于发展。

项目实施

(一)实施路径

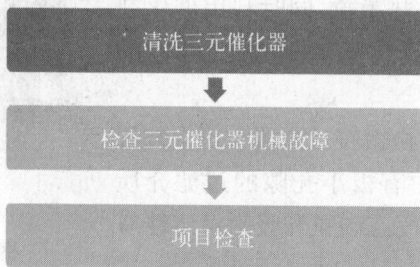

(二)实施方案

(1)质量要求:参照厂家的质量标准要求。

(2)组织方式:学生自由组合,每4~6位同学为一组。

(3)生产准备,每组配备的工具及设备:

① 场地,装有废气抽排系统和消防设施的实训维修车间;

② 卡罗拉轿车、三元催化器清洗剂、三元催化清洗设备、真空表等。

(4)实训作业要求:按企业安全文明生产规范进行操作。

(三)实施步骤

使用专门的三元催化清洗剂对三元催化器进行清洁,清洗剂通过专用设备由进气歧管吸入气缸,通过燃烧室、排气管到达三元催化器,在一定温度下,与三元催化器表面的覆盖物发生化学反应,以达到清洁目的。清洗步骤如下:

(1)打开发动机点火开关,起动发动机,待发动机水温表显示水温正常后关闭点火开关。

(2)将三元催化清洗剂倒入配套的专用设备内,并将设备的一端套入进气歧管内。

(3)起动发动机并保持怠速运转,打开流量控制阀,将清洗剂缓慢滴入进气管道内,清洗时间约为30~40分钟。

(4)清洗完毕后保持发动机转速3~5分钟,脏物被溶解或强氧化后由排气管排出。

对三元催化器进行机械故障诊断时,可从以下几个方面着手,可参考下面实践操作。

实践操作 三元催化器的机械故障诊断
外观检查   (1)将车辆升起之后,检查催化转化器在行驶中是否受到损伤以及是否过热。   (2)观察催化转化器表面是否有凹陷,如有明显的凹痕和刮擦,则说明催化转化器的载体可能受到损伤。

（续表）

实践操作 三元催化器的机械故障诊断
（3）观察催化转化器外壳上是否有严重的褪色斑点或略有成青色和紫色的痕迹，在催化转化器防护罩的中央是否有非常明显的暗灰斑点，如则说明催化转化器曾处于过热状态，需做进一步的检查。 （4）用拳头敲击并晃动催化转化器，如果听到有物体移动的声音，则说明其内部催化剂载体破碎，需要更换催化转化器。同时要检查催化转化器是否有裂纹，各连接是否牢固，各类导管是否有泄漏，如有则应及时加以处理。此方法简单有效，可快速检查催化转化器的机械故障。 **背压试验** 由于催化剂载体破损剥落、油污聚集，容易阻塞载体的通道，使流动阻力增大，这时可通过测量其压力损失来进行检查。 在催化转化器前端排气管的适当位置上，接一个压力表，起动发动机，在怠速和 2 500 r/min 时，分别测量排气背压： （1）正常的是：不低于 0.32 kgf/cm²，如果排气背压不超过发动机所规定的限值，则表明催化剂载体没有被阻塞。 （2）排气背压超过发动机所规定的限值，则需将催化转化器后端的排气系统拆掉，重复以上的试验。 （3）催化转化器阻塞，排气背压将超过发动机所规定的限值。 （4）排气背压下降，则说明消声器或催化转化器下游的排气系统出现问题，破碎的催化剂载体滞留在下游的排气系统中，所以首先进行外观检查确认催化剂载体完整是非常必要的。对有问题的排气管、消声器和催化转化器也可通过测量其前后的压力损失来判断。 **真空试验** 真空测量：正常发动机进气歧管的真空度：57～70 kPa。 将真空表接到进气歧管，起动发动机，使其从怠速逐渐升至 2 500 r/min，观察真空表的变化，如果这时真空度下降，则保持发动机转速 2 500 r/min 不变，且此后真空度读数明显下降，则说明催化转化器有阻塞。 因为催化转化器的阻塞在真空试验中是一个渐变的过程，而此试验是一个稳态的过程（2 500 r/min），真空度不会产生明显的下降。在实验室进行一个催化转化器阻塞前后的对比检查，催化转化器阻塞后，进气歧管真空度会发生明显下降，如果进气歧管真空度下降，并不能完全说明是由催化转化器阻塞造成的。发动机供油量减少时，进气歧管的真空度也会下降。因此与真空试验相比，排气背压试验更能真实反映催化转化器的情况。

 维修完成后，检验维修质量，并进行车辆最终检查，清洁、整理工量具，清洁、整理场地。

学习小结

 （1）柴油机尾气 NO_x 净化研究主要从选择性催化还原和吸附-催化还原两条技术路线入手。

 （2）三元催化转化器中主要起作用的是三元催化剂，它是铂和铑的混合物，能促使有害气体 HC、CO 和 NO_x 发生氧化还原反应，变成无害的 CO_2、N_2 和 H_2O 排入大气。

 （3）二次空气喷射系统的工作原理是空气泵将新鲜空气送入发动机排气管内，从而使排气的 HC 和 CO 进一步氧化和燃烧。

 （4）柴油机尾气后处理装置主要有：氧化催化转化器、微粒捕集器、静电式微粒收集器等。

课堂练习

一、填空题

 1. 柴油机尾气中的主要危害物是：_____、_____。

 2. 降低氮氧化物的措施是_____。

3. 颗粒状物质是用＿＿＿＿＿＿＿收集。

4. 二次空气喷射系统按控制形式可为：＿＿＿＿＿＿＿、＿＿＿＿＿＿＿。

5. 电控式脉冲型二次空气喷射系统工作时：当排气压力为负时，来自空气滤清器的空气＿＿＿＿＿＿＿；当压力为正时，＿＿＿＿＿＿＿，空气不能返回。

二、选择题

下面关于二次空气喷射系统的说法，错误的是(　　　　)。

A. 二次空气喷射简称 AI

B. 空气泵将新鲜空气再次喷入燃烧室中进行二次燃烧

C. 传统二次空气喷射系统已经逐渐被电子控制式二次空气喷射系统所取代

三、判断题

1. 选择性还原催化转化器可以在富氧条件下还原 CO 和 CH。(　　　　)

2. 用微粒过滤装置能收集柴油机排气中的颗粒状物质等。(　　　　)

四、简答题

阐述吸附-还原催化技术对 NO_x 的处理方法。

项目八

新技术对汽车尾气的影响

项目导入

　　随着人们对全球气候变暖的影响逐步达成共识，世界各地都制定了苛刻的环境法规。越来越多的国家在减排方面做了大量努力，寻求可能的解决方法来满足苛刻的标准，缸内直喷技术和可变气门正时与升程技术便应运而生。本项目将重点介绍这两个技术以及它们对尾气排放的影响。

学习目标

- ◆ 能口述缸内直喷技术对尾气的影响。
- ◆ 能口述可变气门升程对尾气的影响。
- ◆ 了解丰田 VVTL-i 控制系统结构和工作原理。

建议学时：__3__ 课时

笔记

本次项目主要任务：

| 任务一 | • 缸内直喷 |
| 任务二 | • 可变气门正时与升程 |

任务一　缸内直喷

任务描述

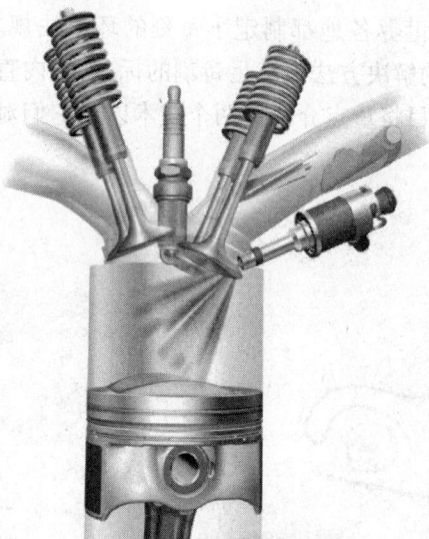

图 8 - 1　缸内直喷示意

汽车行驶所依赖的发动机之所以能产生动力，是由于气缸吸入空气与汽油混合后进行燃烧，进而做功推动活塞来带动整个机械结构进行运转。在油气混合及点火时，如何能够让每一滴汽油都发挥最强效能，已经经历了一百年的研究和发展。最新缸内直喷技术（见图 8 - 1）使得喷油器能够在正确的时刻直接向气缸中喷入适量的燃油，燃油利用率更高，精确度更好。本任务我们来了解缸内直喷技术。

知识准备

从化油器时代的主气道混合进油气到早几年普及的多点电喷单独进气歧管混合油气，再到现在最新的缸内直喷，油气混合方式有了更精确的方式。

（一）缸内直喷的含义

缸内直喷又称 FSI（Fuel Stratified Injection）。传统的汽油发动机是通过电脑采集凸轮位置以及发动机各相关工况从而控制喷油嘴将汽油喷入进气歧管。但由于喷油嘴离燃烧室有一定的距离，汽油同空气的混合情况受进气气流和气门开关的影响较大，并且微小的油颗粒会吸附在管道壁上。而缸内直接喷射技术类似于柴油发动机的供油技术，通过一个活塞泵提供所需的 100 bar 以上的压力，将汽油提供给位于汽缸内的电磁喷射嘴，然后通过电脑控制喷射嘴将燃料在最恰当的时间直接注入燃烧室，其控制的精确度接近毫秒。

如图 8-2 所示。

(二) 缸内直喷原理

如图 8-3 所示,FSI 技术采用了两种不同的注油模式,即分层注油和均匀注油模式。发动机低速或中速运转时采用分层注油模式。此时节气门为半开状态,空气由进气管进入气缸撞在活塞顶部,由于活塞顶部制作成特殊的形状从而在火花塞附近形成期望中的涡流。当压缩过程接近尾声时,少量的燃油由喷射器喷出,形成可燃气体。这种分层注油方式可充分提高发动机的经济性,因为在转速较低、负荷较小时除了火花塞周围需要形成浓度较高的油气混合物外,燃烧室的

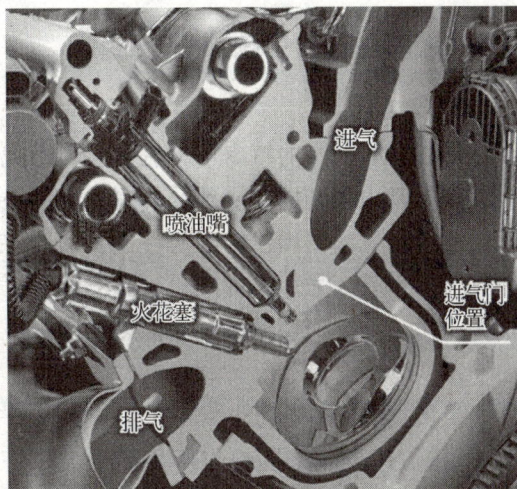

图 8-2 缸内直喷

其他地方只需空气含量较高的混合气即可,而 FSI 使其与理想状态非常接近。当节气门完全开启,发动机高速运转时,大量空气高速进入气缸形成较强涡流并与汽油均匀混合。从而促进燃油充分燃烧,提高发动机的动力输出。电脑不断地根据发动机的工作状况改变注油模式,始终保持最适宜的供油方式。燃油的充分利用不仅提高了燃油的利用效率和发动机的输出而且改善了排放。

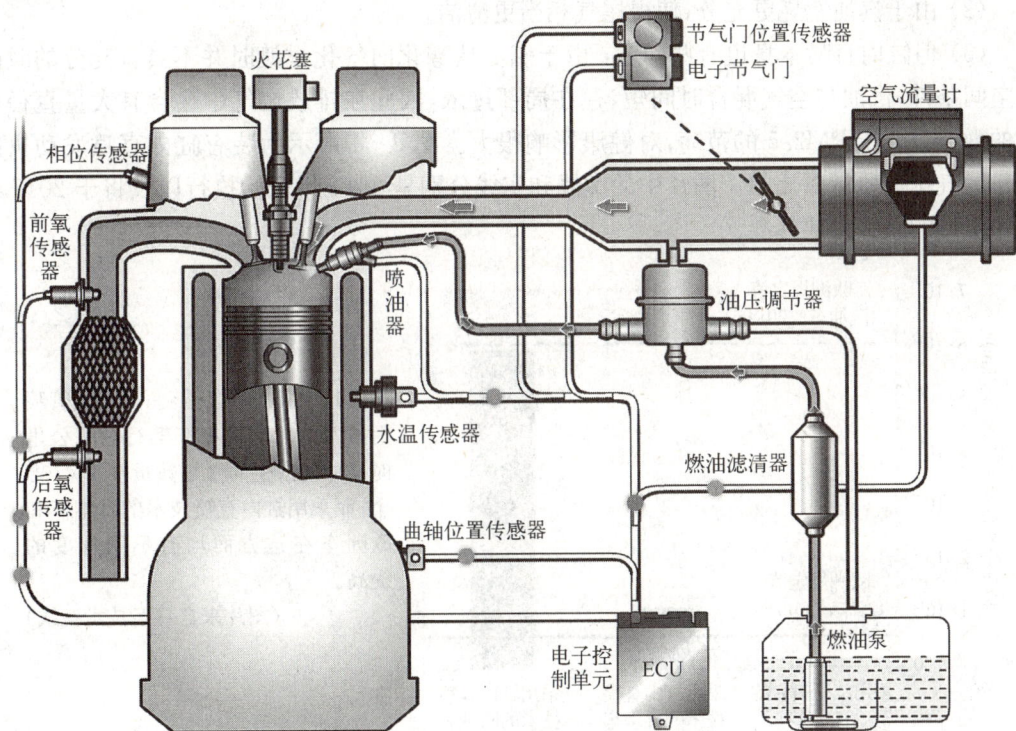

图 8-3 缸内直喷原理

（三）缸内直喷的优缺点

1. 优点

缸内直喷技术的特点可分为：均匀燃烧和分层燃烧。均匀燃烧使得燃油充分的燃烧，使发动机动力得到淋漓尽致的发挥。也就是说较低的燃油消耗，获得高动力输出和扭矩值。而缸内直喷发动机出色的经济性主要表现在分层燃烧。分层燃烧使得发动机在中、低速时燃油非常节省。另一个优点是，在燃烧时空气层隔绝了热，减少了热量向气缸壁的传递，从而减少了热量损失提升了发动机热效率。

2. 缺点

缸内直喷这种先进的燃烧技术也会带来一些负面影响。因为在低负荷工况下，会产生相当大量的 NO_x（氮氧化物）与高温，这样对于三元催化器的要求会很高。但是按照现在一些已经采用缸内直喷技术的发动机来看，这个问题已经得到解决。缸内直喷技术对于一些硬件设施也要求很高，例如由于气缸顶部已经布置了火花塞和多个气门，空间相当紧凑，所以喷射嘴被置于靠近进气门侧。所以喷射嘴的加入导致了对设计和制造的要求都相当的高，如果布置不合理、制造精度达不到要求导致刚度不足甚至漏气只能得不偿失。另外 FSI 引擎对燃油品质的要求也比较高，如果油品状况达不到 FSI 引擎的要求，就会出现发动机水土不服的现象。

（四）缸内直喷对尾气的影响

（1）冷起动的速度较快，有利于减少这个阶段的污染物排放。

（2）由于汽油燃烧更充分，使得尾气相当更清洁。

（3）但缸内直喷本身也有些问题：由于燃油从雾化向气化过渡时并不具备充分的时间和空间条件，汽油与空气混合时间短，存在局部过浓，因此在排放尾气中会含有大量直径极小的微粒。属于 PM2.5 的范畴，对健康影响很大。图 8-4 所示为装有缸内直喷发动机的汽车尾气排放质量对比图。图片中的虚线和实线分别是 2014 年开始执行以及将于 2017 年开始执行的欧洲排放标准。

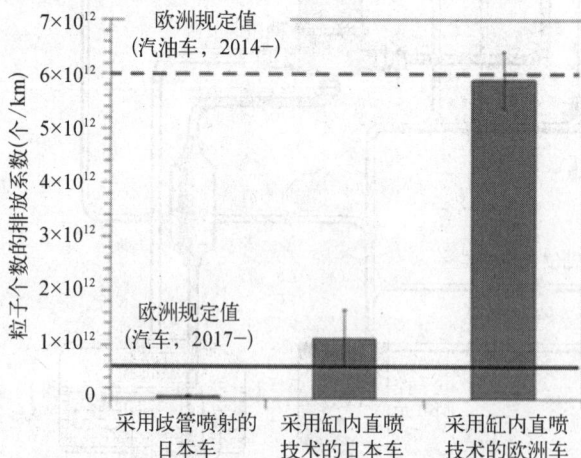

从图片中我们可以看到，采用歧管喷射技术的发动机在车辆行驶每公里时排放所产生的微粒数量在 $1×10^{11}$ 个，而采用缸内直喷技术的日本车和欧洲车在这方面均有不同程度的提高。

（图片来自日经技术在线）

图 8-4　缸内直喷汽车尾气排放对比

尽管如此,直喷发动机汽车在微粒排放方面仍远远不及搭载柴油发动机的大货车,以及那些冒着黑烟、排放不达标的柴油车更是对环境不利。因此综合来看,缸内直喷技术仍旧可以帮助发动机优化尾气质量。

学习小结

(1) 缸内直喷又称 FSI(Fuel Stratified Injection),即燃料分层喷射技术,就是直接将燃油喷入气缸内与进气混合的技术。

(2) 分层燃烧技术指将喷油分成两个阶段,进气初期喷油,燃油首先进入缸内下部随后在缸内均匀分布,进气后期喷油,浓混合气在缸内上部聚集在火花塞四周被点燃,实现分层燃烧。

(3) 缸内直喷对尾气的影响主要在于:一是冷起动的速度较快,有利于减少这个阶段的污染物排放;二是汽油燃烧更充分、尾气更清洁;但是由于汽油与空气混合时间短,会导致排放更多的能被人体吸入的小直径颗粒,对健康影响很大。

课堂练习

一、填空题

1. 缸内直喷技术通过＿＿＿＿＿提供所需的 100 bar 以上的压力,将汽油提供给位于汽缸内的＿＿＿＿＿,然后通过电脑控制＿＿＿＿＿将燃料在最恰当的时间直接注入燃烧室。

2. 缸内直喷技术采用了＿＿＿＿＿和＿＿＿＿＿注油模式。电脑不断地根据发动机的工作状况改变注油模式,始终保持最适宜的供油方式,提高＿＿＿＿＿,改善了排放。

3. 采用缸内直喷技术的发动机在低速或中速运转时采用＿＿＿＿＿注油模式,只在压缩过程接近尾声时喷出少量燃油。

4. 当发动机高速运转、节气门完全开启时,大量空气高速进入气缸形成＿＿＿＿＿并与汽油均匀混合。

二、选择题

下面关于缸内直喷技术的优缺点,说法错误的是(　　　　)。

A. 缸内直喷可实现均匀燃烧和分层燃烧

B. 可以较少热量损失,提高热效率

C. 缸内直喷技术对燃油品质要求很高

D. 缸内直喷技术对硬件要求不高

三、判断题

1. 采用缸内直喷技术的发动机燃油喷射嘴通常位于靠近进气门侧的位置。(　　　)

2. 缸内直喷技术对燃油品质的要求不高。(　　　)

3. 由于燃油从雾化向气化过渡时间过短,会导致产生大量的氮氧化物。(　　　)

4. 缸内直喷发动机出色的经济性表现在分层燃烧。(　　　)

四、简答题

请简要阐述缸内直喷对尾气的影响。

任务二　可变气门正时与升程

任务描述

　　减少尾气中 NO_x 排放的可行方法之一是优化缸内气体的处理过程。可变进气升程技术是其中最有前途和最具创新力的途径，它通过影响进气量改善汽车尾气中 NO_x 的排放。本任务我们就来认识可变气门正时与升程技术。

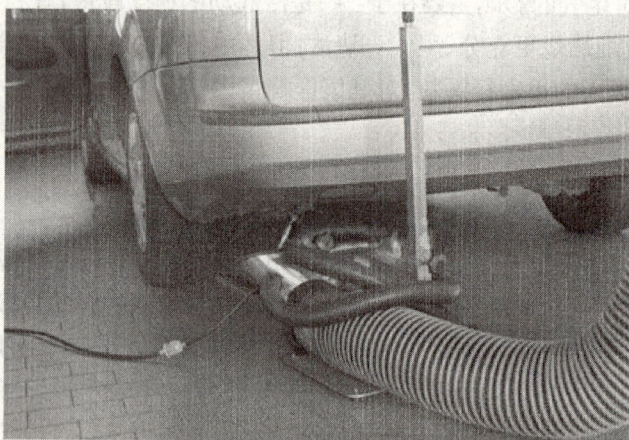

知识准备

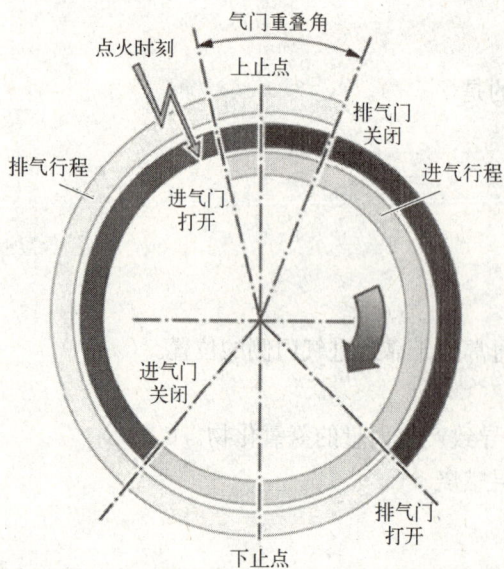

图 8-5　点火时刻和气门开闭角的位置关系

（一）可变气门升程的必要性

　　发动机进气控制主要进行废气涡轮增压控制、可变气门正时控制、可变气门升程控制、可变惯性进气控制等。其中，可变气门正时只是增加或减少了气门的开启时间，并没有改变单位时间的进气量，因此对于发动机的动力性的帮助并不显著。而可变气门升程控制（Variable Valve Timing with Lift，VVTL）可使气门升程随发动机转速的变化而变化。在高转速时增大气门升程来提高进气效率，让发动机的呼吸更顺畅；在低速时降低气门升程，能产生更大的进气负压及更多的涡流，让空气和燃油充分混合，以提高低转速时的转矩输出，燃烧更高效并减少 NO_x 的排放。如图 8-5 所示。

笔记

(二) 可变气门升程采用的技术

　　不同公司、不同发动机上实现可变正时和升程采用的技术途径有很大的不同,图8-6展示了目前可变气门技术可实现的途径,主要有两大类技术途径:一类是基于凸轮轴的可变气门机构,另一类是基于无凸轮轴的可变气门机构。前者是在现有进、排气凸轮轴的基础上进行可变气门机构的设计,主要有可变凸轮型线、可变凸轮从动件及可变凸轮轴相位三种形式;后者取消了现有进排气凸轮轴的结构,采用电气式、电磁式或者电液式驱动机构直接驱动进、排气门。

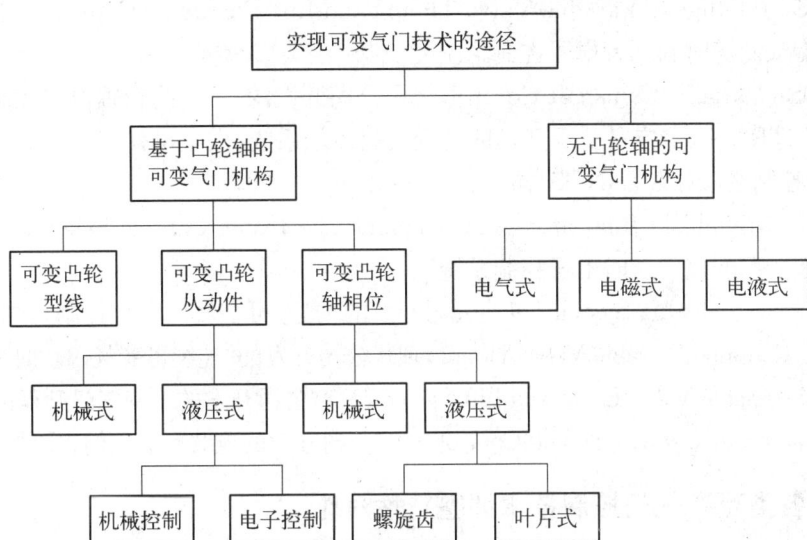

图8-6 可变正时技术实现的技术途径

(三) 可变气门升程系统分类

　　根据可变气门升程系统是否改变配气正时和气门开启持续期分为两类:改变配气正时及气门开启持续期及不改变配气正时及气门开启持续期,如图8-7所示。

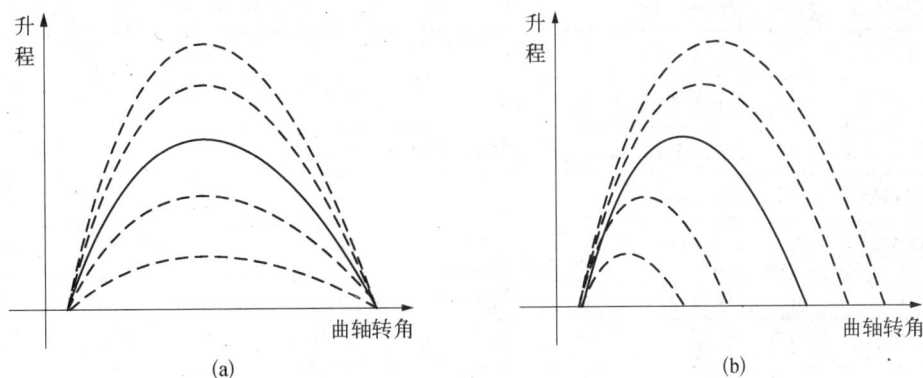

图8-7 可变气门升程系统分类

(a) 改变配气正时及气门开启持续期　(b) 不改变配气正时及气门开启持续期

笔记

（四）常见可变气门技术的类型及英文缩写

VVT-i：Variable Valve Timing-intelligent，丰田公司开发的"智能可变气门正时控制系统"。

VVTL-i：Variable Valve Timing & Lift Intelligent，丰田公司开发的"智能可变气门正时和升程控制系统"。

VTEC：Variable Valve Timing and Lift Electronic Control，本田公司开发出的"可变气门正时和升程电子控制系统"。

i-VTEC：Intelligent Variable Valve Timing and Lift Electronic Control，本田公司开发的"智能可变气门正时和升程电子控制系统"。

VANOS：Variable Camshaft Control，宝马公司开发的"可变凸轮轴位置控制系统"。

VALVETRONIC：宝马公司开发的可变气门控制系统，由全可变气门行程控制装置和可变凸轮轴控制装置（双 VANOS）构成。

MIVEC：Mitsubishi Innovative Valve Timing Electronic Control System，三菱公司开发的"三菱智能可变气门正时电子控制系统"。

AVS：Audi Valvelift System，奥迪公司开发的"奥迪可变气门升程控制系统"。

CVVT：Continue Variable Valve Timing，现代公司开发的"连续可变气门正时控制系统"。

VVEL：Variable Valve Event and Lift System，日产公司开发的可变气门升程控制系统。

C-VTC：Continue Valve Timing Control，日产公司开发的连续可变气门正时控制系统。

（五）目前各类可变气门控制技术调整特性对比

表 8-1 示出了目前各类气门控制技术调整特性的对比情况，其中宝马公司开发的 Valvetronic 系统可以进行配气正时和升程的连续调节，性能优异。

表 8-1　目前主流可变气门技术的对比

系统类型	公司	可变气门正时		可变气门升程	
		连续	分级	连续	分级
VVT-i	丰田公司	●			
VANOS	宝马公司	●			
CVVT	现代公司	●			
VVTL-i	丰田公司	●			●
VTEC	本田公司		●		●
MIVEC	三菱公司		●		●
AVS	奥迪公司		●		●
i-VTEC	本田公司	●			●
Valvetronic	宝马公司	●		●	
VVEL	日产公司			●	

（六）丰田 VVTL‐i 智能可变气门正时与升程控制系统结构与工作原理

1. VVTL‐i组成

VVT‐i 只能改变配气正时而不能改变气门升程。VVTL‐i（Variable Valve Timing & Lift Intelligent）是丰田公司开发的智能可变气门正时与升程控制系统，该系统在调节配气正时的基础上，还可以改变进气门的升程。丰田 Celica 跑车、莲花 Exige 跑车上就采用了 VVTL‐i 系统。其组成如图 8‐8 所示，主要由曲轴位置传感器、空气流量传感器、冷却液温度传感器、车速信号、节气门位置传感器、凸轮轴位置传感器、VVT 机油控制阀、VVTL 机油控制阀、机油压力开关等组成。

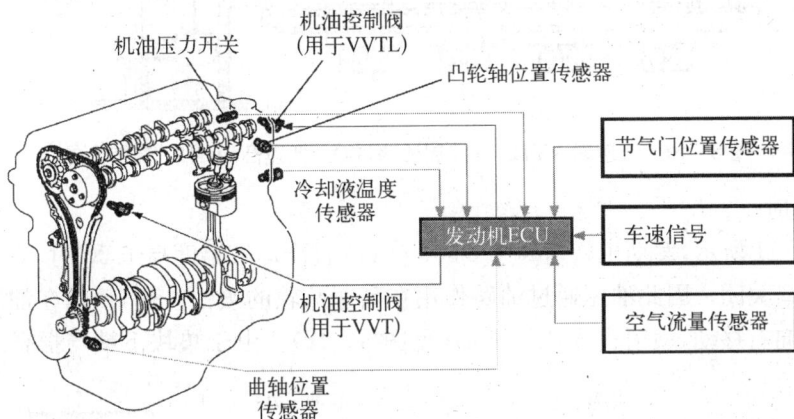

图 8‐8　VVTL‐i 系统组成

2. VVTL‐i控制系统工作原理

VVTL‐i 改变配气正时的原理与 VVT‐i 一样，也是采用叶片式 VVT‐i 控制器来调整进气凸轮轴的转角来实现对配气相位的调整。

VVTL‐i 系统为每对进、排气门配置了两个凸轮：中、低速凸轮和高速凸轮，如图 8‐9 所示。中、低速凸轮升程低，高速凸轮升程高。

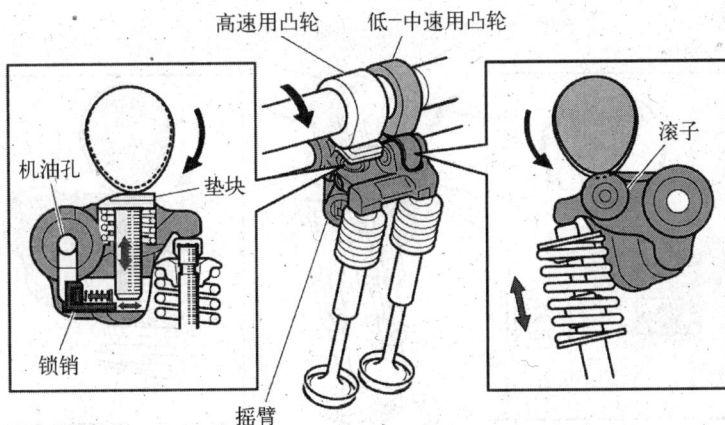

图 8‐9　低速时低速凸轮起作用

1) 低速时

VVTL-i 油路控制系统如图 8-10 所示。当发动机转速低于 6 000 r/min 时,VVTL 机油控制阀将回油口打开,因此没有油压作用在高速凸轮锁销左侧,锁销内的弹簧将锁销向左推回,锁销无法进入垫块下面。由于垫块下端与摇臂之间有间隙,垫块受高速凸轮推动向下运动时顶不到摇臂,因此高速凸轮不起作用,中、低速凸轮起作用。

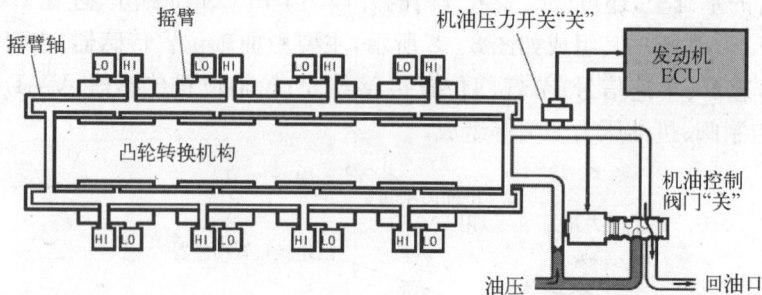

图 8-10 低速时 VVTL-i 控制油路(LO 低速凸轮;HI 高速凸轮)

2) 高速时

如图 8-11 所示,发动机转速高于 6 000 r/min 且冷却液温度高于 60°时,VVTL 机油控制阀将回油口关闭。因此油压通过油路作用在高速凸轮的锁销左侧,锁销在油压的作用下克服弹簧力向右移动,锁销进入垫块下面(见图 8-12)。由于垫块下端与摇臂之间没有间

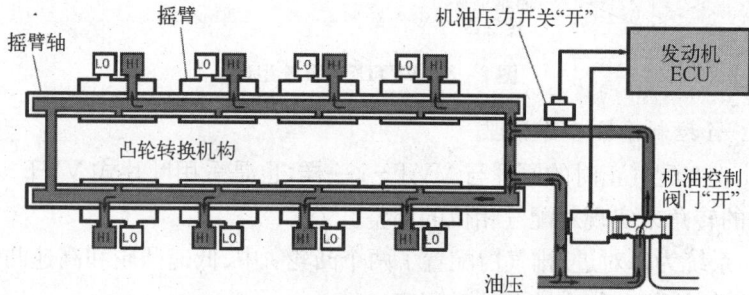

图 8-11 高速时 VVTL-i 控制油路

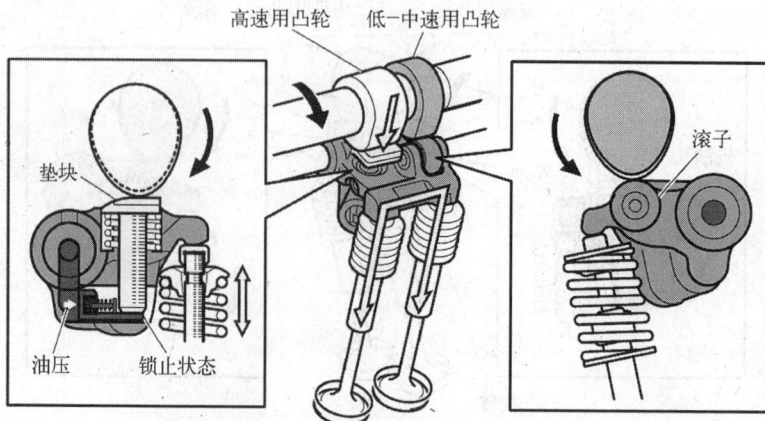

图 8-12 高速时高速凸轮起作用

隙,垫块受高速凸轮推动向下运动时会顶到摇臂,摇臂运动打开气门。由于高速凸轮的升程及气门开启延迟角都比中、低速凸轮的大,中、低速凸轮还没推动摇臂时高速凸轮已经推动摇臂将气门打开,因此,此时中、低速凸轮不起作用。高速凸轮起作用时,ECU 通过机油压力开关来检测控制油路的油压高速凸轮是否已经起作用。

3. VVTL-i 配气正时及升程调整特性

VVTL-i 配气正时及升程调整特性如图 8-13 所示。

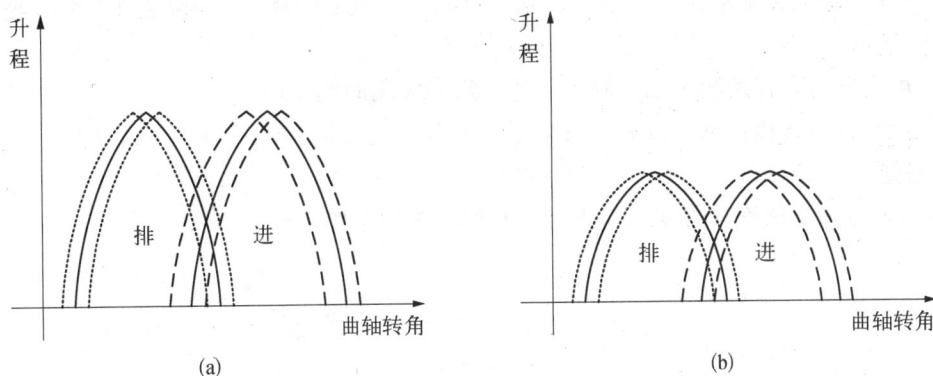

图 8-13　VVTL-i 配气正时和升程调整特性

(a) 低速时　(b) 高速时

学习小结

(1) 可变气门升程指气门升程随发动机转速的变化而变化的技术。它通过精准的控制燃烧室混合气体的各个成分,使得燃烧更加高效,从而减少尾气中 NO_x 的排放。

(2) 目前可变气门技术主要有两大类:一类是基于凸轮轴的可变气门机构,另一类是基于无凸轮轴的可变气门机构。

(3) 根据可变气门升程系统是否改变配气正时和气门开启持续期分为两类:改变配气正时及气门开启持续期及不改变配气正时及气门开启持续期。

(4) 丰田 VVTL-i 系统采用叶片式 VVT 装置调整配气正时,采用“高速、低速凸轮”改变气门升程。

课堂练习

一、填空题

1. 可变气门升程控制可使气门升程随_____变化而变化。

2. 可变气门技术可以分为两大类:一类是基于_____的可变气门机构,另一类是基于无凸轮轴的可变气门机构。

3. VVTL-i 是_____公司开发的“智能可变气门正时与升程控制系统”,与 VVT-i 相比,它既可以改变配气正时也能改变气门升程。

4. VVTL-i 系统中当发动机转速高于_____r/min 且冷却液温度高于 60°时,高速凸轮起作用。

二、选择题

下面这些常见可变气门技术的名称,描述错误的是(　　)。

A. VVT-i 包含可变气门升程　　　　B. VVTL-i 包含可变气门正时和升程

C. VTEC 只包含可变气门正时　　　　D. CVVT 连续可变气门正时技术

三、判断题

1. VVTL-i 改变配气正时的原理与 VVT-i 不一样。(　　)

2. VVTL-i 系统为每对进、排气门配置了三个凸轮:中速凸轮、低速凸轮和高速凸轮。

(　　)

3. 可变气门升程控制可以控制气门的开启和关闭时间。(　　)

4. 可变气门升程技术可以减少汽车尾气中 NO_x 的排放。(　　)

四、简答题

请简要阐述丰田汽车可变气门正时与升程系统的工作原理。

项目九

其他污染控制技术

项目导入

除了尾气排放污染,你还会发现汽车行驶时从车窗上方发出的"咝咝"的风阻噪音,轮胎在地上摩擦转动发出"嚓嚓"刺耳的声音,汽车上的电气设备放射出看不见的电磁波,给电视、电话、通信带来干扰。静音控制技术成为汽车工业发展的一项重要技术。本项目中我们就来了解除尾气排放之外的其他污染控制技术。

学习目标

- ◆ 了解车辆行驶风阻噪音的产生与控制技术。
- ◆ 了解轮胎噪音的产生与控制技术。
- ◆ 了解电磁波噪音产生与控制技术。
- ◆ 了解静音控制技术。

建议学时:＿3＿课时

知识准备

汽车在行驶时产生的噪声主要有：轮胎与地面的摩擦声——路噪、汽车高速行驶时与空气产生的碰撞及摩擦声——风噪、车内电气设备发出的电磁波噪音、车身附件产生的噪声。它们对环境的影响可以分成两方面：一是对车内乘客和驾驶员的影响，二是对车外环境的影响。

（一）车辆行驶风阻噪音的产生与控制技术

1. 风阻噪音的危害

车辆在低速行驶时，我们一般听不到风与车身摩擦的声音，因为此时汽车所受风的阻力较小，对轿车来讲，在 60 公里/小时以下时，其风阻几乎可以忽略不计。然而，风阻与车速的平方成正比，随着车速的提高，风阻力急剧增大，风阻噪音也会骤然增强。风阻噪音太大直接影响车内的舒适性，让车内人之间的语言沟通成为困难。还会损害驾驶员的听力，使驾驶员迅速疲劳，从而对行驶安全构成极大的威胁。因此风阻噪音控制技术显得尤为重要。

2. 风阻噪音产生的原因

风阻噪音产生的最根本原因在于，绕过汽车周围的气流在汽车的不同外形之处产生了尺度大小不同的漩涡或紊乱的流动，尤其是在车后部及二前车窗边。大小漩涡的产生将消耗能量，使漩涡区尤其是车后（尾）部的压力降低，从而引起汽车阻力增大，并产生很强的噪声（取决于速度和漩涡强度等）。

小知识

气 动 噪 声

气动噪声指汽车在行驶中由于其周围的风而产生的噪声。技术人员又把这种噪声进一步分为三种类型：

一是风阻噪音（风噪），即由车身周围气流分离导致压力变化而产生的噪声；

二是风漏，或叫吸出音，是由驾驶室及车身缝隙吸气而与车身周围气流相互作用而产生的噪声；

三是其他噪声，包括空腔共鸣、风扇噪声、导管管道噪声以及天线、刮水器、后视镜及扰流器等附件振动引起的噪声。

3. 影响风阻噪音大小的因素

风阻噪音的大小与车身形状、风阻系数以及密封性有较大的关系。

流线型较强的汽车，其风阻噪声会较小，而那些见棱见角的 SUV，如果再装个行李架，其风阻噪声就会加大。

风阻系数对风噪的影响本质上在于空气黏性和汽车的外形，尤其主要取决于车尾部的流态。对于后部设计成箱型的汽车，尾部形成的紊乱漩涡区（即耗能区或低压区）大，因而前后压差大，这叫做"压差阻力"。随着汽车外形从"箱形"变化到"甲壳虫形"、"船形"、"鱼形"和"楔形"，风阻系数从 0.8 下降到 0.6，0.45，0.3 甚至 0.2，现代的一些研究性汽车风阻系数甚至只有 0.14。一般情况下,两厢车风阻系数大于三厢车,后背形状变化剧烈的汽车风阻系数大于外形流线形的车,车的长高比大的风阻系数大于长高比小的风阻系数。

密封性好差也能影响到风阻噪音的大小。好的密封可以有效降低车辆整体噪声,尤其对高速行驶过程中的风噪有很好的抑制效果。

4. 风阻噪音控制技术

(1) 隔音技术:它是阻隔噪声的主力军。隔音的实质是尽量衰减从声源辐射出的声音,常用措施有隔音材料和隔音结构。汽车的地板、车身等部位一般是采用双层隔板的地方,这些部位一般由外围板和内饰板组成,双层之间是空气层,利用这些双层隔板,可以起到很好的隔音作用。如果在双层隔板之间粘贴带有吸音槽的吸音棉,降噪效果会有明显提升。

(2) 降低风阻系数:通过优化整车设计,对车身进行流线形设计,实现光滑过渡,减小风阻。

(3) 提高密封性:提高汽车配件装配的密封性,有效降低车辆整体噪声。特别需要关注车门、窗、地板、前隔板、行李箱等部位的密封。通常采用胶条密封,不但可以隔音降噪,还能阻挡雨水的浸入,采用双层胶条的结构形式,密封效果更佳。

小知识

降噪材料的选用原则

在现代汽车上使用的降噪材料多为复合材料,具有吸声、隔声、隔热、减振、密封多种功能。材料选择和安装应遵循以下一些原则:

(1) 应选用环保材料,无粉尘、挥散、异味等,不能有法规不允许使用的有害物质。

(2) 材料不易燃烧,能防火阻燃。防潮防水,耐腐防蛀,不易发霉。

(3) 材料要轻,不会使车身自重增加太多,增加油耗。

(4) 性能好,长期稳定可靠。有一定强度,安装和使用过程中不易破损,不易老化,耐候性能好,使用寿命长。而且成本要低,易于采购、加工和安装。

(5) 安装好后不能影响发动机、风扇、电子元器件等构件的运转和散热。在高温区表面要复合铝箔进行隔热防护。

(6) 最好能够遮住各种线束、拉索。在可视范围应整洁、美观。可视的外露表面应为深灰色或黑色。

(7) 安装要牢固可靠。不能妨碍正常操作,还要便于维护装拆。

(二) 轮胎噪音的产生与控制技术

1. 轮胎噪音产生的原因

轮胎噪音是由轮胎与路面摩擦所引起的,是构成底盘噪音的主要因素。一般的胎噪主要由三部分组成:一是轮胎花纹间隙的空气流动和轮胎四周空气扰动构成的空气噪音;二是胎体和花纹部分震动引起的轮胎震动噪音;三是路面不平造成的路面噪音。特殊行驶环境下,轮胎还会发出震鸣声和溅水声。轮罩下部的凹凸导致气流分离,也会产生较强的噪音,轮罩内车轮回转的诱起风以及引擎室排出的风噪是轮罩下部噪音的主要来源。

笔记

2. 影响轮胎噪声的因素

影响轮胎噪声的因素很多,当车辆的负荷和轮胎气压不同时,轮胎花纹的挤压作用也产生变化,不同的花纹与噪声的产生有很大的关系。齿形花纹轮胎随着载荷的增加,噪声增大。气压高时,噪声小,气压低时,噪声大。而纵向花纹轮胎则影响不大。

除了轮胎花纹外,车速、负荷、轮胎气压以及路面状况等因素对轮胎噪声的影响也很大。车速提高,轮胎噪声相应增大。不同类型路面对胎噪的影响也不同,表9-1为路面状况对某一车况的轮胎噪声影响。

表 9-1　路面状况对胎噪的影响

路　面　类　型	噪声级 dB(A)
光滑混凝土路面	70
光滑柏油路面	72
磨损混凝土路面	72
粗糙混凝土路面	78

3. 轮胎噪音控制技术

(1) 选用有合理花纹的钢丝帘布子午线轮胎,可以有效降低轮胎噪音。

(2) 改善橡胶材质,降低胎噪。

(3) 改善路面状况,降低胎噪。

(4) 阻隔胎噪向驾驶舱的传播,降低胎噪。

(三) 电磁波噪音产生与控制技术

图 9-1　电磁波的禁排标识

随着无线电接收设备灵敏度的日益提高,以及电子技术在汽车中的应用,汽车电磁干扰已成为威胁无线电通讯、电视、广播以及其他电子装备可靠、正常工作的主要因素之一。图9-1为电磁波的禁排标识。

1. 电磁波噪声产生的原因

在汽车使用的电子电器设备中,有许多导线、连接器、线圈和其他零件,如图9-2所示,它们具有不同的电容和电感,这些电容和电感一旦构成闭合回路,就构成了一个振动回路。当电器设备工作时,在电路断合的瞬间,触点之间就会产生电火花或电弧,电火花和电弧本身是一个发射高频电磁噪声的干扰源,会向汽车本身的其他电子设备和汽车四周的空间发射电磁波,影响其他通信和电子设备的正常工作。汽车干扰无线电设备最严重的部分是发动机点火系统,其次是汽车电源系统和汽车仪表系统等。

2. 电磁波噪声控制技术

为了防止干扰,汽车上对电子设备采取各种防干扰措施。汽车利用阻尼电阻、电容器、滤波器、屏蔽、接地等各种不同元件进行防干扰。低压电路中用阻尼电阻、电容器、扼流线圈

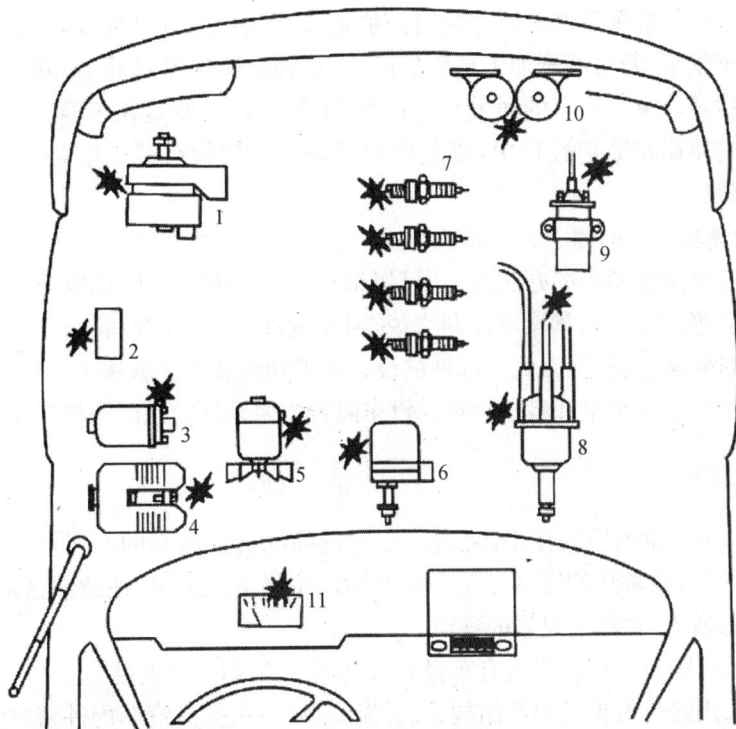

图 9-2　电磁波产生的原因

1—发电机　2—发电机接触式调节器　3—燃油泵　4—玻璃洗涤器装置　5—风机电动机　6—电动削刮器　7—火花塞　8—分电器　9—点火线圈　10—喇叭　11—指示仪表

或不同组合形式去干扰滤波器。其中,电容器将高频电流导向汽车外壳,扼流线圈防止干扰电流窜入电路网络。在高压电路中使用阻尼电阻。每种去干扰方法原则上都应该做到:无线电干扰必须在干扰形成处(即干扰源处)直接消除。

(四) 噪音控制技术

噪音控制技术可分为机械原理噪声控制和声学原理噪声控制两种类型。

1. 从机械原理出发的噪音控制措施

改进机械设备结构、应用新材料来降噪。随着材料科技的发展,各种新型材料应运而生,用一些内摩擦较大、高阻尼合金、高强度塑料生产机器零部件已变成现实。例如,在汽车生产中就经常采用高强度塑料机件。对于风扇,不同形式的叶片,产生的噪声也不一样,选择最佳叶片形状,可降低噪声。例如,把风扇叶片由直片式改成后弯形,或者将叶片的长度减小,都可以降低噪声。一般齿轮传动装置产生的噪声较大,达 90 dB,如果改用斜齿轮或螺旋齿轮,啮合时重合系数大,可降低噪声 3~16 dB。若改用皮带传动代替一般齿轮转动,由于皮带能起到减振阻尼作用,因此可降低噪声 15 dB 左右。对于齿轮类的传动装置,通过减小齿轮的线速度,选择合适的传动比,也能降低噪声。试验表明,若将齿轮的线速度减低一半,噪声就会降低 6 dB 左右。

提高零部件加工精度和装配质量。零部件加工精度的提高,使机件间摩擦尽量减少,从

笔记

而使噪声降低。提高装配质量,减少偏心振动,以及提高机壳的刚度等,都能使机器设备的噪声减小。对于轴承,若将滚子加工精度提高一级,轴承噪声可降低 10 dB。从机械原理出发的噪声控制主要取决于汽车的研发和生产组装等环节,一般是在车辆出厂之前采取的降噪措施。后期的使用和维护过程中,避免机械设备和车辆的空载和超载,选用好的润滑油脂,都可以减轻噪声。

　　2. 从声学原理出发的噪声控制措施

　　除了以上几种降低噪声的办法外,还可以采用声学控制方法降低噪声,主要包括吸声、隔声、减震、密封等。对于汽车噪声控制来说,由于发动机、排气管、轮胎等引发噪声的部件在车辆出厂的时候就定型了,因此各部件的设计水平和组装工艺就决定了噪声的大小,也同时体现了一辆车的技术水平和科技含量。汽车隔音主要是从控制阻隔传播途径入手。

学习小结

　　(1) 风阻噪声产生的原因在于,绕过汽车周围的气流在汽车的不同外形之处产生了尺度大小不同的漩涡、或紊乱的流动。大小漩涡的产生将消耗能量,使漩涡区的压力降低,从而引起汽车阻力增大,并产生很强的噪声。

　　(2) 影响风阻噪声大小的因素有车身形状、风阻系数以及密封性。

　　(3) 可以采用隔声材料与隔音结构、设计流线形车身、提高汽车配件密封性来降低风阻噪声。

　　(4) 轮胎噪声产生的原因主要是轮胎与路面摩擦造成的。

　　(5) 影响轮胎噪声的因素包含轮胎花纹、车速、负荷、轮胎气压以及路面状况。

　　(6) 可以选用有合理花纹、优良橡胶材质的轮胎降低轮胎噪声,同时改善路面状况、阻隔胎噪向驾驶舱传播也能有效降低胎噪。

　　(7) 电磁波噪声来自汽车使用的电子电器设备发射的电磁波。

　　(8) 对于电磁波噪声,可以利用阻尼电阻、电容器、滤波器、屏蔽、接地等各种不同元件进行控制。

　　(9) 噪声控制技术可分为机械原理噪声控制和声学原理噪声控制两种类型。

课堂练习

一、填空题

　　1. 风阻系数对风阻噪声的影响本质上在于_____和_____,尤其主要取决于_____。

　　2. 当电器设备工作时,在电路断合的瞬间,触点之间会产生_____,发射电磁波干扰。

　　3. 为了防止电磁波噪声干扰,采用_____可以将高频电流导向汽车外壳,使用_____可以防止干扰电流窜入电路网络。

　　4. 轮胎噪声控制技术包括:_____、_____、改善路况、阻隔胎噪向驾驶舱传播。

　　5. 齿形花纹轮胎气压高时,噪声_____。

二、选择题

　　1. 关于轮胎噪声产生的原因,下列说法错误的是(　　　)。

<<<<

  A. 由轮胎花纹间隙的空气流动和轮胎四周空气扰动构成

  B. 由胎体和花纹部分震动引起

  C. 绕过汽车周围的气流碰撞车轮引起

  D. 路面不平造成

 2. 下列哪个因素与风阻噪声无关（　　）。

  A. 路况　　　　　　B. 车速　　　　　　C. 车形　　　　　　D. 密封性

三、判断题

 1. SUV 车型的风噪较流线型的小车风噪大。（　　）

 2. 改善路面状况跟控制轮胎噪声无关。（　　）

四、简答题

 请简要阐述风阻噪声的控制技术。

项目拓展

（一）噪声的危害

  噪声的危害是多方面的,噪声不仅对人们正常生活和工作造成极大干扰,影响人们交谈、思考,影响人的睡眠,使人产生烦躁、反应迟钝,工作效率降低,分散注意力,引起工作事故,更严重的情况是噪音可使人的听力和健康受到损害。噪声的强度愈大,频率愈高、作用时间愈长、个人耐力愈小,则危害愈严重。统计资料表明,80 dB(A)以下的噪声不会引起噪声性耳聋;80 dB(A)～85 dB(A)的噪声会造成轻微的听力损伤;85 dB(A)～100 dB(A)的噪声会造成一定数量的噪声性耳聋;而在 100 dB(A)以上时,会造成相当大数量的噪声性耳聋。人在没有思想准备的情况下,强度极高的暴震性噪声(如突然放炮爆炸时)可使听力在一瞬间永久丧失,即产生暴震性耳聋,这时,人的听觉器官将遭受严重创伤。

  交通噪声对人体健康的影响是多方面的。噪声作用于人的中枢神经系统,使人们大脑皮层的兴奋与抑制平衡失调,导致条件反射异常,使脑血管张力遭到损害。这些生理上的变化,在早期能够恢复原状,但时间一久,就会导致病理上的变化,使人产生头痛、脑胀、耳鸣、失眠、记忆力衰退和全身疲乏无力等症状。如果孕妇长期乘坐噪声较大的车辆,噪声会通过作用于中枢神经系统影响胎儿发育。

  汽车噪声不但增加驾驶员和乘员的疲劳,而且影响汽车的行驶安全。另一方面,噪声对消化系统、心血管系统也有严重不良影响,会造成消化不良,食欲不振,恶心呕吐,从而导致胃病及胃溃疡病的发病率提高,使高血压、动脉硬化和冠心病的发病率比正常情况明显提高。噪声对视觉器官也会造成不良影响。

（二）噪音的常见物理量度

  当没有声波存在、大气处于静止状态时,其压强为大气压强 P_0;当有声波存在时,局部空气产生压缩或膨胀,在压缩的地方压强增加,在膨胀的地方压强减少,这样就在原来大气压上又增加了一个压强的变化。一般情况下,声压与大气压相比是很弱的。声压的大小与物体的振动有关,物体振动的振幅愈大,则压强的变化也愈大,因而声压也愈大,我们听起来就愈响,因此声压的大小表示了声波的强弱。

由于正常人耳能听到的最弱声音的声压和能使人耳感到疼痛的声音的声压大小之间相差一百万倍,表达和应用起来很不便。同时,人耳对声音大小的感受也不是线性的,它不是正比于声压绝对值的大小,而是同它的对数近似成正比。这种用对数标度来表示的声压称为声压级,它用分贝 dB 来表示。

正常人的听觉所能感到的最小声音即听域的声压级约为 0 分贝;轻声耳语约为 30 分贝;相距 1 米左右的会话语言约为 60 分贝;公共汽车中约为 80 分贝;重型载重车、织布车间、地铁内噪声约为 100 分贝;使人耳痛的声压级界限叫人耳阈,数值为 120 分贝;大炮轰鸣、喷气机起飞约为 130 分贝。由此可见,当采用声压级的概念后,听域与痛域的声压之比从 100 万倍的变化范围变成 0～120 分贝的变化。所以对行驶中的汽车来说,在一定声压级范围内,只要降低几个分贝,人耳就会有明显感受。许多手持声级计的实际测量误差在 2 分贝,也就是说,噪音源不变的情况下,两次测量结果理论上可以相差 4 个分贝,换句话说,事实上声噪降低 4 个分贝的时候,普通声级计可能显示没有什么变化,但是人耳的感觉却是噪声有明显下降。用仪器对汽车噪音进行测量并进行评测和研究时,应当遵循严格的测试要求和科学的测试方法。

参 考 文 献

[1] 李恒宾,王海峰.汽车检测与诊断技术[M].北京:北京邮电大学出版社,2012.

[2] 赵文天.汽油发动机电控系统诊断与修复[M].北京:北京邮电大学出版社,2012.

[3] 廖发良.汽车典型电控系统的结构与维修[M].北京:电子工业出版社,2005.